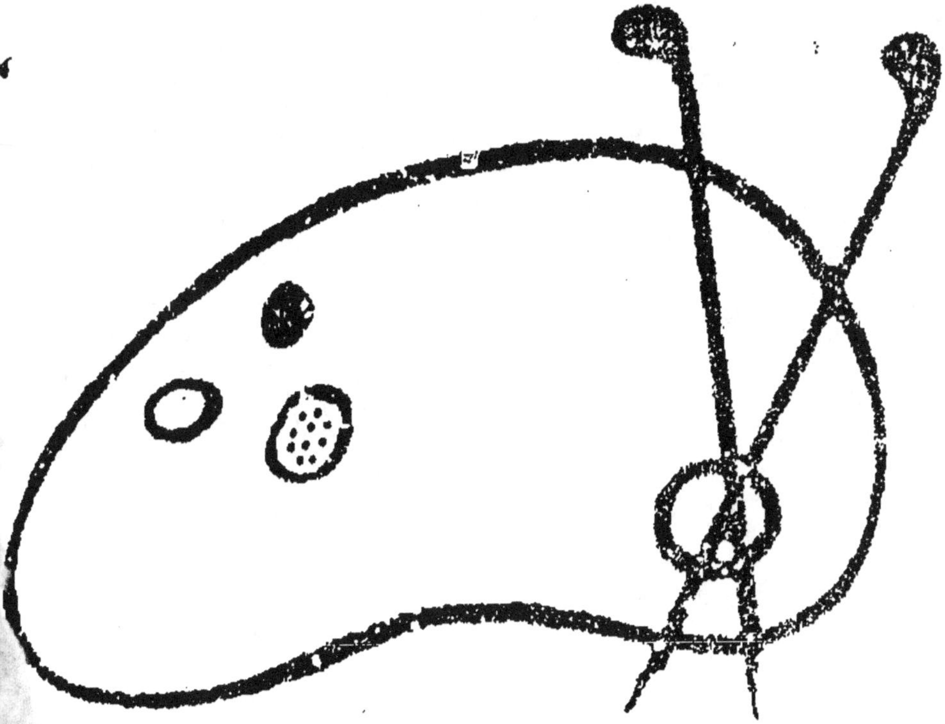

Début d'une série de documents en couleur

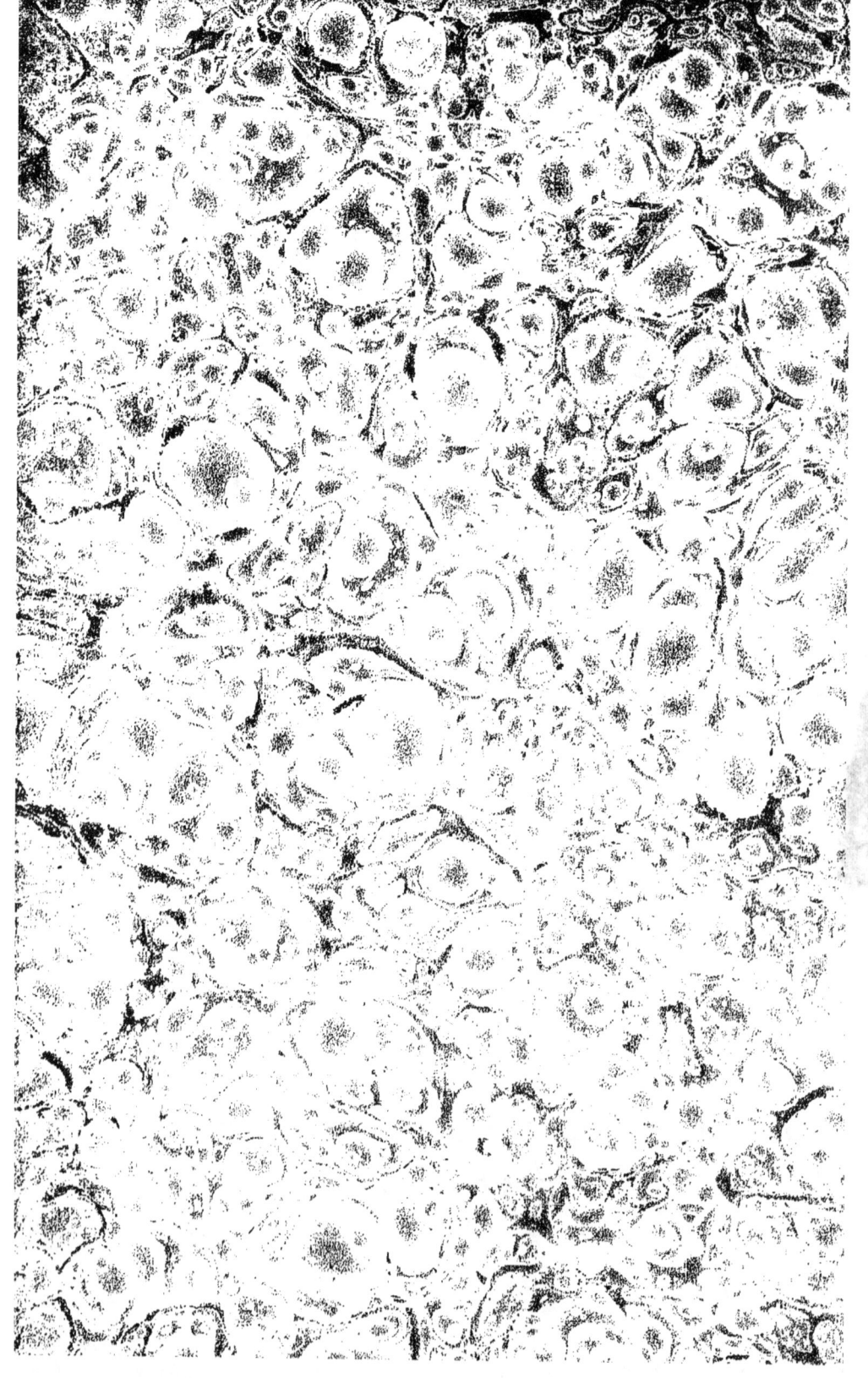

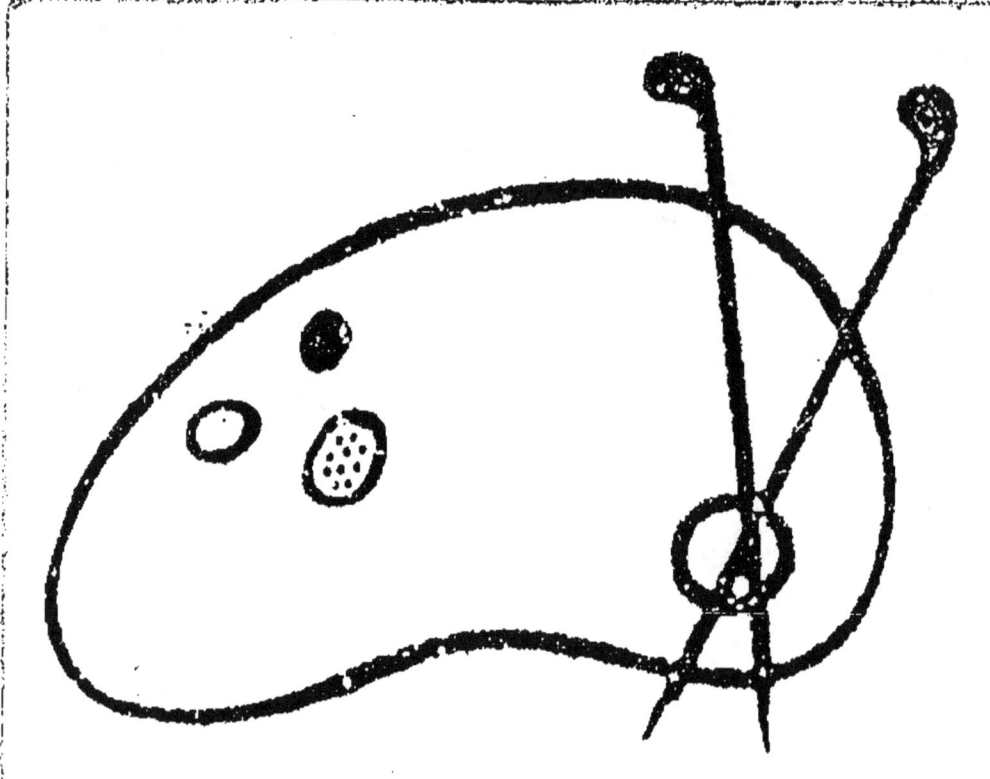

Fin d'une série de documents en couleur

R. 2239.
+ Co 3. a 3.

11866

HISTOIRE

COMPARÉE

DES SYSTÈMES DE PHILOSOPHIE.

CET OUVRAGE SE TROUVE AUSSI

Chez { PASCHOU, à Genève, pour toute la Suisse.
DE MAT, à Bruxelles.
LE ROUX, à Mons.

Ouvrages nouveaux chez les mêmes :

CHOIX DE RAPPORTS, Opinions et Discours prononcés à la tribune nationale depuis 1789 jusqu'à ce jour, 20 volumes in-8°. Prix 160 fr., vélin le double ; la table générale 5 fr.

HISTOIRE DU JURY, par M. Aignan, de l'académie française, 1 vol. in-8°. Prix 6 fr.

OEUVRES COMPLÈTES de madame la comtesse de Souza, ci-devant de Flahault, auteur d'*Adèle de Sénange*, 6 vol. in-8°, avec gravures, prix 36 fr.; 12 vol. in-12 30 fr., vélin le double.

OEUVRES COMPLÈTES de don Barthélemi de Las Casas, évêque de Chiapa, défenseur de la liberté des naturels de l'Amérique, précédées de sa vie, par M. G.-A. Llorente, 2 vol. in-8°. Prix 13 fr. 50 cent.

OEUVRES COMPLÈTES de M. le comte de Ségur, de l'académie française. — Histoire ancienne, 9 vol. in-18. Prix   18 fr.
————— romaine, 7 vol. id.   14
————— du Bas-Empire, 9 vol. id.   18
Les mêmes ouvrages imprimés en 10 vol. in-8°, et Atlas par P. Tardieu.   70
————— Histoire de France, 1re époque, 5 vol. in-18.   10
————— Galerie morale et politique, 3 vol. in-8°.   18
————— Politique de tous les cabinets de l'Europe, 4e édit., refondue, 3 vol. in-8°.   21
————— Romances et chansons, 1 vol. in-18.   2
————— Tableau historique et politique de l'Europe, 4e édit., refondue, 3 vol. in-8°.   21

VOYAGEUR MODERNE, ou extrait des voyages les plus récens dans les quatre parties du monde, publiés en plusieurs langues jusqu'en 1822, 6 vol. in-8°, avec 36 belles gravures de costumes. Prix.   36
Coloriées   46
Le même, 12 vol. in-12, avec gravures   30
idem. fig. coloriées   40

IMPRIMERIE DE COSSON.

HISTOIRE

COMPARÉE

DES SYSTÈMES DE PHILOSOPHIE,

CONSIDÉRÉS

RELATIVEMENT AUX PRINCIPES DES CONNAISSANCES HUMAINES ;

PAR M. DEGERANDO,

MEMBRE DE L'INSTITUT DE FRANCE.

DEUXIÈME ÉDITION,

REVUE, CORRIGÉE ET AUGMENTÉE.

TOME III.

PARIS,
ALEXIS EYMERY, LIBRAIRE, RUE MAZARINE, N° 30.
REY ET GRAVIER, QUAI DES AUGUSTINS, N° 57.
AILLAU, QUAI VOLTAIRE, N° 21.

1823.

HISTOIRE

COMPARÉE

DES SYSTÈMES DE PHILOSOPHIE.

SUITE DE LA PREMIÈRE PARTIE.

CHAPITRE XV.

Zénon et les Stoïciens.

SOMMAIRE.

COMMENT Zénon fut conduit à instituer une nouvelle doctrine. — Caractère essentiel de cette doctrine; elle était un instrument de conservation et de résistance.— Vie et travaux de Zénon. — Syncrétisme qui se mêle à sa philosophie.

But de la philosophie. — Lien qui unit la morale à la logique. — Logique de Zénon. — Il adopte avec Aristote le principe de l'expérience. — Nouvelles recherches sur la réalité des connaissances : — *perception compréhensive.* — En quoi elle consiste : — Assentiment de l'esprit. — L'évidence, Critérium suprême et définitif. — Facultés de l'âme. — *Il n'y a rien dans l'entendement qui n'ait été dans la sensation.* — Formation des idées ; — Raisonnement.— Réfutation du scepticisme.

De l'espèce de matérialisme adopté par les Stoïciens ; — Comment ils y ont été conduits. — Leur théologie naturelle ; — Nouvelle notion de la nature. — Lois primitives, éternelles, universelles. — Enchaînement des causes. — Destin. — Optimisme. — Preuves de l'existence de Dieu et de sa providence.

Physique des Stoïciens.

Leur morale. En quoi consistait leur *apathie*. — Parallèle d'Épicure et de Zénon.

Influence exercée par Zénon. — Cléanthe. — Chrysippe. Sa lettre contre la moyenne Académie. — Nouvelles recherches sur les perceptions, sur l'évidence. — Sa logique. Sa nomenclature des vérités indémontrables. — Sa théorie de la causalité ; — Antipater ; — Panætius.

ZÉNON de Cittium jugea l'esprit de son siècle ; il vit la double tendance au relâchement des mœurs, au découragement de la raison ; il voulut y porter remède ; il voulut raffermir, l'une par l'autre, les autorités ébranlées de la vérité et de la vertu, en les associant étroitement entre elles.

Platon et Aristote ne lui parurent point atteindre au but qu'il se proposait ; ils étaient, à ses yeux, trop engagés dans les recherches spéculatives, trop éloignés de la sphère des choses positives et de la pratique usuelle ; ils exigeaient des conditions trop rares ou trop difficiles ; ils ne pouvaient être des philosophes populaires. Lui-même, pénétré encore des traditions de Socrate, qu'il avait recueillies à l'école des Cyniques, il se défiait du vague des théories, il aspirait à se faire entendre du commun des hommes; ce n'était point une école, c'était une nation entière d'hommes vertueux qu'il désirait former. Surtout, il voulait élever un édifice d'une grande solidité, un édifice inébranlable. Au milieu de la fluctuation des systèmes, il sentait que la simplicité de la doctrine était nécessaire pour en rendre l'adoption générale et la durée permanente.

Les Cyniques, dans le commerce desquels il avait puisé une morale sévère, ne pouvaient cependant satisfaire aux vues qu'il se proposait; les bizarreries par lesquelles cette école se singularisait, nuisaient trop à son influence, et repoussaient la plupart des hommes; elle négligeait trop d'ailleurs la culture de l'entendement et l'étude des sciences, pour pouvoir lutter avec avantage contre les raisonnemens du scepticisme, et pour conquérir le suffrage des esprits éclairés. Il se borna donc à lui emprunter cette énergie morale qui en formait le caractère dominant, ouvrant d'ailleurs à ce principe vital une sphère dont l'étendue répondît à sa puissance. « Les Cyniques, dit Sénèque, excé-

» daient la nature ; Zénon se borna à la
» vaincre (1). »

La doctrine des Stoïciens était donc essentiellement un instrument de conservation et de résistance ; c'est sous ce point de vue que nous devons la considérer pour nous en former une juste idée; de là cette roideur qui lui est propre. Tout y est compact et robuste ; mais elle a quelque chose de sec et d'étroit. Zénon n'a point prétendu élever, à l'exemple de Platon et d'Aristote, un de ces monumens magnifiques, chefs-d'œuvre de l'art, qui captivent l'admiration des siècles; il semble avoir voulu tracer une sorte de rempart derrière lequel fussent mis en sûreté les biens les plus essentiels à la société humaine.

On eût dit qu'il avait le pressentiment des destinées que l'ambition de Rome allait faire peser sur le monde; que, voyant s'évanouir pour la Grèce toutes les perspectives de liberté et de gloire, il voulait armer les cœurs de courage et de fierté, conserver aux hommes, par les habitudes morales, cette indépendance et

---

(1) *De brevit. vitæ*, ch. 24.

cette dignité que ne leur offraient plus les institutions sociales, opposer une digue au torrent de corruption que les maîtres de l'univers, dans l'orgueil de leur triomphe, allaient faire déborder de toutes parts.

Il naquit dans l'île consacrée à Vénus, cet adversaire d'Epicure, cet homme austère qui fonda la morale sur le mépris de la volupté. Il ererça quelque temps la profession du commerce, à l'exemple de son père; il suivit tour à tour les leçons de Cratès, de Stilpon, de Mégare, de Xénocrate, de Diodore et de Polémon.
Il osa ouvrir, près du Lycée, de l'Académie, une école dans le Pœcile, portique d'Athènes, décoré par des peintures; il y vit se rassembler autour de lui un concours d'auditeurs que son honorable caractère lui attachait par les liens de l'estime; il y vit paraître, dans leur nombre, un roi de Macédoine digne de s'associer à ce sentiment. Il dédaignait cependant les applaudissemens de la foule; la gravité était empreinte sur son front, dans tout son extérieur. Il réprimait la vanité, surtout dans les jeunes gens, et leur commandait la modestie comme la préparation nécessaire à la sagesse; il regardait la poésie comme le plus grand ennemi de la vraie science. Il écrivit plusieurs ouvrages

dont aucun n'est arrivé jusqu'à nous, et parmi lesquels on louait surtout son traité *de la République*, qu'il avait opposé, dit-on, à celui de Platon. On cite encore de lui une *interprétation d'Hésiode*, dans laquelle, dit Cicéron, il avait essayé de rappeler la théogonie des anciens à une explication philosophique. Parvenu à un âge avancé, il mit fin lui-même à ses jours; et les Athéniens, sur l'invitation d'Antigone, lui élevèrent un tombeau dans le Céramique. « Vénérable Zénon, s'écrie le Stoïcien Zénodote (1), tu as atteint la félicité en méprisant la vaine pompe des richesses; tu as obtenu une mâle sagesse, et ta prévoyance a fondé une secte mère de l'intrépide liberté. » Déjà les sources de l'invention commençaient à se tarir; Zénon lui-même n'était pas doué à un haut degré du génie inventif; de là vient qu'après avoir successivement étudié les traditions des diverses écoles, il emprunta à chacune d'elles, apporta même dans ses emprunts beaucoup de discernement et de choix, forma de ces élémens divers une sorte d'amalgame qui manque d'harmonie et d'unité, et donna le premier exemple d'un

---

(1) Diogène Laërce, *Art. Zénon*, liv. VII.

syncrétisme qui, dans les siècles suivans, devint plus fréquent et plus vicieux : on le voit tour à tour s'élever avec Platon, redescendre aux idées matérielles d'Héraclite, emprunter des hypothèses à Pythagore, des subtilités aux Erétriaques. Aussi, Polémon et les Académiciens l'ont-ils accusé de nombreux plagiats (1). On aperçoit d'une manière sensible les effets de ce mélange, lorsqu'on veut résumer la doctrine de Zénon, par les difficultés que l'on éprouve à saisir l'enchaînement de ses idées, à les faire rentrer dans un plan systématique. Telle fut sans doute aussi la cause qui fit germer, dans la suite, de nombreux dissentimens parmi ses disciples.

Zénon, cependant, a ajouté beaucoup de choses aux vues de ses prédécesseurs; mais ce sont toujours des additions partielles et détachées; elles ne portent point sur l'ensemble, ni sur les principes fondamentaux ; et, lors même que ses vues sont nouvelles, elles sont rarement fécondes.

» La sagesse est, suivant les Stoïciens, le bien parfait pour l'âme humaine; la philosophie est la recherche de ce bien. L'une montre le but,

---

(1) Vers cités par Diogène Laërce, *ibid.*

l'autre s'efforce d'y atteindre (1). Il y a cependant deux sortes de sagesse : l'une accomplie, l'autre seulement en voie de s'accomplir. La première n'est accordée à aucun mortel; la seconde se partage pour eux en plusieurs degrés successifs (2). Or, trois conditions sont nécessaires pour atteindre à cette perfection : une raison saine, une connaissance exacte des choses, une vie sans tache. De cette triple perfection, celle du jugement, celle de la science, celle de la conduite, naît la division adoptée par cette école de la philosophie en trois branches : la logique, la physiologie et l'éthique (3). »

Cependant, c'est à la logique que se rallie, comme à son pivot nécessaire, toute la philosophie des Stoïciens ; ils suivirent, sous ce rapport, une direction diamétralement contraire à celle des Épicuriens. Car, c'est au jugement, c'est à la raison que les Stoïciens rapportent la morale entière et toutes les affections de l'âme ; le vice à leurs yeux n'est qu'une erreur (4). C'est pourquoi le scepticisme devait

---

(1) Cicéron, *Acad. quæst.*, liv. IV, ch. 6.
(2) Sénèque, *Epist.*, 89.
(3) *Idem., ibid.*, 72. *De Constantiâ*, ch. 18.
(4) Cicéron, *Acad. quæst.*, liv. Ier, ch. 10 et 11.

être à leurs yeux l'ennemi le plus dangereux de la sagesse.

La logique de Zénon, considérée comme un code de préceptes, est celle d'Aristote, réduite et simplifiée. Avec Aristote, Zénon rejette la théorie des *idées* de Platon, et ne considère les notions universelles que comme des conceptions de l'esprit humain (1); avec lui, il fait dériver toutes les connaissances de l'expérience; il ne réserve à la raison que l'emploi des matériaux fournis par les sens. C'est encore d'après Aristote qu'il explique le mode suivant lequel les notions générales se forment graduellement par la comparaison des perceptions sensibles. Mais, il reprend avec une nouvelle ardeur la solution du problème fondamental de la réalité et de la certitude des connaissances; il ajoute des recherches nouvelles aux vues d'Aristote sur cette grande question, et s'efforce de donner à la science des bases plus solides encore et plus profondes.

Chez ces philosophes qui rapportaient aux perceptions sensibles l'origine des connais-

---

(1) Plutarque, *De placit. phil.*, liv. IV, ch. 10.

sances humaines, le problème de la réalité des connaissances se convertissait en celui-ci : Quel est le rapport des sensations reçues avec les objets qui les occasionnent ? problème qui, depuis Héraclite, n'avait cessé d'occuper et d'agiter les esprits.

Aristote, après avoir distingué les impulsions passives des sens, de l'activité spontanée de l'esprit, considéra les perceptions, ainsi que nous l'avons vu, non-seulement comme produites par les objets, mais comme les représentant en quelque sorte. Ainsi, ce rapport fondamental était, à ses yeux, non-seulement le rapport de l'effet à la cause, mais celui de l'image à son modèle. Il avait attribué cette propriété, non pas seulement aux impressions du tact, comme les philosophes de l'école de Leucippe et de Démocrite, qui expliquaient tous les phénomènes par l'action mécanique et l'hypothèse des atomes, mais à toutes les sensations, chacune dans son genre ; en sorte qu'aux objets extérieurs appartenaient autant de qualités réelles que nous en recevons de sensations analogues.

Ce rapport ne parut point à Zénon assez complet, assez rigoureux ; car, l'image ne reproduit que la superficie, les contours de son modèle ; elle n'est qu'une sorte d'apparence ; il voulait conserver à la sensation une valeur plus entière et plus absolue ; il voulait qu'elle s'emparât de la substance même des choses, et qu'elle pénétrât, pour ainsi dire, dans leurs entrailles. De là naquit sa théorie de la perception, de ce qu'il appelle *l'image* ou *l'apparition cataleptique* ou *compréhensive*, théorie que la plupart des historiens ont eu peine à saisir, que plusieurs ont exposée peu fidèlement, mais que Sextus l'empirique, juge si exercé dans cette matière, nous aide à déterminer avec précision, si nous méditons convenablement la partie de son livre *contre les Logiciens* qu'il a consacrée à cette théorie des Stoïciens.

« Les Stoïciens, dit Sextus, érigèrent en
» *criterium* de la vérité *l'apparition catalep-*
» *tique* (A.) (la perception compréhensive).
» Pour bien concevoir ce qu'ils entendent par
» là, déterminons d'abord ce qu'était pour eux
» cette apparition. C'était, suivant eux une
» *impression produite dans l'âme*, το πωσις
» ἐν ψυχῇ). Ici ils commençaient à différer entre
» eux. Car, Cléanthe comprenait, sous ce terme
» *d'impression*, une sorte d'empreinte, sem-
» blable à celle que le cachet laisse sur la cire.

» Mais Chrysippe regardait cette explication
» comme absurde; car, disait-il, puisque la
» pensée conçoit à la fois plusieurs objets, il
» faudrait que l'âme reçût à la fois plusieurs
» figures; qu'en concevant à la fois un triangle
» et un carré, elle empruntât à la fois l'une
» et l'autre forme. Chrysippe pensait donc que
» Zénon entendait, par *impression*, une altéra-
» tion, une modification reçue. C'est ainsi que
» l'air, lorsque plusieurs voix retentissent à
» la fois, reçoit simultanément des altérations
» diverses, qui correspondent à chacune d'elles
» sans se confondre. De même, cette portion
» de l'âme, qui en occupe la région la plus éle-
» vée, réunit plusieurs perceptions qui cor-
» respondent à leurs objets. Or, parmi ces
» visions, il en est qui sont probables, d'autres
» qui sont improbables, d'autres qui ont à la
» fois l'un et l'autre caractère, d'autres qui
» n'ont aucun des deux. Les premières sont
» celles qui font éprouver à l'esprit une com-
» motion douce, égale, comme celle qui nous
» avertit qu'il fait jour. Les secondes sont
» celles qui repoussent l'assentiment, comme
» celle-ci : *Si les ténèbres règnent, il fait jour.*
» Les troisièmes sont celles qui, par l'habitude
» ou par leur relation à une chose quelconque,

» sont tour à tour telles ou telles, ou se pré-
» sentent sous différens aspects. Les dernières,
» enfin, sont celles qu'il est impossible de véri-
» fier, comme celle-ci: *le nombre des étoiles est*
» *pair.* Or, les visions probables sont elles-
» mêmes ou vraies, ou fausses, ou vraies et
» fausses à la fois; ou enfin, elles ne sont ni
» vraies ni fausses. Elles sont vraies, si elles
» peuvent être affirmées justement d'une chose;
» fausses, si elles en sont affirmées à tort,
» comme lorsqu'on croit qu'une rame à moitié
» plongée dans l'eau est rompue. Lorsqu'Oreste
» prenait Electre pour une furie, pendant l'éga-
» rement de sa raison, il avait une vision vraie
» et fausse tout ensemble; vraie, en tant qu'il
» voyait quelque chose, qu'il voyait Electre;
» fausse, en ce que ce n'était point une furie
» qui s'offrait à ses regards. Les notions gé-
» nérales ne sont, de leur nature, ni vraies
» ni fausses; ainsi les notions de Grec et de
» Barbare peuvent s'appliquer à un peuple
» et non à un autre. Enfin, parmi les appa-
» ritions vraies, il en est de *compréhen-*
» *sives (cataleptiques),* et de *non compréhen-*
» *sives.* Les dernières sont celles qui provien-
» nent de la maladie ou de quelque trouble de
» l'esprit, comme celles qui ont lieu dans les

» accès de frénésie. Voici maintenant en
» quoi consiste la vision compréhensive, ou la
» perception proprement dite : *elle est celle*
» *qui est imprimée et scellée par une chose*
» *qui existe, qui est conforme à cette chose,*
» *et qui ne peut être produite par une autre*
» *chose.* Elle a donc trois caractères essentiels :
» 1° il faut qu'elle provienne d'une chose
» réellement existante au dehors ; en cela elle
» se distinguera des vains fantômes, qui ne sont
» que les produits de l'imagination ; 2° il faut
» non-seulement qu'elle soit l'image de
» cette chose, mais qu'elle en soit une co-
» pie fidèle, qu'elle en exprime les propriétés;
» 3° il faut qu'elle ne puisse être produite par
» une chose différente, afin qu'elle puisse ser-
» vir à discerner, à distinguer avec précision
» et netteté les objets divers (1). »

» La perception est donc une sorte de lumière
» qui se montre elle-même en même temps
» qu'elle éclaire l'objet duquel elle dé-
» rive (2). »

---

(1) *Adv. Math.*, liv. VII, § 227 à 253.
(2) *Ibid., ibid.*, 163. — Plutarque, *De Placit. phil.*, IV, 12.

Dans ce résumé des maximes fondamentales des Stoïciens sur la réalité des connaissances humaines, nous voyons bien qu'ils assignaient les conditions nécessaires à une perception pour qu'elle obtienne en effet le caractère de la réalité; mais, nous ne voyons point qu'ils aient indiqué le moyen de vérifier si et comment ces conditions sont remplies. Ils ont déterminé avec plus de sévérité qu'Aristote en quoi cette réalité doit consister; mais, ils ont négligé comme lui de rechercher à quel signe elle peut se faire reconnaître. Car, comment saura-t-on que l'objet existe, qu'il est conforme à la perception, qu'un autre objet ne peut également la produire, puisque nous n'avons pour atteindre à cet objet que nos perceptions elles-mêmes ? Quel sera le signe intérieur et propre à ces perceptions ? qui pourra nous révéler leur rapport avec les choses externes ? Sextus l'empirique ne nous l'indique point. Il remarque au contraire que le principe des Stoïciens a quelque chose de vague et de flottant; il le combat à sa manière. Nous allons voir dans un instant, d'après d'autres témoignages, comment Zénon cherchait à compléter ce système.

Ce résumé, tel que nous l'a offert Sextus,

est dans un accord parfait avec la définition que Lucullus nous donne, dans Cicéron (1) : « La » perception, suivant Zénon, est exprimée et » formée de l'objet par lequel elle est produite, » et telle qu'elle ne pourrait naître d'un objet » différent. » Seulement Lucullus réunit en une seule les deux premières conditions que Sextus avait distinguées ; il emploie les mots : *visum expressum effictumque*, pour bien distinguer la perception de la simple image de ce qui ne serait qu'une ombre de l'objet. « Zé- » non, dit-il, n'ajoute point une foi aveugle à » ces visions extérieures, mais seulement à » celles qui portent en elles-mêmes une cer- » taine manifestation des objets aperçus (*quæ* » *propriam quandam haberent declaratio-* » *nem earum rerum quæ viderentur.*» Garve a commenté cette définition de la manière la plus nette et la plus judicieuse (2).

« Cependant la perception ne comprend pas » précisément tout ce qui est contenu dans la » chose réelle, mais seulement tout ce qui

---

(1) *Acad. quæst.*, liv. II, ch. 11. — IV, ch. 14.
(2) *De ratione scribendi hist. phil.*, pag. 20.

» peut se manifester à l'esprit ; c'est en ce
» sens qu'elle est complète (1). »

« L'assentiment convertit cette perception en une connaissance. Cet assentiment est un acte de l'esprit, spontané et volontaire de sa part (2). La perception est transmise du dehors par une force étrangère ; l'approbation qui lui est donnée, par laquelle elle est connue, jugée, est un exercice de la libre activité de l'homme (3). » Les Stoïciens comparent la sensation à la main étendue, la perception aux doigts qui se plient pour saisir l'objet, et de là le nom de *catalepsie* qu'ils lui donnent.

« La science, à son tour, se compose de perceptions si fermement et si solidement établies, qu'aucun raisonnement ne peut les ébranler. »

« Les perceptions qui ne reposent pas sur de semblables fondemens ne constituent qu'une simple opinion incertaine et mobile, qui accepte à la fois et confond ce qui est connu et ce qui ne l'est pas. »

---

(1) Cicéron, *Acad. quæst.*, I, 11.
(2) *Ibid, ibid.*
(3) Aulugelle, *Noct. attic.*, XIX, ch. 1. — Plutarque, *De Placit. phil.*, IV, 21.

Si, à cette absence de signes propres à faire constater la légitimité des perceptions, on réunit cette libre spontanéité de l'assentiment, telle que les Stoïciens la conçoivent, on est amené à craindre qu'en définitive la vérité ne devienne pour les Stoïciens une chose presque arbitraire. Cependant, Zénon admet certaines perceptions qui entraînent un assentiment inévitable; il cherche à déterminer celles auxquelles appartient ce caractère, la condition qui leur donne ce privilége; il trouve cette condition dans l'évidence. L'évidence est donc pour lui le *criterium* suprême, la pierre de touche décisive; et en cela il semble pressentir la célèbre maxime de Descartes. « Car, qu'y a-t-il de plus clair que » l'évidence ? Et une chose aussi frappante » a-t-elle besoin d'être prouvée, d'être défi- » nie (1)? » Zénon identifie l'évidence avec ce que nous appelons le *sens intime*.

Il recourt aussi à une sorte de guide qu'il appelle le *jugement droit* ou la saine raison. « Cette droite raison se fonde en partie sur une connaissance exacte des choses, en partie sur l'état

---

(1) *Ibid.*, *ibid.*. IV, 6, 12. — Aulugelle, XIX, ch. 1.

et la condition de l'âme exempte de toute corruption. La nature nous fournit une sorte de modèle et d'expression d'elle-même, dans laquelle l'esprit recueille les notions des choses ; ces notions offrent les principes de la science : par leur secours s'ouvre une large voie pour l'investigation de la vérité ; et, comme la nature est la même pour tous les hommes, ces notions primitives composent une sorte de sens commun qui appartient à l'humanité tout entière (1). »

Il oppose au scepticisme l'autorité des *notions communes*, reconnues, dit-il, par un assentiment unanime. « La dissension qui s'établit entre les esprits, le partage des opinions ne commencent qu'avec l'emploi qui est fait de ces élémens, ne tombe que sur les notions déduites qui sont l'ouvrage de chacun (2). »

Zénon distingue dans l'âme huit facultés : les cinq sens, la génération, le langage et la pensée (3). S'il comprend dans leur nombre la génération qui appartient essentiellement à l'or-

---

(1) *Ibid.*, *ibid.* — Diogène Laërce, VII, 54. Plutarque, *De Placit. phil.*, IV, 11, 21.
(2) Épictète, *Diss.*, III, 28.
(3) Plutarque, *ibid.*, *ibid.*, 21.

ganisation physique, c'est sans doute en tant qu'elle dépend d'une action volontaire; c'est aussi par l'effet de la confusion que commet assez ordinairement ce philosophe, entre les phénomènes purement organiques et les phénomènes intellectuels. Ces huit facultés principales se rapportent cependant à la dernière, comme prédominante, principale, et, pour employer son langage, comme *directrice*. « On peut dire, sous ce rapport, qu'il n'y a dans l'âme qu'une seule faculté de laquelle dérivent toutes les autres. Elle est passive, en tant qu'elle reçoit les impressions du dehors; active, en tant qu'elle les réunit, qu'elle en forme des notions et des jugemens (1). Ainsi, la nature et les opérations de l'âme forment un ensemble auquel préside l'unité, comme au système de l'univers. »

Ce sont les Stoïciens, et non Aristote auquel on l'attribue ordinairement, ce sont les Stoïciens qui ont introduit expressément dans la philosophie la célèbre maxime : *Il n'y a rien dans l'entendement qui n'ait été dans la sen-*

---

(1) Plutarque, *ibid.*, *ibid.*, 23.—Stobée, *Ecl. phys.* tom. Ier; p. 382. — Sextus l'Empirique, *Adv. Math.*, liv. VII, § 233, 234.

sation (1). En cela, il est vrai, ils n'ont fait que réduire en formule la doctrine d'Aristote. Ils n'admettent donc point d'idées innées; mais ils distinguent des idées naturelles et des notions artificielles; aux premières, obtenues sans aucun travail de l'esprit, ils donnent le nom d'*anticipations*; les secondes, élaborées par l'esprit, reçoivent d'eux le titre de *notions*; les premières correspondent aux choses réelles, les secondes à ce qui est seulement conçu, comme l'idée du *genre*. Ils réduisent à quatre les catégories ou les genres principaux, savoir : les substances, les qualités, l'absolu et le relatif. Ils réduisent également à quatre les attributs ou *catégorêmes* (2).

« Les idées artificielles se forment suivant des modes divers : les unes, à l'aide de l'analogie ; c'est ainsi que nous nous représentons d'avance un objet inconnu par son assimilation à un objet qui nous est présent : d'autres, par la composition ; c'est ainsi qu'on réunit

---

(1) Origène, *contrà Cels.*, liv. VII.
(2) Plutarque, *ibid.*, *ibid.*, II. — Arrien, liv. I, diss. 22. — Diogène Laërce, liv. VII, § 63, 64, 65. — Simplicius, *Comm. in Catheg.*

plusieurs idées partielles pour en former un tout nouveau, comme l'idée d'un centaure, par exemple : d'autres, par la proportion, soit que nous concevions le même objet sous des dimensions plus étendues, ou sous des dimensions plus restreintes ; d'autres, par l'opposition, comme on tire l'idée de la mort de celle de la vie ; d'autres, par la transposition des parties ; d'autres, par la répétition ; d'autres, enfin, par la privation (1). »

« Le raisonnement se compose du *lemme*, ou majeure, du *proslemme*, ou mineure, et de l'*épiphore*, ou conclusion (2). » Les Stoïciens empruntèrent à Aristote le syllogisme, en le réduisant à deux modes, le simple et le composé. Ils accrurent encore le nombre des sophismes, triste héritage de l'école de Mégare. Quoique la logique des Stoïciens fût moins compliquée dans ses formules que celle du Lycée, Cicéron leur reproche l'abus des subtilités (3); Séné-

―――――――――――

(1) Cicéron, *De Finib.*, III, 10.—Diogène Laërce, VII, 52. — Sextus l'Empirique, *Adv. Math.*, III, 40. — IX, 393.

(2) Diogène Laërce, *ibid.*, § 68 à 82. — Alexandre Aphrodisæus, *Comm. in analyt. prior.*

(3) *De Finib.*, I, 3, 4.

que lui-même reconnaît, en le déplorant, ce tort de son école (1); il appartient, au resté, moins à Zénon lui-même qu'à ses successeurs.

Toute la philosophie des Stoïciens étant essentiellement dirigée contre le scepticisme, en même temps qu'ils s'efforçaient de prêter à la raison humaine des instrumens capables de le prévenir, ils l'attaquaient ouvertement lui-même par des argumens généraux. « Le doute universel, disaient-ils, est impossible; l'homme n'est point le maître de refuser son assentiment d'une manière constante et absolue; il est des perceptions sensibles qui portent avec elles une clarté irrésistible; cette clarté est telle que Dieu n'eût pu nous donner une lumière plus abondante. Nous devons donc nous y confier, si nos sens sont dans un état sain, et ne sont troublés ni obstrués par aucun obstacle. Les êtres animés ne sauraient agir, s'ils n'étaient guidés par de légitimes et véritables connaissances; quel état pourrait être exercé, si certaines vérités n'étaient admises pour leur servir de base? Toute vertu disparaîtrait avec la perte de toute conviction; car, nous ne pouvons

---

(1) *Epist.*, 48.

accomplir un devoir qu'en reconnaissant la vérité de certaines maximes : Quel homme deviendrait le martyr de ce qui est bien, s'il ne reconnaissait avec certitude la vérité de ce bien pour lequel il s'immole ? Une conviction légitime distingue et sépare seule le sage de l'insensé, le prudent de l'aveugle. Enfin, la raison elle-même serait anéantie par ce doute universel ; toute question, toute recherche suppose la possibilité de la découverte, l'existence du but ; quel est celui qui tend à obtenir le faux, à reconnaître l'incertain ? Il faudrait donc, en avouant un tel système, abdiquer toute philosophie (1) ? »

Essentiellement occupés à fonder la réalité des connaissances, à leur conserver la valeur la plus positive qu'il fût possible, prévenus contre tous les genres d'hypothèses, prévenus surtout contre les spéculations platoniciennes, les Stoïciens ne trouvaient dans la notion pure de l'intelligence, dans tout ce qui porte un caractère de spiritualisme, rien qui pût les satisfaire ; ils craignaient de voir s'évanouir, comme une ombre légère, les objets dé-

---

(1) Cicéron, *Acad. quæst.*, IV, ch. 6, 7, 8, 9, 11, 12.

gagés de toute condition matérielle et sensible; ils se défiaient des phénomènes qui appartiennent exclusivement à l'ordre de la réflexion intérieure, comme d'autant d'abstractions de l'esprit. Ils voulaient donc rendre en quelque sorte un corps uniforme, palpable et solide, à tout ce qui est du domaine de la science. De là, suivant nous, l'espèce de matérialisme qu'ils embrassèrent, et qui nous paraît avoir été généralement mal compris. Ils ne faisaient pas consister précisément l'intelligence dans la seule organisation physique; ils lui assignaient au contraire un centre d'unité qu'ils appeloient *Hégémonique;* mais, à cause de la disette et de l'imperfection du langage, ils employaient, pour désigner la réalité de ce principe, la même expression que celle qui sert en général à désigner les corps, comme objets solides : faute d'avoir porté assez avant les opérations de l'analyse, ils ne pouvaient détacher de la notion de ce principe toute condition matérielle, ou du moins ils craignaient de lui enlever par là l'existence substantielle qu'ils mettaient tant de prix à conserver. Ils revinrent donc à cette définition des anciens qui faisait consister l'âme dans une sorte de souffle, d'air, de chaleur, dans un principe igné ; ou plutôt, ils expliquèrent par cette image l'action de la faculté principale et centrale de *l'hégémonique*(1). Ils conçurent cette espèce de matière comme extrêmement subtile, comme ne se prêtant point à la division mécanique.

« L'âme humaine n'est point composée d'un corps lourd et terrestre ; elle émane de l'esprit céleste ; elle est une étincelle de ce feu divin, éternel, qui est répandu dans l'éther, qui est la source de la lumière (2). » Les Stoïciens reproduisaient ainsi les idées d'Héraclite et de Platon, quoiqu'en dépouillant celles du dernier, du spiritualisme qui les caractérise ; ils reproduisaient l'antique système des émanations. Ils se complaisaient dans une hypothèse qui relevait à leurs yeux la dignité de l'homme, qui maintenait l'empire des doctines religieuses contre les attaques du doute, et qui prêtait en quelque sorte à la raison humaine le flambeau de la suprême sagesse. « L'homme est une image du monde ; un monde abrégé réside en lui. »

La théologie naturelle était ainsi, pour les

---

(1) Plutarque, *ibid.*, *ibid.*, 3. — Cicéron, *De nat. Deor.*, III, 14. — Tuscul. I, 9.

(2) Cicéron, *Somn. Scip.* ; Pline, liv. II, ch. 26. — Antonin, IV, § 4. — IX, § 8.

Stoïciens, étroitement liée à la psychologie; celle-là, comme celle-ci, était empreinte d'une sorte de matérialisme conçu pour échapper au vague et à l'incertitude des spéculations mystiques, pour conserver aux intelligences une sorte de réalité positive que les sens, seuls juges de la vérité suivant ces philosophes, pussent avouer et reconnaître. Les doctrines mystiques avaient conduit à l'idéalisme, et par là au scepticisme qui lui touche de si près, en mettant l'intelligence humaine en rapport avec l'intelligence divine dans une région supérieure aux sens. Les Stoïciens, voulant maintenir cette alliance dans l'intérêt des idées religieuses, prétendirent lui donner un lien plus solide en la transportant dans le domaine de la nature sensible. Aux corps seuls, suivant eux, pouvait appartenir le caractère de cause, parce que seuls ils peuvent agir, produire. « La cause, disaient-ils, est ce qui opère quelque chose, ou ce qui sert de moyen pour l'opérer; ou plutôt, toute force est un feu; rien ne vit que par la chaleur; d'ailleurs, l'action elle-même n'est point un corps, elle n'est qu'un simple attribut, une détermination (1); » d'où l'on voit

---

(1) Cicéron, *De nat. Deor.*, I, 9.—*Acad. quæst.*,

qu'ils n'admettaient aucun intermédiaire entre ce qu'ils appelaient *corps*, et les simples abstractions de l'esprit. « L'univers entier n'est lui-même qu'un vaste corps organisé, dont la divinité est l'âme. Cette âme est aussi d'une nature ignée ; ce n'est point le feu ordinaire et grossier qui s'offre à nos regards ; c'est un feu céleste, éthéré, répandu de toutes parts, qui pénètre et anime tous les êtres, source de vie, principe raisonnable, éternel ; c'est la nature elle-même, non la nature passive, modifiée, mais la nature active, féconde, puissante, législatrice ; c'est l'ouvrier suprême, la Providence universelle et bienfaisante (1). »

Cette vue qui identifie la divinité avec la nature est fondamentale dans la doctrine Stoïcienne. Toutefois il faut bien l'entendre comme ils l'ont conçue. « Il y a deux principes coéternels; la matière passive, et la cause productrice;

I, 11. — Sénèque, *Epist.* 65, 106. — Stobée, *Ecl. phys.*, I, § 31. — Sextus l'Empirique, *Adv. Math.*, IX, 211.

(1) Cicéron, *ibid.*, *ibid.* — *De nat. Deor.* I, 14; II, 9, 22. — Plutarque, *De Placit. phil.*, I, 7. — Diogène Laërce, VII, 147, 156. — Stobée, *Ecl. phys.*, I, § 64.

la seconde s'empare de la première, la régit, la vivifie (1). » Le panthéisme des Stoïciens consiste dans l'universalité de cette action. Le terme *nature* a donc, dans le langage des Stoïciens, une valeur toute différente de celle qu'il reçoit dans le langage ordinaire, dans celui des autres philosophes, où il exprime l'ensemble des phénomènes, des effets qui se déploient à nos regards. Chez les Stoïciens, c'est la force, la force primitive, la force universelle, le principe actif ; et voilà pourquoi elle est intelligente ; voilà pourquoi elle a sa source dans la raison ; voilà pourquoi c'est la divinité elle-même (2). « Elle agit sur certains êtres comme moyen de combinaison, d'organisation, leur donne leur forme ; elle agit sur les autres comme moyen de lumière. Elle est, sous le premier rapport, la cause des êtres inanimés; sous le second, celui des êtres raisonnables. »

L'univers est pour Zénon non-seulement un tout animé, mais un être raisonnable, un corps

―――――――

(1) Sénèque, *Epist.*, 65, 89. — Diogène Laërce, VII, 34. — Lactance, *Divin. inst.* VII, 3.

(2) Cicéron, *De nat. Deor.*, II, 32. — Diogène Laërce, VII, 148.

organisé, dont toutes les parties sont liées entre elles, et réagissent les unes par les autres (1).

« Cette puissance universelle et primitive agit d'après des lois constantes et régulières. lois qui n'ont rien de commun avec les idées platoniciennes, avec les types ou exemplaires des choses, mais qui, suivant la manière de voir propre aux Stoïciens, ont une sorte de consistance ou de forme matérielle ; ils se les représentent comme une sorte de linéamens, de germes, résidant dans le principe même des choses, déterminant à l'avance leurs révolutions futures ; ils empruntent la notion de ces lois à la génération des êtres organisés, sans remarquer que cette génération n'est elle-même qu'une des lois les plus mystérieuses de l'univers ; c'est pourquoi ils les appellent *rationes seminales* (2), expression qui devint si célèbre dans leur école.

De cette notion dérive, dans la doctrine du Portique, la théorie des causes. « Les anciens avaient dit : *Rien ne se fait de rien;* Zénon dit: *Rien ne se fait sans cause.* » Il est un enchaî-

---

(1) Cicéron, *De natur. Deor.*, II, 8, 12, 13. — Sextus l'Empirique, *Adv. Math.*, IX, 79.

(2) Diogène Laërce, VII, 139, 148, 149.

nement infini de causes et d'effets qui embrasse tous les êtres existans, comme tout le domaine du temps et de l'éternité. Ainsi, le présent renferme le germe de l'avenir. Ainsi, l'état présent n'est lui-même que la conséquence des prédispositions antérieures (1). Cet ordre éternel, universel, en vertu duquel tout ce qui arrive a dû arriver, est ce qui constitue proprement le destin (*fatum*) des Stoïciens, cette grande loi de la nécessité qui préside à tous les phénomènes, loi qui n'est point précisément mécanique, puisqu'elle dérive d'une cause intelligente, de la puissance et de la sagesse divine. Voici encore une barrière opposée non-seulement au scepticisme, mais à tous ces systèmes qui s'en rapprochent plus ou moins, quoique sans en faire l'aveu, et qui livrent le cours des événemens aux jeux aveugles de la fortune et du hasard. Voici encore une des bases disposées par l'école stoïcienne pour asseoir la science comme un édifice inébranlable.

Comment concilier cet empire de la nécessité

---

(1) Cicéron, *De nat. Deor.*, III, 6. — Sénèque, *De Provid.*, 5. — *De Benef.*, VI, 23. — Plutarque, *De Placit. phil.*, I, 28. — Antonin, IV, 26; X, 5. — Aulugelle, VI, 2. — Stobée, *Ecl. phys.*, p. 12.

avec le libre arbitre que les Stoïciens mettaient tant de prix à conserver dans la région des idées morales? Attaqués sur ce terrain, les Stoïciens essayaient de se soustraire à la difficulté, et introduisaient des réserves en faveur de la liberté des déterminations humaines.

Le même point de vue nous explique encore pourquoi les Stoïciens considéraient l'univers comme le meilleur des mondes possibles; la nature est pour eux la perfection réalisée. Leur optimisme se distingue de celui de Platon, en ce que Platon déduisait la perfection de l'ouvrage de celle de son auteur, tandis que Zénon identifiait l'une et l'autre : « Rien dans le monde n'est inutile, pas même le plus petit vermisseau. La nature surpasse en excellence tous les chefs-d'œuvre des arts (1). » Les Stoïciens rassemblaient avec un zèle infatigable tout ce qui pouvait favoriser cette pensée, objet de leur prédilection. Elle se liait étroitement au théisme, à la notion de la Providence, but essentiel de leur philosophie. Elle en formait le commentaire, elle en était la preuve. Aucune

---

(1) Cicéron, *De nat. Deor.*, II, 34. — Sénèque, *Nat. quæst.*, V, 18. — Antonin, IV, 27. — Plutarque, *De rep. Hist.*, 1044, 1050.

école de l'antiquité n'a fait plus d'efforts pour mettre cette croyance auguste à l'abri de toute atteinte. Dans leur empressement à la protéger, à la justifier, ils ont admis sans doute avec trop peu de choix et de discernement tous les motifs qui leur paraissaient favorables à cette noble cause. Du moins ont-ils eu le mérite d'offrir à leurs successeurs une variété de démonstrations qui se prêtait aux diverses dispositions des esprits. Ils insistaient particulièrement sur celle qui résulte du consentement unanime des peuples. Les premiers ils introduisirent dans cette grande question les démonstrations morales; ils entrevirent que la notion de la justice, que le principe de l'obligation, supposent un législateur suprême, et par conséquent un rapport entre l'homme et la divinité. Cette autre preuve qu'ils essayaient de faire ressortir du devoir que la morale impose à l'homme d'un culte envers les dieux, et qui, sous un rapport, renferme une pétition de principe, n'a-t-elle pas, comme le raisonnement d'Epicure, une sorte d'analogie avec la démonstration de Kant, appuyée sur la croyance pratique (1)? Ils mirent

---

(1) Cicéron, *De nat. Deor.*, II, 2, 4. — III, 5, 6. — Sextus l'Empirique, *Adv. Math.*, X, 78, 131.

les mêmes soins à établir l'unité de Dieu (1). Ils comprirent que la doctrine d'Epicure, en isolant la Divinité, en la bannissant de l'univers, en brisant tous les rapports que la reconnaissance et l'espoir forment entre Dieu et l'homme, prive l'humanité de son plus bel héritage, et équivaut presque par le fait à un athéisme véritable. Ils s'attachèrent donc à fortifier ces rapports sublimes par les liens les plus puissans. Ils déduisirent la notion de la Providence, de la nature même de la Divinité, de la dépendance universelle qui soumet tous les êtres à une cause raisonnable, de la beauté et de l'ordre qui règnent dans l'univers; ils firent rayonner l'image de la Providence au travers des phénomènes de la nature et des événemens de la vie humaine. C'est ainsi qu'ils ramenèrent à l'unité le système entier des choses physiques et morales (C).

Ils firent plus encore; ils entreprirent de justifier la religion populaire, et d'expliquer par des considérations philosophiques les traditions de la mythologie. On les suit avec intérêt dans leurs recherches sur l'origine du polythéisme.

---

(1) Athénagor. *Legat. pro Christ.* — Plutarque, *De dif. Orac.*, p. 425. — Antonin, VI, 9.

La philosophie corpusculaire, celle qui expliquait toutes les révolutions de la nature par la seule composition et décomposition, depuis qu'elle avait été introduite par Leucippe et Démocrite, avait paru bannir du théâtre de la nature toute intervention de l'ordonnateur suprême; ses auteurs n'avaient admis qu'un système de lois mécaniques. Il suffisait qu'une semblable hypothèse fût contraire aux intérêts des idées religieuses, pour que les Stoïciens en rejetassent le principe, comme ils en redoutaient les conséquences; ils revinrent donc à l'hypothèse de la transformation, et opposèrent aux atomes la divisibilité de la matière à l'infini. Ils n'adoptèrent point la distinction introduite par Aristote entre la métaphysique et la physique; ils s'attachèrent au contraire à associer étroitement ces deux sciences. La seconde fut loin de trouver quelque avantage dans cette alliance. Ils se proposaient deux buts principaux dans l'étude de la physique: l'une, d'y puiser les considérations propres à justifier leurs vues sur la Providence, l'autre, de préparer à l'étude de la morale; car, ils introduisirent entre la physique et la morale une corrélation nouvelle, qui leur fut entièrement propre, et qui s'explique par l'idée qu'ils s'étaient formée de la nature. C'est ainsi qu'ils espéraient, tout ensemble, ennoblir la science par les intentions de la vertu, et fortifier la vertu par l'autorité de la science.

Faire disparaître du nombre des biens et des maux tous les plaisirs et toutes les douleurs des sens; réserver le caractère de biens et de maux aux affections qui appartiennent en propre à l'âme, qui sont en sa puissance, et qui dérivent de l'usage de la liberté; ne considérer comme bon que ce qui est bon partout et toujours, indépendamment des circonstances, et par conséquent que la vertu seule ; comme mal, que le vice ; affranchir ainsi l'homme moral de toute servitude et de toute dépendance extérieure ; l'élever même à une sorte d'insensibilité par le mépris de toutes les impressions passives ; l'affranchir en même temps de l'esclavage non moins terrible des passions ; ériger la raison en arbitre suprême de toutes les déterminations ; n'avouer comme dignes du sage que les actions qu'elle a prescrites ; opposer l'honnête à l'utile, ou plutôt faire triompher l'honnête de l'utile; diriger incessamment les regards de l'homme sur le modèle de la perfection comme sur le but de tous les biens (*finis bonorum*); révéler à sa pensée le code d'une législation sublime, éternelle, universelle, émanée de l'auteur de toutes choses, gravée dans tous ses ouvrages ; fonder ainsi la vertu sur le devoir, sur le principe de l'obligation, indépendamment de tout intérêt personnel ; unir étroitement toutes les vertus entre elles, par un lien indissoluble ; ennoblir la vertu par l'immolation, l'affermir par la constance, telle est cette moralité énergique que Zénon impose à l'humanité ; et il a assez estimé l'humanité pour l'en croire capable. « Zénon, dit Cicéron, » ne s'adresse qu'à notre âme, comme si » nous étions dépouillés des enveloppes du » corps (1). »

Cicéron, dans le troisième livre de son traité *sur les vrais biens et les vrais maux*, et dans son traité *des offices*, s'est complu à développer ce code admirable dans sa rigidité ; ce code s'élève comme un monument plein de hardiesse et de grandeur, au milieu de tous les systèmes de morale produits par l'antiquité ; le torrent des vices et de la corruption semble s'écouler autour de lui sans l'ébranler ni même l'atteindre. On diroit que Zénon, en dérobant à Platon son type de l'idéal, a voulu le réaliser sur la terre ;

---

(1) *De Finib.*, IV, ch. 11.

le sage du Portique rappelle les demi-dieux d'Homère ; il appartient à une nature toute héroïque (D).

La célèbre *apathie* des Stoïciens consistait dans l'indifférence aux impressions venues du dehors, dans l'impossibilité où est le sage d'être modifié par elles, dans le triomphe qu'il remporte sur tous ses penchans. Leur célèbre maxime, *agis conformément à la nature*, exprimait, d'après l'idée qu'ils se formaient de la nature, et que nous avons exposée il y a un instant, l'empire de ces lois immuables qui président à l'ensemble de l'univers. Ce qu'on appelait leurs *paradoxes* provenait de la violence qu'ils faisaient aux penchans de la sensualité et de la singularité d'une doctrine qui choquait le langage ordinaire et les habitudes de leur siècle.

On voit qu'Epicure et Zénon avaient été également frappés de l'esprit et des mœurs de leur temps, et que cette considération formoit leur pensée dominante ; mais, Epicure avait en vue de se plier, de s'accommoder aux circonstances qui en résultaient ; Zénon, de s'y opposer, de les vaincre. L'un descendait au niveau de la foule contemporaine pour en obtenir la faveur; l'autre appelait à lui du sein de la foule toutes les âmes fières et courageuses pour les élever à une vie nouvelle. L'un et l'autre avaient profondément étudié la nature de l'homme ; mais, l'un pour lui condescendre et lui complaire, l'autre pour la régénérer. L'un et l'autre se déclarèrent également les adversaires du scepticisme ; mais, l'un pour soulager l'esprit des inquiétudes du doute, l'autre pour fortifier la raison de toute l'énergie de la conviction. L'un et l'autre invoquaient l'autorité de l'expérience ; mais, le premier lui demandait les lumières propres à entretenir les douceurs du repos ; l'autre lui demandait une sanction pour les lois sacrées d'une austère sagesse. L'un recherchait la vérité pour qu'elle servît de guide à l'intérêt bien entendu, l'autre pour qu'elle prescrivît la règle du devoir désintéressé. L'un et l'autre reconnaissaient la Divinité, lui adressaient leur culte ; mais, le premier séparait la Divinité de l'univers, de peur que la superstition ne vînt agiter et troubler l'âme du mortel, et son culte dégénérait en une contemplation oiseuse et stérile ; le second identifiait presque la Divinité avec l'univers, comme pour envelopper l'homme de l'influence religieuse, et son culte était une vie dirigée tout entière au meilleur. L'un et l'autre rejetaient les spéculations et les hypothèses ; mais, le premier les écartait comme une recherche inutile au bonheur, le second comme un danger pour la solidité des principes de la morale. La philosophie du premier était à beaucoup d'égards négative ; elle tendait à faire disparaître les obstacles, à laisser leur cours aux penchans, comme sa direction naturelle à l'esprit : la philosophie du second était essentiellement positive ; elle tendait à développer toutes les forces, à faire mépriser tous les obstacles ; c'était un pugilat continuel, une gymnastique de l'âme et de la raison. L'un accordait beaucoup aux affections, à la bienveillance ; l'autre ne connaissait que l'accomplissement des obligations. L'un soignait exclusivement la félicité de l'homme, l'autre sa dignité. Celui qui fréquente les jardins d'Epicure se croit transporté dans les contrées délicieuses de l'Asie ; celui qui fréquente le Portique croit vivre sous les institutions de Lycurgue.

Les institutions du Portique, rigides comme celles de Sparte, devaient être comme elles fixes et immuables ; et tel fut en effet le caractère de leur influence morale et pratique ; cependant, le Portique recevait des disciples capables d'embrasser ses lois, plutôt qu'il n'appelait indifféremment des auditeurs pour les former à sa doctrine. Car, Zénon exigeait de la nature humaine des efforts peu ordinaires ; il fallait donc des âmes préparées à l'entendre, assez généreuses pour le suivre. La philosophie du Portique eut moins de fixité dans sa partie spéculative ; quelque solidité que son auteur eût essayé de lui donner, elle était encore sujette à discussion ; non-seulement cette doctrine était à plusieurs égards incohérente et incomplète ; mais, Zénon n'avait pas pris le soin de l'envelopper, comme Aristote, de ces formules, de cette terminologie, qui enlacent les esprits et les privent de la liberté de leurs mouvemens.

Cléanthe, successeur de Zénon, n'ajouta rien à sa doctrine ; il eut même le tort de matérialiser encore davantage les notions que son maître n'avait pas su isoler assez des conditions matérielles, et de sacrifier aux superstitions vulgaires que celui-ci avait espéré justifier en les épurant (1). Il eut cependant le mérite de présenter à la philosophie cette belle induction qui conduit à la notion de l'être souverainement parfait, par la considération de l'échelle pro-

_____

(1) Diogène Laërce, VII, § 159. — Plutarque, *Adv. Stoic.*, p. 1075, etc.

gressive que forment les divers degrés de perfection dans le système des êtres (1). Avec Zénon, il définit la Divinité comme la loi générale de la nature, loi qui préside tout ensemble aux phénomènes physiques et aux phénomènes moraux ; il place dans cette puissance suprême le principe de l'harmonie et de la coordination qui rappelle à l'unité l'infinie variété des choses (2) ; on peut voir dans la belle hymne de Cléanthe, qui nous a été conservée par Stobée, comment il alliait ainsi l'unité de Dieu au panthéisme de son école (3). Il eut aussi le mérite d'entourer d'un nouveau jour les notions de cette vertu, « qui consiste dans
» l'harmonie d'une vie affranchie des passions,
» constamment en accord avec elle-même, et
» qui n'est digne de ce nom que si elle a sa
» source dans l'intention de l'homme, si elle
» est vraiment intérieure (4). » Il confirma sa doctrine par l'autorité de ses exemples.

Cependant, la moyenne Académie avait pris

---

(1) Sextus l'Empirique, *Adv. Math.*, IX, § 88.
(2) Stobée, *Ecl. phil.*, § 131.
(3) *Idem.; ibid.*, § 32.
(4) Sénèque, *De Benef.*, VII, 21. — Diogène Laërce, VII, § 89.

naissance. Les Stoïciens n'avaient plus seulement à lutter contre le semi-scepticisme des anciens Sophistes, contre le doute suspensif de Pyrrhon; un adversaire plus redoutable se montrait; c'était le doute absolu d'Arcésilas, armé d'une dialectique active et exercée. Il fallait protéger, dans ce nouveau péril, la doctrine du Portique contre laquelle les efforts des Académiciens étaient essentiellement dirigés. Chrysippe se chargea de ce rôle, et ne négligea pour le remplir aucune des ressources du talent, de la persévérance et du courage. Il reprit donc en sous-œuvre l'ouvrage entier de Zénon, chercha à en perfectionner tout à tour les différentes parties, et surtout à les fortifier par de nouveaux moyens de défense. Les anciens avaient une idée tellement haute de sa logique, que « Si » les dieux, disaient-ils, avaient besoin de » l'emploi d'une logique, c'eût été de celle de » Chrysippe qu'ils auraient fait usage (1). » Aussi les Stoïciens le reconnaissaient-ils comme le vrai fondateur de cette portion fondamentale de leur philosophie.

Déjà nous avons remarqué que Chrysippe

_____

(1) Diogène Laërce, VII, § 180. — Cicéron, *De Finib.*, IV, 4.

avait rectifié la définition de la *vision compré-hensive*, altérée par Cléanthe; nous voyons dans Sextus l'Empirique qu'une réflexion judicieuse le conduisit à rejeter cette comparaison de Cléanthe qui assimilait les perceptions à l'empreinte laissée par un sceau sur la cire. « L'in-
» telligence, disait-il, ne pourrait réunir
» alors les perceptions diverses et simultanées
» dans l'unité de l'acte qui les combine et les
» compare (1). La perception, disait-il encore
» suivant Plutarque (2), est une modification
» de l'âme qui révèle aussi l'objet par lequel
» elle est produite; » distinguant l'objet perçu, de l'objet fantastique qui n'est qu'un produit de l'imagination, il s'efforçait de marquer les signes auxquels on peut reconnaître leur différence. Il s'attachait donc à déterminer toutes les circonstances qui accompagnent les phénomènes des songes, du délire, de l'ivresse, de la maladie, et celles qui sont propres aux phénomènes de la veille et de la santé physique et morale. Le caractère essentiel auquel il ramenait ces différences, consistait dans l'évidence, dans la clarté, dans cette lumière sans nuage,

---

(1) *Adv. Math.*, VII, 232.
(2) Plutarque, *De Placit. phil.*, I, 12.

dans cette persuasion pleine, et dans cette impression énergique, qui résultent toujours de l'impression produite par un objet réel. C'était, en un mot, une sorte de sentiment direct et immédiat de la réalité, une vue de l'objet lui-même. « Ces perceptions et ces idées, en provenant des objets réels, parviennent à l'âme pures et sans mélange d'élémens hétérogènes, dans leur simplicité native, et elles sont fidèles parce que l'âme n'y a rien ajouté de son propre fonds (1). »

Chrysippe distinguait encore avec Zénon les perceptions sensibles et les notions. « Les
» secondes, disait-il, ne proviennent point im-
» médiatement des sens ; elles appartiennent
» à la pensée, elles représentent les objets
» non sensibles ou ceux qui sont connus
» par la raison ; elles naissent de la compa-
» raison des premières, de l'opération par la-
» quelle l'esprit saisit les qualités communes
» et générales ; les unes par l'exercice natu-
» rel, les autres par un exercice réfléchi des
» facultés de l'entendement (2). »

---

(1) Cicéron, *Acad. quæst.*, II, 14, 16, 17, 27. — *De Divin.*, II, 61.

(2) Diogène Laërce, VII, 52. — Plutarque, *De Placit. phil.*, IV, 11.

Sans employer les figures du syllogisme, et en cherchant à réduire la nomenclature des règles qui gouvernent l'argumentation, Chrysippe enrichit encore les classes de syllogismes instituées par Aristote ; il fit remarquer aussi que plusieurs espèces de raisonnemens ne sont pas réductibles à la forme syllogistique. Il s'occupa d'établir une théorie des signes. « Le signe, la notion et l'objet signifié, sont trois choses différentes, mais unies par des rapports mutuels. Il y a deux sortes de signes : les uns *commémoratifs*, qui rappellent l'image ou le souvenir de la chose à laquelle ils ont été associés ; les autres *démonstratifs* qui devancent la connaissance de cette chose. Les relations de la causalité constituent la propriété des seconds (1). »

Aristote avait déjà établi qu'il doit y avoir des vérités fondamentales qui n'admettent point de démonstrations, puisqu'elles servent de principes pour démontrer les autres. Chrysippe entreprit de dresser une nomenclature des vérités indémontrables. L'art du raisonnement

---

(1) Sextus l'Empirique, *Adv. Math.*, VIII, 1270. — Diogène Laërce, VII, 63. — Gallien, *Hist. phil.*, ch. 4.

consistant à ramener toutes les autres vérités à celles-ci, il importe avant tout, dit-il, de les bien déterminer ; or, c'est l'évidence qui seule peut les faire reconnaître, en les environnant d'une clarté qui ne permet plus aucun doute. Sextus l'Empirique les range dans cinq classes qu'on peut réduire à deux : « la première » comprend les propositions qui résultent né- » cessairement d'une supposition admise ou de » l'exclusion de cette même condition supposée ; » la seconde comprend les conséquences qui ré- » sultent d'une proposition disjonctive, lorsque » de deux conditions qui s'excluent, l'une se » trouvant remplie, l'autre se trouve par là même » exclue (1). » C'est ce que les Stoïciens appellent leurs *tropes* et leurs *logotropes* ; ils se réduisent au fond au principe de l'identité ou de la contradiction, et ne gouvernent, comme on le voit, que les raisonnemens abstraits. Le reste de cette logique comprend essentiellement la classification des axiomes simples et complexes, opposés, possibles et impossibles, nécessaires et non nécessaires, probables, paradoxaux, rationnels et réciproques.

---

(1) Sextus l'Empirique, *Hypot. pyrrhon.*, I, 69. — *Adv. Math.*, VIII, 223 et suiv.

Chrysippe fit faire encore quelques pas à la théorie des causes. Le principe de la causalité avait été proclamé par son école ; Chrysippe essaya de le démontrer : « Toute proposition, » disait-il, est nécessairement vraie ou fausse ; » or, si un événement avait lieu sans cause, » si le mouvement, par exemple, n'était pas » produit par une impulsion, la proposition qui » l'énonce ne serait ni vraie ni fausse (1). » Il voulait dire sans doute qu'on ne pourrait prédire avec certitude l'événement avant qu'il arrive. Ce raisonnement se réduit à déclarer qu'il n'y aurait pas de motif raisonnable pour attendre un événement futur, s'il n'existe pas déjà une cause qui doive le produire. Il distinguait deux sortes de causes : les unes qu'on pourrait appeler purement *mécaniques*, celles qui rassemblent les élémens des agrégats et qui les font adhérer ensemble ; les autres, *organiques*, qui président aux phénomènes de la végétation de la vie animale, de la sensation et de la pensée (2).

---

(1) Cicéron, *De fato*, X. — Plutarque, *De Stoic.*, p. 1045.

(2) Plutarque, *ibid.*, p. 1053, *adv. Stoic.*, p. 1089.

Dans la lutte persévérante des Stoïciens contre les Académiciens, Antipater devint l'adversaire de Carnéade. Il laissa à sa mort un traité contre le scepticisme : « Les sceptiques, » disait-il, sont en contradiction avec eux-» mêmes ; car, lorsqu'ils avancent qu'on ne » peut rien connaître, ils déclarent du moins » connaître la vérité de cette maxime (1). » Il fut donc le premier auteur d'un raisonnement souvent employé par la suite ; mais les Stoïciens étaient peu satisfaits des argumens qu'il avait employés pour le service de leur cause. « Il n'y » a point lieu, disaient-ils, à discuter avec les » Académiciens ; quelle preuve pourrait-on » opposer à ceux qui n'en admettent aucune ? » comment pourrait-on définir la connaissance, » la perception, la vision de l'esprit, puisqu'il » n'y a rien de plus clair et de plus évident que » la lumière qui l'accompagne (2) ? »

Panætius de Rhodes, l'ami de Polybe, qui fut le précepteur de Scipion l'Africain et l'accompagna dans ses voyages, Panætius, que Cicéron cite si souvent et avec tant d'éloges, et qu'il avait

---

(1) Cicéron, *Acad. quæst.*, II, 9.
(2) Cicéron, *ibid.*, *ibid.*, ch. 6.

pris pour guide dans son admirable traité des Offices, vint enseigner ensuite à Athènes, et porta à Rome la philosophie du Portique. « Fuyant, dit » Cicéron, la rudesse et les habitudes sombres » de son école, il rejeta les sentences trop dures, » les argumentations trop subtiles ; il citait » sans cesse Platon, Aristote, Xénocrate, » Théophraste Dicœarque, mais Platon sur- » tout qu'il appelait, dans tous ses écrits, le di- » vin Platon, le plus sage et le plus saint des » hommes, l'Homère de la philosophie (1). » Panætius s'attacha surtout à la partie morale du Stoïcisme, et aspira moins à en perfectionner la doctrine par de nouvelles recherches, qu'à l'accréditer par son savoir et son éloquence. Panætius avait écrit une histoire de la philosophie dont on ne peut trop déplorer la perte (2). Il avait laissé aussi de nombreux ouvrages, dont aucun ne nous est parvenu; nous apprenons de Cicéron qu'il avait rejeté les idées des Stoïciens sur la divination.

Mnésarque et Posidonius paraissent s'être

---

(1) *De finib.*, IV, 28.

(2) Voyez, sur Panætius, la dissertation de l'abbé Sevin dans les mémoires de l'Académie des Inscriptions, tome X.

particulièrement appliqués à coordonner la philosophie du Portique, à en mettre tous les élémens en harmonie. Le premier eut le mérite de rectifier, ou de mieux déterminer les trois notions de la Divinité, du destin et de la nature, notions que les Stoïciens paraissaient identifier et confondre; il les distingua, les distribua comme les trois degrés d'une échelle : « Le destin est la législation établie par Dieu; la nature, cette législation mise en action et appliquée à l'univers. » (E) Posidonius, disciple de Pænatius, appartenait aussi à l'école de Rhodes, qui acquit un certain éclat à cette époque. Cicéron avait recueilli ses leçons, et joui de son amitié. Auteur fécond, il avait écrit cinq livres sur la nature des Dieux; il avait traité de la divination, du destin; il cultivait la géométrie et la géographie; il éclairait la seconde de ces sciences par la première; il nous offre un exemple remarquable de la nouvelle alliance qui, depuis Aristote, s'établissait entre la philosophie et les sciences positives.

NOTES

DU QUINZIÈME CHAPITRE.

(A) Nous essayons de rendre par le terme de *vision*, employé dans une acception uniquement intellectuelle, celui dont se servaient les Stoïciens (φαντασια), et que les Latins traduisaient par le mot *visum;* l'expression *image*, ordinairement usitée pour traduire le terme grec, serait impropre et dénaturerait les idées particulières à cette école. Car, ils entendaient exprimer un phénomène intellectuel qui est beaucoup plus qu'une image, qui a des rapports plus intimes avec la réalité. Le terme de *perception* serait également impropre en tant qu'on l'appliquerait à la vision qui n'est pas *cataleptique*, ou compréhensive, c'est-à-dire à celle qui n'a pas d'objet réel.

(B) Nous pensons qu'on lira ici avec intérêt le passage curieux dans lequel Plutarque expose la doctrine des Stoïciens sur la génération des connaissances :
« Les Stoïciens prétendent que, lorsque l'homme voit
» le jour, la partie principale de son âme est pour
» lui comme un parchemin, ou comme des tablettes,

» sur lesquelles il note et il inscrit chacune des con-
» naissances qu'il acquiert. Il note d'abord les per-
» ceptions des sens. S'il a eu une sensation quelconque,
» celle du blanc, par exemple, lorsqu'elle a disparu,
» il en conserve la mémoire. Dès que plusieurs ré-
» miniscences semblables se sont associées, alors, selon
» les Stoïciens, il y a de l'expérience ; car l'expérience
» n'est que le résultat d'un certain nombre de sen-
» sations homogènes. Nous avons déjà cité comment
» les notions naturelles se perçoivent, sans aucun
» secours étranger ; les autres sont le fruit de l'in-
» struction et du travail ; aussi sont-elles les seules que
» l'on appelle proprement *notions;* les premières sont
» des *prénotions...* l'idée est la vision de l'intelligence,
» de l'être raisonnable. Cette vision, lorsqu'elle part
» d'une âme raisonnable, prend le nom d'*idée;* aussi
» les animaux n'ont pas ces perceptions, qui n'appar-
» tiennent qu'aux dieux et à l'homme. Celles que
» nous avons sont des perceptions sensibles, en tant
» qu'elles nous sont communes avec les animaux, et
» des idées, en tant qu'elles sont propres à notre es-
» pèce. » (*De Placit. phil.*, liv. IV, chap. 11.)

(C) Cicéron a consacré le second livre de son traité *De la nature des Dieux* à l'exposition de la théologie naturelle des Stoïciens. C'est l'un des monumens les plus précieux, sans contredit, de la philosophie de l'antiquité. « Toute cette théologie se divisait, dit
» Cicéron, en quatre parties : dans la première, les
» Stoïciens établissent qu'il y a des Dieux ; dans la
» seconde, ils définissent leur nature ; dans la troi-

» sième, ils prouvent que ces Dieux gouvernent l'uni-
» vers ; et dans la quatrième, qu'ils s'occupent spécia-
» lement du genre humain. » On trouve dans le développement de ces quatre questions un singulier mélange d'idées superstitieuses et de vérités profondes,
d'absurdités grossières en physique et de sentimens
élevés en morale. Balbus, que Cicéron présente comme
l'interprète du Portique, associe d'abord aux inductions tirées de l'aspect du ciel, celles qu'il prétend
déduire de l'art de la divination. Il attribue ensuite,
d'après Cléanthe, à quatre sources principales, les notions que les hommes ont de la Divinité. La première
consiste, suivant lui, dans la connaissance que la divination peut donner de l'avenir ; la seconde est déduite
de l'utilité que procurent les saisons et la fécondité de
la terre ; la troisième dérive des phénomènes qui ef-
fraient les mortels, en dérangeant le cours ordinaire
de la nature ; la quatrième, enfin, et celle qu'il considère comme la plus éminente, résulte de l'ordre admirable qui règne dans les phénomènes célestes, dont
l'aspect, dit-il, prouve assez que ces phénomènes ne
sont pas l'effet du hasard. « *Ut si quis in domum ali-*
» *quam aut in gymnasium, aut in forum venerit;*
» *cum videat omnium rerum rationem, modum, dis-*
» *ciplinam, non possit ea sine causâ fieri judicare,*
» *sed esse aliquem, qui præsit, et cui pareatur;*
» *multò magis in tantis motionibus, tantisque vicis-*
» *situdinibus tam multarum rerum, atque tantis*
» *ordinibus; in quibus nihil unquam immensa et in-*
» *finita vetustas mentita sit, statuat necesse est,*

» *ab aliquâ mente tantos naturæ motus gubernari.* ».
Voici comment Chrysippe, suivant Balbus, expose
son opinion sur l'échelle progressive des êtres : « *Si*
» *enim, inquit, est aliquid in rerum naturâ, quod*
» *hominis mens, quod ratio, quod vis, quod potes-*
» *tas humana efficere non possit ; est certè id, quod*
» *illud efficit, homine melius. Atqui res cælestes*
» *omniaque ea, quorum est ordo sempiternus, ab*
» *homine confici non possunt. Est igitur id quo illa*
» *conficiuntur, homine melius. Id autem quid*
» *potiùs dixeris, quam Deum ? etenim, si Dii non*
» *sunt, quid esse potest in rerum naturâ homine*
» *melius ? in quo enim sola ratio est quâ nihil potest*
» *esse præstantius. Esse autem hominem, qui nihil*
» *in omni mundo melius esse, quam se putet, de-*
» *sipientis arrogantiæ est. Ergo est aliquid melius.*
» *Est igitur profecto Deus.* » (De nat. Deor., lib. II,
chap. V et VI.) C'est surtout lorsque le Stoïcien Balbus expose la doctrine de son école sur la nature des Dieux, lorsqu'il s'efforce d'attribuer une nature divine au monde, aux astres, qu'on reconnaît toute la faiblesse de la métaphysique et de la physique qui caractérisait cette école. Il est plus heureux lorsqu'il entreprend de prouver que la Divinité gouverne l'univers; il range ces preuves en trois classes, qui se réduisent réellement à deux ; l'une déduite *à priori*, des attributs de la Divinité, l'autre *à posteriori*, de l'ordre merveilleux des phénomènes terrestres et célestes. Les Stoïciens employèrent quatre espèces de considérations pour établir que la Providence divine s'occupe spécialement du genre humain. La première tirée de la struc-

ture du corps humain; la seconde des perfections de l'âme; la troisième de l'utilité qu'offrent à l'homme tous les objets de la nature; la dernière des exemples des hommes illustres honorés vivans de la faveur des dieux. (*De Nat. Deor.*, lib. II, ch. XXX à XXXII.)

(D) Les Stoïciens ne faisaient aucunement dépendre la morale de la perspective des peines et de la rémunération dans une vie future; l'obligation du devoir était à leurs yeux absolue et indépendante de tout motif intéressé. La croyance à l'immortalité de l'âme n'appartenait donc, selon leur manière de voir, qu'à la physique, c'est-à-dire à la psychologie, comme faisant partie de cette dernière science suivant les idées des anciens. Ceci nous explique pourquoi les Stoïciens paraissent incertains et peu d'accord dans leurs opinions sur cet important sujet. Au surplus, on comprend mal, suivant nous, ceux des Stoïciens auxquels on attribue l'opinion que l'âme est mortelle. Ils ne pensaient point que l'âme pérît en se séparant du corps, mais seulement qu'elle cesse les fonctions qu'elle remplissait, et qu'elle rentre dans le sein de l'âme universelle dont elle est émanée. Telle est du moins l'interprétation que nous croyons pouvoir adopter, et qui nous paraît justifiée, si l'on considère, d'une part, que les Stoïciens distinguaient l'âme, de l'organisation qu'elle anime et vivifie; et de l'autre, qu'ils considéraient l'âme comme une parcelle détachée de la Divinité; et cette opinion est en particulier celle que professaient expressément Epictète et Antonin.

Quoi qu'il en soit, les Stoïciens ont évidemment méconnu que, même en séparant de la notion du devoir toute perspective de peine et de récompense future, la croyance à l'immortalité de l'âme conserverait encore l'alliance la plus intime avec la morale. Si ces vues leur ont échappé, il faut l'attribuer sans doute à l'influence d'une doctrine qui tendait trop à éteindre les affections et la sensibilité de l'âme, à cette influence qui leur a fait admettre aussi leur cruelle doctrine sur le suicide.

(E) Si nous sommes presque dépourvus de documens originaux sur les premiers Stoïciens, nous en sommes du moins amplement dédommagés par Cicéron, Sénèque, Antonin, Épictète, Plutarque, Simplicius, Arrien, Aulugelle. Le 6e livre de la *Préparation évangélique d'Eusèbe* est entièrement consacré à la réfutation de la philosophie du Portique. Un fragment fort curieux sur les idées adoptées par les Stoïciens pour expliquer l'ancienne mythologie a été conservé par Héraclide de Pont sous le titre de *Allegoriæ homericæ*. (Édit. Schow. Tubingue, 1782.)

Les modernes se sont à l'envi exercés sur une philosophie si digne en effet d'attirer l'attention des censeurs, et qui a souvent besoin du secours des commentateurs : Juste Lipse, *manuductio ad stoïcam phil.*, lib. tres (Anvers, 1624); Fr. de Quevedo, *Doctrina stoïca* (tom. III de ses œuvres, Bruxelles, 1671); Th. Gutacker, *Disc. in quâ doctrina stoïca cum aliis, etc.* (Cantorbéry, 1652); J. Fr. Buddæi, *Introd. in phil. stoïc.* (Leipsick, 1729); Tiedemann,

Système de la philosophie Stoïcienne (en allemand, Leipsick, 1776), etc., etc., ont embrassé le système entier de cette philosophie. Une foule d'autres en ont traité les branches particulières, et spécialement la morale : Stanley a donné un tableau fidèle et développé de leur logique (*Hist. de la philosophie*, p. 534 à 590). Forster a comparé la morale des Stoïciens à celle d'Epicure, dans une dissertation latine (Londres, 1758). Voyez aussi dans le recueil de l'Académie des Inscriptions, deux mémoires : l'un de M. de Burigny, sur Posidonius, tome XXIX, page 77 ; l'autre de l'abbé Sevin sur Panætius, tome X, p. 75.

CHAPITRE XVI.

Nouvelle Académie. — Arcésilas, Carnéade, Philon et Antiochus.

SOMMAIRE.

LUTTE entre les Stoïciens et les Académiciens, intérêt qu'elle présente. — Parallèle des Académiciens et des Pyrrhoniens. — Origine du scepticisme des Académiciens. — Comment il a pu se produire du sein de l'école fondée par Platon. — Caractère essentiel de ce scepticisme.— Définition de l'*Acatalepsie*.

Seconde Académie : Arcésilas.— Son caractère ; — Si son scepticisme était sérieux ; — But qu'il se propose ; critique de la doctrine des Stoïciens sur la réalité des connaissances; probabilité.

Troisième Académie ; Carnéade. — Réfutation des raisonnemens de Chrysippe. — S'il professait réellement un doute universel. — Analyse de la perception. — Distinction des connaissances objectives et subjectives. — Théorie de la probabilité; — Son insuffisance. — Discussion entre Carnéade et les Stoïciens, sur les différentes branches de la philosophie. — Les Académiciens plutôt idéalistes que sceptiques. — Clitomaque : causes qui ramenèrent les Académiciens à des doctrines plus positives.

Quatrième Académie : Philon.

Cinquième Académie : Antiochus ; but qu'il assigne à la

philosophie. — Il entreprend de mettre hors de controverse la certitude et la réalité des connaissances humaines. — Il attaque la théorie de la vraisemblance d'Arcésilas et de Carnéade. — Il donne l'évidence pour sanction à la vérité réelle. — Ses conseils sur la direction de l'esprit.

Rencontre des derniers Académiciens avec Aristote, Épicure et Zénon, sur les principes fondamentaux des connaissances humaines. — Conclusion de la seconde période de l'histoire de la philosophie.

Si la lutte du Portique contre l'école d'Epicure offre l'un des spectacles les plus intéressans et les plus instructifs de l'histoire de la philosophie morale, la lutte que soutint en même temps le Portique contre la nouvelle Académie (A) n'offre pas un moins haut degré d'intérêt et d'instruction sous le rapport de la philosophie de l'esprit humain. A aucune époque, soit dans l'antiquité, soit dans les temps modernes, jusqu'à Descartes et Leibnitz, les questions fondamentales qui ont pour objet la certitude et la réalité des connaissances humaines n'avaient obtenu une attention aussi sérieuse, n'avaient été discutées avec autant de persévérance et de profondeur. Cicéron avait consacré à l'exposition de ce grand débat les quatre livres de ses *Questions Académiques.* Nous regrettons que la plus grande portion de ce beau travail nous ait été ravie ; nous regrettons aussi que dans ce tableau, conçu sans doute d'après le modèle des Dialogues de Platon, l'exactitude historique n'égale pas toujours la clarté et l'élégance du style; Cicéron, dans les questions profondes, ne saisit pas toujours la vraie pensée du philosophe qu'il met en scène ; l'historien doit y suppléer par le rapprochement des textes qu'offrent d'autres auteurs, et doit aussi faire ressortir de cette discussion les points de vue prédominans et les raisonnemens essentiels des deux partis ; mais, il faut lire Cicéron même, en entier, si l'on veut redevenir en quelque sorte témoin de toutes les circonstances, voir les athlètes en action, recueillir en quelque sorte les plaidoyers des défenseurs de chaque parti dans cette cause fondamentale agitée sur les droits de la raison humaine (B).

Les Stoïciens avaient entrepris, comme nous l'avons vu, d'affermir l'autorité de la morale, en affermissant la certitude de la vérité ; mais à peine avaient-ils commencé à réfuter les motifs dont le scepticisme s'était jusqu'alors entouré, que cet adversaire se reproduisit sous une forme nouvelle et avec des armes plus terribles. Pyrrhon s'était à peu près borné à critiquer les systèmes existans; Arcésilas et Carnéade vinrent contester d'une manière absolue la possibilité d'établir aucune doctrine légitime : ainsi, au moment où le Portique croyait avoir triomphé, il se vit obligé de se mettre à son tour sur la défensive, et l'édifice qu'il croyait avoir si solidement construit fut menacé dans ses bases.

« Plusieurs, dit Sextus l'empirique, confon-
» dent la philosophie Académique avec le scep-
» ticisme; ils diffèrent cependant entre eux.
» Quoique les disciples de la nouvelle Acadé-
» mie déclarent que tout est incompréhensible,
» ils se distinguent de ceux de Pyrrhon, pré-
» cisément en ce qu'ils affirment cette proposi-
» tion, tandis que ceux-ci ne désespèrent point
» d'atteindre à une compréhension véritable.
» De plus, les Pyrrhoniens considèrent toutes
» les perceptions comme parfaitement égales
» entre elles, quant à la fidélité de leur témoi-
» gnage; les Académiciens distinguent des per-
» ceptions probables et des perceptions non-
» probables; ils rangent encore les premières
» sous plusieurs degrés : il en est, suivant eux,
» qui sont simplement probables, d'autres qui
» sont en même temps confirmées par une

» réflexion attentive, d'autres qui en même
» temps ne sont arrêtées par aucun doute. L'as-
» sentiment peut s'entendre de plusieurs ma-
» nières, ou suivant que l'on s'abandonne sim-
» plement, et sans répugnance comme sans pen-
» chant prononcé, de même que l'enfant suit
» son instituteur, ou suivant qu'on adhère avec
» conviction et avec une volonté réfléchie. L'as-
» sentiment qu'accordent les Pyrrhoniens est de
» la première espèce ; celui des Académiciens,
» de la seconde. Ceux-ci, dans la conduite de
» la vie, se dirigent d'après la probabilité, ceux-
» là suivant les lois, les usages, les affections
» naturelles, sans adopter aucune opinion.
» Ceux-ci distinguent des biens et des maux,
» et déterminent leur choix parce qu'il leur
» paraît vraisemblable que telle chose est plu-
» tôt bonne que mauvaise; ceux-là, en s'ab-
» stenant de porter un semblable jugement,
» agissent parce que c'est une nécessité d'agir
» dans le cours de la vie (1). »

A cette distinction que Sextus fait ressortir des propositions propres à chacune de ces deux classes de philosophes, on en peut joindre une

---

(1) *Pyrrhon. hyp.*, liv. 1er, chap. 33.

seconde plus importante peut-être et plus réelle, tirée de l'esprit même de leur philosophie. Les Pyrrhoniens ne formaient point une secte, ne cherchaient point à la former, ne se rangeaient point sous un chef; chacun d'eux exposait paisiblement ses doutes individuels. Les Académiciens constituaient une véritable école organisée et disciplinée, cherchaient à multiplier le nombre de leurs disciples, s'instituaient les rivaux particuliers du Portique, et traitaient en quelque sorte le doute comme un dogme, dans la manière de le professer, de le défendre, de le transmettre.

Quelque surprise que l'on éprouve au premier abord, en voyant ce nouveau scepticisme se former au sein de cette même Académie dont Platon avait été le fondateur, ce phénomène s'explique cependant par plusieurs considérations. Nous les avons déjà fait pressentir à la fin du chapitre XIme (tome II, page 287). Ecoutons encore Sextus : « Quelques-uns, dit-il, ont con-
» sidéré Platon comme dogmatique, d'autres
» comme *aporématique* ou doutant; d'autres
» lui ont attribué à la fois les deux caractères
» suivant les sujets qu'il traite. Dans les livres
» *gymnastiques*, où il introduit Socrate lut-
» tant contre les sophistes, il prend les formes

» du doute comme une sorte d'exercice de
» l'esprit; mais, il se montre dogmatique,
» lorsque, prenant un langage sérieux, il ex-
» pose son propre sentiment par l'organe de
» Socrate, de Timée ou de quelque autre (1). »
Lorsque Platon définit ce qu'il appelle *l'opinion*,
c'est-à-dire les connaissances obtenues par le témoignage des sens et l'autorité de l'expérience,
lorsqu'il leur refuse le caractère de la vraie
science, il tient un langage analogue à celui des
sceptiques. C'est ce qu'on peut voir surtout dans
le Thæétète, où Socrate, exposant l'opinion de
Protagoras sur l'incertitude du témoignage des
sens, approuve et confirme bien plus qu'il ne
cherche à affaiblir les raisonnemens de ce célèbre
sophiste; mais sans doute, pour arriver à une
autre conséquence, quoique sans l'exprimer:
il fallait infirmer les connaissances déduites de
l'expérience sensible, pour réserver aux spéculations rationnelles le privilége de la certitude
et de la réalité. Platon avait donc substitué à
cette première base un fondement qui lui paraissait plus solide, cette théorie des *idées* qu'il
considérait comme le fondement des vérités né-

---

(1) *Ibid.*, *ibid.*, § 221, 222.

cessaires, éternelles et universelles. Mais, si ce second appui venait à lui manquer, si ses disciples ne partageaient plus l'espèce d'enthousiasme requise pour se soutenir dans une région toute aérienne, il devait arriver infailliblement qu'ils retomberaient dans l'océan de doutes dont Platon avait composé la région inférieure de l'opinion, et que le dogmatisme de son école s'y trouverait en quelque sorte submergé. C'est ce qui arriva aux élèves de la moyenne Académie, et, après eux, à ceux de l'Académie récente, esprits ornés plus qu'exaltés, fins et délicats plutôt que solides, exercés aux combats de la dialectique plus qu'aux méditations contemplatives et solitaires. Et voilà pourquoi les Stoïciens appelaient Arcésilas un traître qui avait livré les intérêts de son école.

L'Académicien Zénon, dans le premier livre des Questions Académiques, fait même remonter jusqu'à Socrate ces traditions de l'école Platonicienne. Il en apercevait la source première dans la manière de discuter ordinaire à Socrate, qui s'attachait essentiellement à détruire les erreurs, et qui faisait consister uniquement sa propre sagesse dans son ignorance.

De même que les Stoïciens avaient établi l'ensemble de leur doctrine sur la perception com-

préhensive, les Académiciens prirent l'*acatalepsie* pour principe de leur doute universel. Il importe de bien déterminer l'acception qu'ils donnaient à ce terme classique pour eux; car, elle est la clef de tout leur système. On le conçoit d'avance par son contraste avec la *vision* des Stoïciens à laquelle elle était diamétralement opposée. L'*acatalepsie* consiste dans l'impossibilité de percevoir, c'est-à-dire de connaître avec évidence et certitude « la confor-
» mité de la perception de l'esprit avec les objets
» extérieurs. » Elle suppose qu'il n'est aucune perception qui ne puisse également provenir d'un objet ou d'un autre, provenir d'un objet réel, ou se produire sans réalité. En méditant cette idée fondamentale du système des Académiciens, on reconnaît qu'ils étaient, au fond, moins des sceptiques proprement dits, comme on l'a généralement supposé, que des idéalistes à la manière de Berkeley; et c'est ce qui va se confirmer encore par la suite.

Cette remarque essentielle achève de nous expliquer comment la nouvelle Académie a pu naître au sein de l'école de Platon. Suivant Cicéron, « les Académiciens croyaient que
» l'âme seule est juge des choses, et que ce
» droit n'appartient point aux sens ; la science,

» suivant eux, dit-il encore, est dans les » notions et les raisonnemens de l'esprit (1) ». Dans un passage que nous a conservé Saint-Augustin, Cicéron ajoute encore que « les » Académiciens avaient l'usage d'envelopper » du secret leurs doctrines positives, et de ne » les confier à leurs disciples que lorsqu'ils » avaient vécu avec eux jusqu'au temps de leur » vieillesse (2). » Enfin, *dans les Questions Académiques* (3), Lucullus employe ces paroles remarquables : « Il nous reste à examiner » la dernière prétention des Académiciens, sui- » vant lesquels, afin de trouver la vérité, il faut » combattre toutes les opinions. Je voudrais » donc voir ce qu'ils ont découvert. — Nous » n'avons pas coutume de le montrer, disent- » ils. — Que sont donc, enfin, ces mystères ? » Pourquoi cachez-vous votre véritable senti- » ment, comme s'il était quelque chose de » honteux ? — Afin, répliquent-ils, que ceux » qui nous écoutent soient dirigés par la raison » plutôt que par l'autorité — (C). »

---

(1) *Acad. quæst.*, l. I, 8.
(2) Saint-Augustin, *Contra Academ.*, III, 20.
(3) Ou plutôt dans le Lucullus que nous désignons sous le titre du second ou du 4e liv. des *Quæst. Acad.*, chap. 18.

Arcésilas fut le premier auteur de ce système; il avait d'abord fréquenté le Lycée, sous Théophraste et Polémon ; on croit qu'il avait suivi les leçons des Mégariens ; mais, les écrits de Platon captivèrent son admiration ; il s'était nourri de la lecture des poëtes, surtout d'Homère et de Pindare ; il joignait à une éloquence entraînante une force de logique qui souvent réduisait ses adversaires au silence. « Ses conci-
» toyens et ses contemporains, dit Numénius,
» refusaient de croire ce qu'Arcésilas n'avait
» pas affirmé (1). » Riche, libéral, humain et doux, il se faisait chérir de ses élèves autant qu'il charmait ses auditeurs. Sa vie fut sans reproche ; elle fut même un modèle de modération et de sagesse. Cléanthe, son adversaire, en combattant ses opinions, professa la plus haute estime pour son caractère (2). Comme Socrate, il blâmait les théories spéculatives, les rangeait au nombre des recherches oiseuses; comme Socrate, il pensait que la vertu est la destination naturelle de l'homme. Il eut encore une ressemblance très-remarquable avec ce grand homme ; il ressuscita en quelque sorte

---

(1) Dans Eusèbe, *Præpar. evang.*, IX, 9.
(2) Diogène Laërce, VII, 171.

sa méthode si promptement négligée par ses disciples. Suivant le témoignage de Cicéron, « il » n'appelait point ceux qui l'entendaient à apprendre de lui ce qu'il aurait à leur enseigner; il les invitait au contraire à exposer » leurs propres sentimens; il leur communiquait alors ses observations, et ceux-ci défendaient, comme il leur était possible, l'opinion qu'ils avaient exprimée (1). » Il faisait plus, il engageait ses élèves à aller entendre les autres philosophes; et, s'il arrivait qu'ils trouvassent plus de goût à l'enseignement de quelque autre maître, il les conduisait lui-même auprès de lui et les recommandait à ses soins.

« S'il faut ajouter foi à ce qu'on raconte » d'Arcésilas, dit Sextus l'empirique (2), son » scepticisme n'eût été qu'apparent; il l'employait comme une sorte d'épreuve pour essayer ses disciples; il confiait ensuite sa doctrine, qui n'était autre que celle de Platon, à » ceux qu'il avait reconnus dignes d'être admis à son intimité, et capables de saisir ce

---

(1) *De Finib.*, II, 1. *Voyez* aussi Diogène Laërce, IV, 18.

(2) *Pyrrh. Hyp.*, livr. 1er, § 234.

» haut enseignement. » Sextus rapporte un vers d'Aristote qui confirme ce récit; Saint-Augustin le reproduit à peu près dans les mêmes termes (1), en ajoutant qu'Arcésilas avait pour motif de ne pas divulguer la doctrine mystérieuse de Platon. Plusieurs autres témoignages des anciens, en variant sur les détails, s'accordent sur la circonstance principale (2). Cicéron, il est vrai, semble considérer Arcésilas comme un sceptique très-prononcé (3); mais, Cicéron nous dit ailleurs (4) qu'Arsésilas était revenu au véritable enseignement de Platon, et que la suspension du jugement n'était à ses yeux qu'une préparation à la vérité. On ne peut assez déplorer que le temps nous ait ravi l'ouvrage de Numénius sur la différence qui existait entre les Académiciens et Platon (5).

La doctrine naissante du Portique fut le point de mire d'Arcésilas. Il l'attaqua avec une telle vigueur, que les Stoïciens en furent frappés

---

(1) *Contra Acad.*, III, 17.
(2) Eusèbe, *Præp. evang.*, XIV, 6.
(3) *Acad. quest.*, IV, 21.
(4) *Ibid.*
(5) Eusèbe, *ibid.*, XIV, 4.

d'étonnement, comme le serait le fondateur d'une cité surpris par l'ennemi avant d'en avoir achevé les murailles. Tout ce que nous savons d'Arcésilas se borne à une argumentation directe et prolongée contre la théorie de la perception, telle que Zénon l'avait établie. Sextus nous en a conservé le résumé (1). « Les Stoï-
» ciens, dit-il, avaient distingué trois choses:
» la science, l'opinion et la compréhension qui
» occupe le milieu entre les deux premières.
» C'est sur ce point qu'ils furent attaqués par
» Arcésilas. Celui-ci soutint que la compré-
» hension (*la catalepsie*) ne peut être l'ar-
» bitre qui prononce entre la science et l'opi-
» nion qui sert à les distinguer. Car, cette
» compréhension elle-même réside ou dans le
» sage ou dans l'insensé : si elle réside dans le
» sage, elle est la science même ; si elle est
» dans l'insensé, elle n'est plus que l'opinion ;
» elle n'est donc qu'un vain mot. Cette com-
» préhension par laquelle on prétend que nous
» donnons notre assentiment aux choses qui
» correspondent à notre vision, n'existe nulle
» part. Nous ne donnons point notre assenti-

---

(1) *Adv. Math.*, XII, § 152 et suiv.

» ment aux visions, mais à la raison seule. Car,
» les hommes n'affirment que des propositions
» expresses. D'ailleurs, il n'est pas de vision
» qui ne puisse être fausse, aussi bien que
» vraie, comme le montrent une foule d'exem-
» ples. Si donc le sage donne son assentiment
» sur la foi de ce *criterium* illusoire produit
» par les Stoïciens, il ne conçoit réellement
» que la simple opinion. »

Sextus concluait qu'Arcésilas, en refusant d'admettre aucun *criterium*, en suspendant son assentiment, s'était moins éloigné de Pyrrhon que les autres Académiciens.

Suivant Cicéron, Arcésilas allait plus loin encore ; il niait qu'on pût rien savoir, « pas
» même ce que Socrate disait être la seule
» science, qu'il ne savait rien ; il pensait que
» tout était enveloppé de telles ténèbres, qu'il
» n'était rien qu'on pût voir et comprendre (1). »

Ces raisonnemens ne s'appliquent, comme on le voit, qu'à la réalité des choses extérieures, et les passages de Sextus semblent même indiquer qu'Arcésilas reconnaissait l'autorité de la raison et la certitude des connaissances qui sont

---

(1) *Acad. Quæst.*, I, 12.

appuyées de sa sanction (1); nouveau lien qui rattacherait son système à celui de Platon.

« Mais, continue Sextus, comme il fallait
» adopter des règles pour la conduite de la
» vie, règles qui ne peuvent être instituées sans
» un *criterium* du vrai et du faux, propre à
» faire reconnaître cette félicité qui est le but
» de la vie humaine, Arcésilas enseigna que celui
» qui suspend son assentiment sur toutes choses
» doit se diriger par ce qui est probable dans
» le choix de ce qu'il doit rechercher, ou fuir;
» ainsi, la félicité est le fruit de la prudence; la
» prudence consiste à agir avec rectitude, c'est-
» à-dire de telle manière que les actions puis-
» sent être justifiées par un motif probable (2).»

Chrysippe s'occupait avec un zèle infatigable à fortifier de nouveau la doctrine des Stoïciens, à réparer les brèches qui lui avaient été faites, à l'environner de nouveaux moyens de défense, lorsque Carnéade parut, et vint à son tour recommencer l'attaque (D). Il essaya précisément de battre en ruine les ouvrages construits ou restaurés par Chrysippe, suivit ce Stoïcien dans

---

(1) Sextus l'Empirique, *Pyrrhon Hyp.*, I, 232. *Adv. Math.*, VII, 154. Cicéron, *Acad. Quæst.*, I, 12.

(2) *Idem*, *Adv. Math.*, VII, 158.

tous ses raisonnemens, s'attacha à lui corps à corps, si l'on peut dire ainsi. Il disait lui-même que, sans Chrysippe, il ne serait jamais devenu ce qu'il était (1). Le scepticisme de Carnéade semble avoir été plutôt une critique persévérante des opinions du Portique qu'un système de doute universel, quoiqu'il dût dans l'intérêt de sa polémique adopter un langage qui se rapprochait de celui des Pyrrhoniens; c'est du moins ce que nous dit Cicéron, qui était fort bien placé pour recueillir les traditions de cette discussion encore récente (2); il ajoute même, dans un autre endroit (3), que l'argumentation de Carnéade était dirigée de manière à exciter dans les esprits généreux une nouvelle ardeur pour l'investigation de la vérité. Sextus l'Empirique lui attribue un dessein plus étendu. « Carnéade, disait-il, opposa non-seulement » aux Stoïciens, mais à tous ceux qui l'avaient » précédé sur le *criterium* du vrai et du faux, » un système qui établit également des prin- » cipes contraires (4). » « Il découvrit, dit

---

(1) Diogène Laërce, VII, 62.
(2) *Tusculan.*, V, 29.
(3) *De nat. Deorum*, I, 2.
(4) *Adv. Math.*, VII, 159.

» aussi Lactance, les côtés faibles des doc-
» trines avancées par les philosophes, et conçut
» le dessein de les réfuter, parce qu'il sentit
» qu'il pouvait les réfuter avec succès (1). »

Suivant Numénius, « ces exercices dans
» lesquels Carnéade établissait et détruisait
» tour à tour les mêmes opinions, opposait la
» même force, les raisonnemens contraires, et
» semblait tout confondre par la subtilité des
» argumentations, ces exercices n'auraient été
» que la portion extérieure de son enseigne-
» ment ; mais, après avoir usé de ce genre de
» discussion pour réfuter les Stoïciens, il au-
» rait secrètement professé des doctrines posi-
» tives au milieu des adeptes reçus dans son
» intimité, les aurait présentés avec un carac-
» tère de vérité et de certitude égal à celui
» auquel prétendaient les philosophes ordi-
» naires (2). » On peut donc soupçonner que
son scepticisme, comme celui d'Arcésilas,
était plus apparent que sérieux.

Toutefois Clitomaque, disciple de Carnéade,
déclarait, s'il faut en croire Cicéron (3), qu'il

---

(1) *Divin. Inst.*, V, 14, 16.
(2) Eusèbe ; *Præp. Evang.*, IX, 9.
(3) *De Oratore*, III, 38.

n'avait jamais pu découvrir une opinion qui obtînt l'assentiment de ce philosophe. Cicéron dit ailleurs : « Il était doué d'une fécondité si
» inépuisable et d'une telle habileté oratoire,
» que jamais il ne défendit une proposition
» sans la démontrer, que jamais il n'en com-
» battit une sans la détruire. »

On a peine à déterminer d'une manière précise en quoi la troisième Académie fondée par Carnéade se distinguait de la seconde. On ne trouve du moins, dans les monumens qui ont survécu, rien qui puisse caractériser entre l'une et l'autre une différence essentielle, si ce n'est qu'Arcésilas, au dire de Cicéron, aurait été plus conséquent que Carnéade, en ce qui concerne la suspension du jugement ; il aurait prétendu que le sage pourrait souscrire à des propositions incertaines (1).

Carnéade porta une sagacité et une clarté remarquables dans l'analyse de la perception.

« Le *criterium*, disait-il, qui prononce sur la
» vérité, ne peut consister que dans une adhé-
» sion de l'esprit qui naît de l'évidence de
» l'objet. Les sens ne commencent à indiquer
» la présence des objets que lorsqu'ils sont af-

---

(1) *Acad. Quæst.*, II, 18.

» fectés par eux, lorsqu'ils éprouvent une alté-
» ration par l'effet qu'ils en reçoivent. C'est
» dans cette affection, dans cette modification
» de l'âme, produite par l'évidence de l'objet,
» qu'il faut chercher le caractère de la vérité.
« Cette modification doit à la fois se révéler
» elle-même, et révéler l'objet apparent qui
» l'a produite; elle n'est autre que la vision.
» Ainsi, par la vision, nous apercevons deux
» choses à la fois : l'une, la modification que
» nous avons éprouvée; l'autre, ce qui l'a
» exercée. C'est ainsi que la lumière, en se
» montrant elle-même, éclaire aussi les ob-
» jets qu'elle frappe. Mais, la vision n'indique
» pas toujours les choses telles qu'elles sont vé-
» ritablement; elle ressemble souvent à un mes-
» sager infidèle, et diffère de l'objet dont elle
» provient. Toute vision ne peut donc être
» prise indifféremment pour juge de la vérité,
» mais seulement celle qui est vraie elle-même.
» De plus, il n'en est aucune qui soit tellement
» vraie qu'elle ne puisse être fausse; on trouve
» toujours quelque vision fausse semblable à
» celle qui nous paraît véritable; il n'en est
» donc aucune qui puisse comprendre l'objet
» d'une manière distincte. » Jusqu'ici Carnéade
ne combat que la réalité des connaissances fon-

dées sur les perceptions sensibles. Mais, s'emparant des principes des Stoïciens, il va porter son doute plus avant, ou plutôt il va essayer peut-être de prouver que le système des Stoïciens, en faisant dériver les connaissances de la sensation, ébranlerait même la certitude des vérités universelles. « Si aucune perception n'a le droit légitime de juger, ce droit n'appartient pas non plus à la raison ; la raison manquerait de matériaux, puisqu'elle ne peut les recevoir que des sens (1). » Cependant, de ces vues sur la perception, Carnéade déduisait la règle qui fonde, suivant lui, la probabilité de certaines choses.

« La perception, disait-il, représente à la fois deux choses : l'objet extérieur perçu, et le sujet qui perçoit ; elle peut donc être considérée sous deux rapports : relativement à l'objet perçu, elle peut être vraie ou fausse ; vraie, si elle lui est conforme ; fausse, si elle ne l'est pas ; relativement au sujet qui perçoit, celle qui paraît être vraie diffère de celle qui paraît être fausse ; celle qui porte l'apparence de la vérité est probable ; c'est ce que les Académi-

---

(1) Sextus l'Empirique, *Adv. Math.*, VII, § 150 à 166.

ciens appellent l'*emphase*. Quelquefois cette apparence est faible, soit à cause de la petitesse de l'objet, soit à cause de la faiblesse des sens qui ne l'aperçoivent que d'une manière confuse ; quelquefois cette apparence est très-évidente; celle-ci est le *criterium* de la vérité ; elle se manifeste suffisamment par elle-même (1). » Ici, Carnéade semble se rapprocher singulièrement des Stoïciens, et on a peine à apercevoir entre eux d'autre différence que celle du langage. Mais, voici le point où ils se séparent de nouveau. « Il y a trois hypothèses possibles : la vision qui paraît vraie, est, ou vraie, ou fausse, ou mélangée de vrai ou de faux. Mais, il suffit qu'elle soit le plus souvent vraie, pour qu'on puisse lui accorder une certaine confiance ; et c'est parce que la vision qui paraît vraie est le plus souvent vraie en effet, qu'on lui donne le nom de probable ; c'est donc d'après ce qui arrive le plus souvent que les hommes doivent donner leurs jugemens et diriger leurs actions. Un autre motif fonde encore la vraisemblance : une vision est rarement isolée, elle se lie ordinairement à d'autres, et forme avec elles une

---

(1) *Ibid.*, ibid., 269 à 273.

chaîne plus ou moins étendue ; si elles s'accordent entre elles, si aucune d'elles ne vient contredire la première, il résultera de cette harmonie un nouveau degré de probabilité ; c'est ainsi que le médecin reconnaît la maladie à un ensemble de symptômes réunis et comparés avec soin ; c'est ainsi que le peuple, dans les comices, passe en revue et examine les conditions que présentent les candidats de la magistrature ; c'est ainsi que, pour s'assurer d'un fait, on appelle les témoins, on évalue le nombre et le poids des témoignages. Il faut donc examiner, et le sujet qui perçoit, et l'objet perçu, et ce qui sert de moyen au jugement, la distance, l'intervalle, la forme, le temps, le mode, l'affection, l'opération, et démêler avec une attention scrupuleuse s'il n'est aucune de ces circonstances qui contredise ou affaiblisse l'apparence de la vérité. L'opinion qu'on doit se former variera avec ces circonstances : la vision sera donc digne de foi, lorsque nous aurons eu assez de loisir et apporté assez de diligence pour faire, par le travail de la réflexion, une investigation complète de tout ce qui l'accompagne (1). »

---

(1) Sextus l'Empirique, *ibid.*, *ibid.*, § 170 à 190. Cicéron, *Acad. Quæst.*, VI, 31.

Les Académiciens étaient sur la voie de découvrir l'importante théorie des probabilités, et, certes, ils eussent rendu un service considérable s'ils l'eussent véritablement approfondie comme ils étaient appelés à le faire par l'esprit de leur système et par l'intérêt de leur cause. On voit qu'ils avaient soupçonné quelques-uns de ses principes ; mais, ils ne les avaient entrevus que d'une manière confuse.

Les Académiciens ne se représentaient pas la probabilité sous les mêmes conditions que les modernes, c'est-à dire comme le résultat d'un contraste de chances également possibles, mais distribuées de manière à ce que le nombre des chances favorables surpasse celui des chances opposées, en sorte que le degré de probabilité puisse s'évaluer par le calcul, ou du moins être apprécié d'une manière approximative, en sorte que, s'il n'est pas certain que tel événement arrivera, il est cependant certain que, dans un nombre considérable de cas semblables, il arrivera un nombre de fois donné. La probabilité, telle que l'entendaient les anciens, n'était autre que la *vraisemblance,* espèce d'apparence qui ressemble à la vérité, sans être la vérité elle-même, et dont il serait impossible de donner une définition précise, parce qu'elle n'a point elle-même de caractères positifs et déterminés (1).

« Au reste, disaient-ils, il importe peu à l'homme de savoir précisément ce que les choses sont en elles-mêmes ; ce qu'il lui importe, c'est de connaître les rapports qu'il peut avoir avec elles ; or, nous ne nions pas l'existence de nos sensations, nous nous bornons à dire que nous ne savons pas s'il existe au dehors quelque chose qui y soit conforme (2). »

On pourrait donc voir dans Carnéade, ainsi que dans Arcésilas, un idéaliste plutôt qu'un sceptique absolu ; il ne niait ni les vérités purement subjectives, ni même l'existence des êtres réels et extérieurs ; il soutenait seulement que nos propres modifications ne peuvent nous représenter exactement ces objets (3). Si dans un passage de Galien Carnéade est supposé avoir contesté l'axiome : *deux grandeurs égales à une troisième sont aussi égales entre elles* (4), il faut entendre sans doute, non qu'il

---

(1) Cicéron, *De Nat. Deor.*, I, 5.
(2) Id. *Acad. quæst.*, cap. 31 à 52.
(3) *Ibid., ibid.*; Eusèbe, *Præp. evang.*, XIV, 8.
(4) *De optimo docendi genere.* — *V.* Bayle, art. Carnéade.

prétendît nier l'axiome en lui-même, mais seulement son application aux grandeurs réelles, en ce sens qu'il n'est rien dans les qualités de la matière qui corresponde à la rigueur des formules mathématiques; et voilà sans doute ce que semble faire entendre Sextus l'Empirique, quand il dit que « l'abus n'est que dans l'affir- » mation des choses particulières (1). » Les Académiciens faisaient en général, dans leurs disputes contre les Stoïciens, un grand usage du sorite, c'est-à-dire de cette argumentation fondée sur l'impossibilité de saisir la nuance fugitive qui, dans l'ordre de la nature, marque les limites et les contours des choses. Aux raisonnemens sur lesquels Chrysippe se fondait pour accuser les Académiciens d'être en contradiction avec eux-mêmes, Carnéade répondait qu'il était au contraire parfaitement conséquent, puisqu'il n'entendait rien nier, rien affirmer, en se renfermant dans la vraisemblance (2).

La notion du destin, telle qu'elle avait été ébauchée par Zénon, développée par Diodore, et définie par Chrysippe, donna lieu, entre ce dernier et Carnéade, à une discussion du plus

---

(1) *Pyrrhon. Hyp.*, 1. 23.
(2) Cicéron, *Acad. Quæst.*, II, 9.

haut intérêt, puisqu'au fond elle avait essentiellement pour objet la question fondamentale de la causalité. On peut voir dans le traité de Cicéron sur *le destin* les détails de cette polémique et les raisonnemens des deux adversaires, quoiqu'ils y soient exposés quelquefois avec une obscurité qui peut provenir de la corruption du texte. Les Stoïciens donnaient une valeur objective aux idées que l'esprit se forme de la certitude et de la possibilité, en tant qu'elle exprime les motifs que la raison peut avoir de considérer un événement futur comme devant se réaliser, ou l'ignorance qu'elle conserve à cet égard. Voilà pourquoi suivant eux la question du destin était du ressort de la logique telle qu'ils la concevaient. « S'il existe des changemens sans
» cause, disait Chrysippe, toute proposition
» appelée *axiome* par les Dialecticiens n'est pas
» nécessairement ou vraie ou fausse. Or, l'al-
» ternative est nécessaire. Tout changement a
» donc une cause. » Diodore, appliquant cette alternative aux événemens futurs, en concluait que l'une des deux propositions contraires devant être vraie, l'événement qu'elle exprimera sera nécessaire ; l'événement contraire sera impossible. Chrysippe n'admettait point cette conséquence; «ce qui ne doit pas arriver, disait-il,

» ne cesse pas pour cela d'être possible. » Il distinguait, dans les propositions qui se préfèrent à l'avenir, des propositions simples et des propositions complexes : les premières seules pouvaient suivant lui jouir d'avance d'une vérité absolue ; les secondes étaient subordonnées à un concours de causes intermédiaires ; il distinguait les causes parfaites et principales des causes antécédentes et prochaines. « Ces dernières, » disait-il, quoiqu'elles ne soient point en » notre pouvoir, nous laissent cependant l'em- » pire sur notre propre volonté. Elles consis- » tent dans les impressions reçues et transmises » par nos organes qui laissent lieu ensuite au » jeu de nos puissances intérieures. » Il pensait établir ainsi que la doctrine du destin peut être admise sans introduire la nécessité absolue.

Carnéade rejetait, et non sans fondement, ces propositions comme contraires à la liberté de l'homme, et ces explications comme des subtilités peu satisfaisantes. « De ce qu'il n'y a aucun » changement sans cause, il ne s'ensuit pas, » disait-il, que tout ce qui arrive provienne » d'une cause extérieure. Car, notre volonté » n'est soumise à aucune cause antécédente. » Telle est la nature des actions volontaires, » que la cause en est dans la volonté elle-même.

» Un effet peut donc avoir lieu, sans avoir été
» vrai dans sa futurition, s'il dépend d'une dé-
» termination de ce genre ; de ce que toute pro-
» position est vraie ou fausse, il ne s'ensuit
» donc pas qu'il y a des causes immuables et
» éternelles qui rendent nécessaire ce qui arri-
» vera. » (1)

Cette diversité d'opinions influait aussi sur les idées relatives à la divination ; la divination était en effet une conséquence presque naturelle de la doctrine de la nécessité fondée sur un enchaînement de causes immuables. « Aussi
» Carnéade, fidèle à son principe, soutenait-il
» qu'Apollon lui-même ne pouvait prédire
» comme futurs que les événemens dont les
» causes étaient tellement contenues dans la na-
» ture, que leur existence était nécessaire (2). »

Les Stoïciens établissaient que tous les êtres renfermés dans la nature étaient soumis à une sympathie réciproque qui devenait la cause des modifications qu'ils subissent. Les Académiciens, en admettant cette action mutuelle, ne lui accordaient pas un empire aussi absolu, et réservaient l'indépendance de la volonté.

---

(1) Cicéron, *De Fato*, 1, 7, 8, 11, 14.
(2) *Ibid.*, *ibid.*, 6, 14, 15.

En parcourant les objections que Sextus l'Empirique met dans la bouche de Carnéade, contre les preuves de l'existence de Dieu, on ne peut guère y reconnaître que l'intention de réfuter les notions que les Stoïciens se formaient de la Divinité; car, ces objections ont essentiellement pour objet de faire ressortir la contradiction que présente l'idée de l'être souverainement parfait, associée à celle d'un principe animé, tel que celui qui existe dans l'homme, confondue avec cette âme de la nature que les Stoïciens avaient eu le tort de matérialiser en partie; elles tendaient aussi à contredire l'apologie de la religion vulgaire que les Stoïciens avaient entreprise (1). Et c'est en effet ce que nous atteste Cicéron : « Carnéade raisonnait » ainsi, dit-il, non pour ébranler la croyance à » l'existence des Dieux, mais pour démontrer » que les Stoïciens n'avaient point su expliquer » cet important sujet (2). »

C'est encore dans le même dessein qu'il présentait le souverain bien comme consistant dans la jouissance des dons de la nature, non qu'il

---

(1) Sextus l'Emp., *Adv. Math.*, IX, § 138 et suiv.; Cicéron, *De naturâ Deorum*, III, 18.
(2) *Ibid., ibid.*, I, 2.

voulût, dit Cicéron, réduire en effet la morale à un tel principe; mais pour l'opposer aux Stoïciens, pour les contraindre à rentrer dans les maximes d'Aristote, qui conciliait le bonheur avec la vertu (1). Quintilien et Lactance racontent que, lorsque Carnéade vint à Rome, il exposa un jour avec une grande éloquence les motifs présentés par les plus célèbres philosophes pour établir la justice naturelle, et le lendemain renversa ces mêmes principes avec un égal talent (2). Il concluait que l'utilité avait été le seul but, était la seule sanction des institutions sociales; qu'il n'y avait ainsi que prudence ou folie; mais Lactance ajoute ces paroles remarquables : « Je crois pénétrer dans quelle inten-
» tion il tint ce discours : il ne pensait point
» en effet que celui qui est juste soit un
» insensé; mais, comme il savait au contraire
» qu'il en est autrement, et que cependant il
» n'en pouvait comprendre le motif, il voulait
» montrer par là que cette vérité était cachée
» dans l'obscurité, afin de soutenir son système

---

(1) *Ibid.*, *ibid.*, I, 42, 45; *De Finib.*, III, 6, 12.
(2) Quintilien, *Instit. Orat.*, XII, 1; Lactance, *Divina Inst.*, V, 16.

» dont la maxime principale est que rien ne
» peut être compris avec certitude (1). »

Clitomaque, disciple et successeur de Carnéade, avait écrit quatre livres sur les motifs qui doivent porter à suspendre l'assentiment ; il paraît qu'ils avaient essentiellement pour objet de commenter les opinions de Carnéade. « C'est d'après celui-ci, dit Cicéron (2), qu'il distinguait deux genres de vision, et, dans chaque genre, deux espèces : le premier genre comprenait celles qui pouvaient être perçues, et celles qui ne le pouvaient pas ; le second, celles qui sont probables, et celles qui ne le sont pas. Les objections élevées contre le témoignage des sens ne se rapportent, suivant lui, qu'au premier genre ; il n'est aucune vision qui puisse être perçue ; mais, il en est beaucoup qui peuvent être approuvées ; car, il serait contre la nature qu'il n'y eût rien de probable. »

Quoique les Académiciens eussent pour but essentiel de critiquer les affirmations dogmatiques des Stoïciens, il leur arrive, ce qui est

---

(1) *Ibid.*, *ibid.*, chap. 17.
(2) Cicéron, *Acad. quæst.*, I.

l'effet presque inévitable des controverses, d'être conduits par le cours de leurs discussions plus loin qu'ils ne l'avaient prévu et pensé, et de professer, du moins en ce qui concerne la réalité des connaissances, un doute presque absolu. Cependant de semblables conséquences étaient difficiles à maintenir d'une manière sérieuse et persévérante ; le scepticisme n'est guère qu'une révolution passagère de l'esprit humain. Il était difficile surtout de conserver une école philosophique, en n'offrant à ses adeptes d'autre perspective qu'un résultat à peu près semblable à l'ignorance ; enfin, ces maximes répugnaient trop à l'esprit entier des traditions Platoniciennes auxquelles la nouvelle Académie n'avait pas entièrement renoncé. Il était donc naturel qu'on cherchât à restreindre un scepticisme trop étendu; l'Académie, en continuant à se déclarer rivale du Portique, aperçut le danger qu'elle courrait si, en paraissant anéantir toute autorité de la vérité et de la morale, elle n'opposait à son adversaire qu'une philosophie négative, et semblait abdiquer elle-même les plus justes titres à l'estime et à la confiance des hommes. Telles furent les considérations qui engagèrent successivement Philon et Antiochus à reprendre graduellement un langage plus affirmatif, à se porter pour médiateurs entre les Stoïciens et les Sceptiques. La nouvelle direction qu'ils donnèrent à leur école a porté quelques historiens à distinguer une quatrième et une cinquième Académies dont ces deux philosophes sont regardés comme les auteurs.

« Philon, dit Sextus l'Empirique, en con-
» tinuant à soutenir que les objets réels ne
» peuvent être connus par cette perception
» compréhensive que les Stoïciens ont érigée
» en *criterium*, admit que par leur propre
» nature ils sont susceptibles d'être con-
» nus (1). » Il essayait de justifier la nouvelle Académie du reproche qui lui était adressé de s'être écarté de l'enseignement de Platon ; il s'efforçait de montrer que, même dans ses maximes sur l'incertitude des connaissances, elle n'était point infidèle à cette grande autorité ni à celle de Socrate (2).

Si nous en croyons un passage fort curieux de Cicéron (3), Philon aurait enfin découvert le vice radical de la dialectique des anciens, et

---

(1) *Pyrrhon. Hyp.*, I, 234.
(2) Cicéron, *Acad. Quæst.*, I, 4. — II, 5.
(3) *Ibid.*, II, 28.

démêlé l'erreur de ceux qui, comme les Stoïciens, prétendaient employer cette dialectique à l'investigation des vérités objectives ; il aurait reconnu que cette logique si vantée ne gouverne en effet que le langage et non la réalité ; qu'elle se borne à établir ce qui résulte d'une supposition admise, ou ce qui lui répugne ; qu'elle n'a donc dans son emploi qu'une valeur conditionnelle et hypothétique.

« Philon, dit encore Sextus, avait remar-
» qué qu'une conséquence peut être vraie,
» quoiqu'elle se rattache à une supposi-
» tion fausse. Il distinguait trois sortes de
» vérités : celle qui est déduite d'une proposi-
» tion vraie elle-même dans le fait : *s'il fait
» jour on jouit de la lumière* ; celle qui est
» déduite d'une proposition fausse, mais, comme
» conditionnelle seulement : *si la terre vole,
» la terre est ailée* ; celle enfin dans laquelle
» la conclusion présente non-seulement une
» vérité hypothétique, mais une vérité réelle,
» malgré le vice de la supposition : *si la terre
» vole, elle existe*. Il n'y a donc de faux que
» la déduction mal déduite d'une proposition
» vraie (1). » Philon aurait donc distingué les

_____
(1) *Pyrrhon. Hyp.*, liv. II, § 116.—*Adv. Math.*, liv. VIII, § 113, 114.

vérités hypothétiques des vérités de fait, et admis à la fois les unes et les autres.

« Suivant Varron, dans Cicéron (1), Philon » avait soutenu qu'il n'y avait point deux aca- » démies, et que la nouvelle ne s'écartait point » de l'enseignement de Platon. » Nous trouvons cependant dans Lucullus un passage fort singulier qui tendrait à prouver que Philon n'était pas fort en accord avec lui-même. Ce passage est relatif à deux ouvrages de Philon qui venaient d'être apportés à Alexandrie, et dans lesquels Antiochus ne reconnaissait ni la doctrine de son maître ni celle d'aucun Académicien. « Le » but principal qu'il se proposait, suivant Lu- » cullus, consistait à détruire la définition de » la perception telle qu'elle était donnée par les » Stoïciens (2). »

Les limites que Philon avait posées au doute parurent insuffisantes aux yeux d'Antiochus. Celui-ci s'éleva contre le scepticisme avec autant d'énergie que les Stoïciens eux-mêmes, et peut-être avec un plus vrai succès. S'il refusa aux Stoïciens le mérite de l'originalité, il censura également Philon ; il l'accusa d'avoir dénaturé la doctrine

---

(1) *Quæst. Acad.*, I, 4.
(2) *Ibid.*, II, 4, 6.

de Platon. Ainsi, pendant que Panætius, du sein du Portique, rendait hommage au fondateur de l'Académie, Antiochus restituait dans sa pureté l'enseignement de ce sage, et tous deux semblaient concourir à ménager une conciliation entre les deux écoles.

« La philosophie a deux objets principaux :
» le vrai et le bon ; celui-là ne peut pré-
» tendre au titre de sage, qui ne tend pas à ce
» double but, qui ignore quel est le point de
» départ et la route. Le sage doit donc s'ap-
» puyer sur des principes certains (1). » Ces belles maximes indiquent tout ensemble et le motif qui porta Antiochus à réformer le scepticisme de l'Académie, et l'esprit des raisonnemens qu'il employa pour les détruire. Cicéron, qui avait eu un commerce intime avec ce philosophe, qui avait joui de son amitié (2), nous a conservé et a mis dans la bouche de Lucullus le développement de ses opinions sur la certitude des connaissances. « Le témoignage des sens mérite la confiance, si les sens eux-mêmes sont libres et sains, si rien ne met

---

(1) Cicéron, *Acad. quæst.*, II, 9, 34.
(2) *Ibid., ibid.*, 35.

obstacle à la fidélité des perceptions qu'ils transmettent. Autrement quel usage ferions-nous des notions qui en sont déduites ? Quel pourrait être le fondement de la mémoire ? Quelle différence existerait entre le savant et l'ignorant, entre l'homme habile et l'homme inepte dans les arts ? Quelle dignité conserverait la raison ? Quel usage pourrait-elle faire de ses forces? Le scepticisme est en contradiction avec la nature de l'homme, ses penchans, ses facultés, sa destination. Les désirs, l'exercice de la volonté supposent des jugemens. Si l'homme veut agir, il faut qu'il tienne pour vrai ce qui se présente à lui. Mais, surtout, la vertu est le meilleur témoin de la certitude des connaissances : comment l'homme de bien qui s'est résolu à souffrir tous les tourmens, plutôt que de manquer à son devoir, s'imposera-t-il des lois si rigoureuses, sans y être déterminé par des motifs clairs, fixes, invariables ? Et la sagesse elle-même, qui se méconnaîtrait jusqu'à ne pouvoir distinguer si elle est ou si elle n'est pas la sagesse, mériterait-elle ce nom vénérable (1) ? » (F)

---

(1) Cicéron, *Acad. Quæst.*, II, chap. 7, 8, 9, 12.

La frêle et vague théorie de la vraisemblance, telle qu'elle était présentée par les nouveaux Académiciens, ne pouvait, aux yeux d'Antiochus, réparer les inconvéniens, combler le vide de leur système sur la réalité des connaissances humaines. « Quelle serait cette règle si,
» ne pouvant distinguer le vrai du faux, nous
» n'avons aucune idée ni de l'un ni de l'autre ?
» Si nous possédons une règle, le vrai doit
» différer du faux, comme ce qui est bon de
» ce qui est mauvais; si, au contraire, la
» différence ne subsiste pas, il n'y a plus de
» règle; et celui dans la perception duquel le vrai
» et le faux se confondent, ne peut porter de
» jugemens, ni saisir un caractère quelconque
» de vérité. En vain, en détruisant la garantie
» du jugement, prétendons-nous laisser tout
» le reste; autant vaudrait dire à un homme,
» après lui avoir crevé les yeux, qu'on ne lui
» a point enlevé les objets visibles... Quel est
» donc ce que vous appelez probable ? Si c'est
» ce qui se présente à chacun, ce qui paraît
» probable au premier aspect, qu'y a-t-il de
» plus frivole ? Si vous exigez de plus une révi-
» sion, une investigation attentive, vous n'é-
» chapperez pas à la difficulté. D'abord, en
» admettant que les perceptions ne portent en

» elles-mêmes aucun caractère qui les distingue,
» vous êtes contraint de leur refuser également
» votre confiance. De plus, comme, d'après
» votre aveu, il peut arriver au sage, après
» avoir rempli toutes ces conditions, que l'objet
» qui lui aura paru vraisemblable se trouve
» cependant être fort éloigné de la vérité,
» comment pourrez-vous vous assurer que cet
» objet s'en rapproche cependant en grande
» partie, comme vous le prétendez, et qu'il y
» touche presque? Car, pour pouvoir justifier
» cette prétention, il faudrait que vous eussiez
» un signe quelconque de la vérité. Si la vérité
» elle-même est obscure et cachée, comment
» pouvez-vous savoir qu'une chose s'en rap-
» proche, y touche (1)? »

Antiochus signale, avec les Stoïciens, l'é-
vidence, comme le caractère certain qui révèle
la réalité des perceptions. Les Académiciens,
par une distinction fort ingénieuse, avaient
dit qu'il ne faut point confondre une perception
claire avec une perception réelle, ce qui est
clair avec ce qui est compris comme existant.
Antiochus rejette cette distinction. « Com-

---

(1) *Ibid.*, *ibid.*, chap. 11.

» ment, en effet, affirmerez-vous qu'un objet
» est blanc, lorsqu'il peut arriver que vous
» preniez le noir pour le blanc? Ou comment
» dirons-nous que les perceptions sont claires,
» imprimées dans l'esprit, lorsqu'il est incer-
» tain s'il est ou non un objet réel qui les
» excite? On ne laisse ainsi subsister ni
» couleur, ni corps, ni vérité, ni raisonne-
» ment, ni sensation, ni rien de véritablement
» clair. L'esprit cède à l'évidence, comme le
» plateau de la balance au poids le plus fort.
» Il ne peut que donner son assentiment à ce
» dont il a une vue nette et distincte. L'auto-
» rité de l'évidence est telle qu'elle nous montre
» par elle-même les choses qui sont, telles
» qu'elles sont. Il faut toutefois, pour s'y atta-
» cher avec constance et fidélité, user de la
» plus grande vigilance, d'une certaine mé-
» thode, de peur que la vérité ne nous soit
» voilée par les prestiges et par de captieux
» sophismes. Epicure n'a point assez dit,
» quand il a déclaré que, pour atteindre à la
» vérité et éviter l'erreur, il faut séparer l'évi-
» dence de l'opinion. Une attention sobre et
» persévérante dissipera les prestiges qui
» naissent d'une vue superficielle et précipi-
» tée; une bonne méthode détruira les sophis-

» mes (1). » Antiochus indiquait ici, avec sa prudence ordinaire, cet art qui consiste dans un bon régime de l'esprit, dans une bonne direction des facultés, art trop négligé dans la philosophie des anciens, et plus utile cependant aux intérêts de la vérité que toute la logique des écoles.

Dans le fait, Antiochus était un véritable Ecclectique; il ouvrait ainsi la nouvelle carrière que suivirent les philosophes de la période suivante.

On reprochait beaucoup à Antiochus d'avoir abandonné les opinions de la nouvelle Académie, et on se prévalait de cette inconstance pour affaiblir l'autorité de sa doctrine (2). « Il » était, dit Cicéron, plus Stoïcien qu'Académicien. » Disons mieux : sous la direction d'Antiochus, l'Académie revint aux mêmes maximes qui avaient déjà été professées par Epicure (E), par Zénon, sur la réalité et la certitude des connaissances humaines; ces trois célèbres écoles, différant entre elles sur tant d'autres points, s'accordèrent alors sur la doc-

---

(1) *Ibid, ibid.*, chap. 11, 12, 15.
(2) *Ibid, ibid.*, chap. 22.

trine qui rapporte à l'expérience le fondement des connaissances humaines, et qui donne à la réalité des perceptions la garantie de l'évidence intuitive. Et si l'on remarque que cette doctrine est à peu près celle d'Aristote qu'elle a emprunté en effet, à Aristote, et le principe qui fait naître toutes les idées de la sensation, et celui qui conserve l'autorité de l'expérience ; qu'elle a seulement ajouté à la philosophie du Stagyrite le complément qui lui manquait, en appelant l'évidence à servir de sanction pour la réalité et la certitude des connaissances, on sera étonné de voir se rencontrer ainsi au terme de leur carrière toutes les grandes écoles qui se partageaient alors l'empire de la philosophie. Ainsi, chose singulière ! après tant de longues et savantes investigations, les philosophes revinrent, par des routes diverses, précisément aux deux principes qui avaient servi de point de départ à la raison humaine, indiqués par la seule inspiration du bon sens.

Cette coïncidence, cet accord, survenus après de si longues et de si vives discussions, à la suite de tant de systèmes produits pendant le cours de six siècles, lorsque des flots de lumière avaient été répandus par tant de génies supérieurs, cet accord obtenu précisément sur les principes fondamentaux de la science, est, dans l'histoire de l'esprit humain, un phénomène très-frappant et qui n'a point attiré toute l'attention dont il est digne. Il marque d'une manière éclatante le terme de la seconde période, comme les divagations des Sophistes avaient marqué le terme de la première.

Cette grande et belle période qui avait commencé par la restauration de la philosophie sous Socrate, qui avait vu éclore tant de vastes créations, qui livra à la postérité un héritage de travaux immortels, s'arrête, comme dans un point de repos, aux maximes qui concilient les sectes et qui garantissent à la fois l'autorité de la morale et les droits de la raison.

Désormais, le génie de l'invention paraît éteint chez les Grecs; l'esprit de perfectionnement semble même s'y être arrêté; les écoles qui brillèrent parmi eux d'un si grand éclat se transportent à Alexandrie, à Rome; une nouvelle ère va commencer. Combien de considérations s'offriraient à notre esprit sur celle qui vient de s'accomplir, et qui fut si féconde! Mais nous devons les réserver pour la seconde partie de cet ouvrage, afin de ne point interrompre la suite des faits. Du moins nous espérons avoir exposé le tableau des opinions avec une constante fidélité, avec une impartialité scrupuleuse. Nous avons cru qu'en parcourant ces deux premières périodes, le devoir de l'historien ne se bornait pas à faire connaître l'esprit et la direction de chaque doctrine, qu'il était nécessaire de mettre sous les yeux du lecteur les textes les plus essentiels qui nous font connaître les opinions des anciens sur les fondemens des connaissances humaines, de reproduire ces opinions intactes et toutes vivantes. On va voir bientôt que les systèmes des anciens sur ces questions primordiales ont à peu près marqué l'enceinte et le cadre de toutes les recherches entreprises par les philosophes des âges suivans; que, pendant une longue suite de siècles, la philosophie a tour à tour reproduit les mêmes problèmes, renouvelé les mêmes solutions, que les écoles postérieures n'ont pu que combiner d'une manière différente, développer, perfectionner avec plus ou moins de succès les travaux antérieurs, mais toujours en employant les élémens fournis par les Grecs. Ces travaux ont servi de types à la science de la sagesse, comme leurs chefs-d'œuvre ont servi de modèles dans les beaux-arts, et nous pouvons appliquer aussi aux ouvrages philosophiques des Grecs le célèbre conseil d'Horace :

Nocturnâ versate manu, versate diurnâ (F)

NOTES

DU SEIZIÈME CHAPITRE.

(A) Les variations qui ont eu lieu dans le sein de l'Académie depuis Arcésilas jusqu'à Antiochus ont donné lieu aux historiens de distinguer plusieurs Académies. Varron, dans saint Augustin, et Cicéron se bornent à en distinguer deux, l'une fondée par Platon, l'autre instituée par Arcésilas; Diogène Laërce et quelques autres en distinguent trois; celle fondée par Platon, la moyenne instituée par Arcésilas, et la nouvelle par Carnéade; Numénius dans Eusèbe les porte à cinq, et donne Philon et Antiochus pour chefs aux deux dernières; Sextus l'Empirique a adopté cette dernière division. Mais on démêle difficilement les caractères précis qui séparent l'enseignement de Carnéade de celui d'Arcésilas; nous savons très-peu de chose de Philon, et ce que nous en savons paraît contradictoire. Il nous paraît que, sous le point de vue qui importe à l'histoire de l'esprit humain, on peut se borner à remarquer deux révolutions successives dans l'Académie : l'une qui, sous Arcésilas et Carnéade, conduisit cette école au scepticisme, ou plutôt à l'idéalisme ; l'autre qui, sous Philon, mais bien plus encore sous Antiochus, la ramena à reconnaître l'autorité de l'expérience et la garantie de l'évidence intuitive. C'est à ces deux révolutions que nous faisons allusion, lorsque nous nous bornons à distinguer la *moyenne* et la *nouvelle* Académies. Il nous semblerait bien plus exact d'adopter cette division, lorsqu'on se borne à distinguer les trois Académies.

(B) L'abbé Sallier, dans les mémoires de l'Académie des Inscriptions et Belles-Lettres, a essayé d'établir que le fragment de Cicéron dans lequel Lucullus expose la doctrine d'Antiochus, n'est pas, comme on le suppose ordinairement, le 4e livre des Questions académiques, ou le 2e de ceux qui nous restent. On a suivi ici l'opinion généralement reçue, et que l'analogie des idées semble confirmer.

(C) Il faudrait se garder de conclure cependant en aucune manière de ces passages, que les Académiciens eussent comme Platon une doctrine ésotérique. Aucun témoignage positif n'autoriserait cette induction, et les nouvelles Académies nous sont trop bien connues par les écrits de Cicéron qui en avait étudié avec tant de soin les traditions, pour que nous puissions leur attribuer des mystères dont il n'aurait pas soupçonné l'existence.

Il ne faudrait pas conclure non plus de ces passages que les nouvelles Académies eussent abdiqué leurs maximes sur les connaissances humaines dans l'ordre

des opinions qu'ils se réservaient d'adopter en propre. Leur système sur l'incertitude des perceptions était absolu et général. Voici donc, suivant nous, comment on peut concilier ce qui au premier abord paraît contradictoire dans les rapprochemens que nous venons de faire. Les Académiciens employaient les argumens du scepticisme dans la critique de la doctrine des autres écoles ; ils réservaient la vraisemblance, mais la vraisemblance seulement, pour la doctrine à laquelle ils s'arrêtaient eux-mêmes. Ils faisaient précéder cette argumentation sceptique, comme une sorte de préparation qui devait conduire à adopter leurs opinions personnelles comme les plus probables, ou plutôt à les découvrir par une investigation indépendante. « Favorin,
» dit Galien, loue les Académiciens de ce qu'en sou-
» tenant tour à tour les opinions contraires, ils per-
» mettaient à leurs disciples de choisir ce qui leur
» paraissait le plus conforme à la vérité. »
(*De optimo docendi genere contra Favorinum.*)

Gauthier de Sibert a inséré dans le Recueil de l'Académie des Inscriptions un Mémoire sur les différences qui existent entre les Académiques et les sceptiques. Mais il ne nous paraît pas avoir déterminé ces différences avec beaucoup de précision et de netteté. Qu'importe que les Académiciens reconnussent qu'il y a des choses compréhensibles en elles-mêmes, s'ils ajoutaient qu'il nous est impossible de les saisir ou de nous assurer que nous les ayons saisies ?

(D) « Arcesilas Zenoni, ut putatur, obsectans,
» nihil novi reperienti, sed emendanti superiores,

» immutatione verborum, dàm hujus definitiones la-
» befactare vult, conatus est clarissimis rebus tene-
» bras obducere. Cujus primò non admodùm pro-
» bata ratio, quanquam floruit cum acumine ingenii,
» tum admirabili quodam lepore dicendi, proximè à
» laude solo retenta est ; post autem confecta à
» Carneade qui quartus est ab Arcesila. Sed ipse
» Carneades diù tenuit. Nam nonaginta vixit annos ;
» et qui illum audierant, admodùm floruerunt. » (Lucullus dans Ciceron, *Acad. Quæst.* II, 6.

(E) Voici comment Antiochus, dans Cicéron, explique la génération des connaissances, par la bouche
de Lucullus. « Quanto quasi artificio natura fabricata
» esset primùm animal omne ; deindè hominem maxi-
» mè ; quæ vis esset in sensibus ; quemadmodùm pri-
» mò visa nos pellerent ; deindè appetitio ab his pulsa
» sequeretur ; tum ut sensus ad res percipiendas inten-
» deremus. Mens enim ipsa quæ sensuum fons est,
» atque etiam ipse sensus est, naturalem vim habet,
» quam intendit ad ea quibus movetur. Itaque alia
» visa sic arripuit, ut his etiam utatur ; aliqua recon-
» dit, è quibus memoria oritur. Cætera autem simili-
» tudinibus constituit ; ex quibus efficiuntur notitiæ
» rerum, quas Græci tum Εννοιασ tum προληψεισ vo-
» cant. Et cùm accessit ratio, argumentique conclu-
» sio, rerumque innumerabilium multitudo, tum et
» perceptio eorum omnium apparet, et eadem ratio
» perfecta his gradibus, ad sapientiam pervenit. »
(*Acad. Quæst.* II. 10.)

Ce passage nous paraît extrêmement remarquable ;

on y trouve reunis, dans l'aperçu le plus rapide, tous les germes de la philosophie moderne sur la génération des connaissances humaines ; on y voit la part active que l'âme prend à ses perceptions, on est frappé de la profondeur de cette vue : *Mens ipsa quæ sensuum fons est.* « Ad rerum igitur scientiam,—reprend
» Lucullus, — vitaque constantiam aptissima cùm sit
» mens hominis, amplectitur maximè cognitionem...
» quocircà et sensibus utitur, et artes efficit, *quasi*
» *sensus alteros;* et usque eo philosophiam ipsam
» corroborat, ut virtutem efficiat, ex quâ re unâ vita
» omnis apta sit ».

Ailleurs il explique comment l'esprit obtient le degré de certitude dont le témoignage des sens est susceptible : « Ordiamur igitur à sensibus. Quorum ità
» clara judicia et certa sunt, ut si optio naturæ
» nostræ detur, et ab eâ deus aliquis requirat, con-
» tenta ne sit suis integris incorruptisque sensibus,
» an postulet melius aliquid, non videatur quid quæ-
» rat amplius. Meo judicio ita est maxima in sensibus
» veritas, si et sani sunt et valentes ; et omnia remo-
» ventur quæ obstant et impediunt. Itaque et lumen
» sæpè mutare volumus, et situs earum rerum quas
» intuemur; et intervalla, aut contrahimus, aut didu-
» cimus ; multaque facimus usque eò, dum aspectus
» ipse fidem faciat sui judicii..... Potestne igitur
» quisquam dicere, inter eum qui doleat, et inter
» eum qui in voluptate sit, nihil interesse ? Aut ita qui
» sentiat, non apertissimè insaniat ? At qui, qualia
» sunt hæc, quæ sensibus percipi dicimus, talia se-
» quuntur ea quæ non sensibus ipsis percipi dicuntur,

» sed quodam modo sensibus; ut hæc : illud est al-
» bum, hoc dulce, canorum illud, hoc benè olens,
» hoc asperum. Animo jam hæc tenemus comprehen-
» sa, non sensibus. Ille deinceps equus est, ille canis.
» Cætera series sequitur, majora nectens, ut hæc,
» quæ quasi expletam rerum comprehensionem am-
» plectuntur : si homo est animal, animal est mortale,
» rationis particeps. Quo è genere nobis notitiæ rerum
» imprimuntur, sine quibus nec intelligi quidquam,
» nec quæri aut disputari potest. » (*Ibid.* chap. 7.)

On voit qu'Antiochus distinguait trois sortes de jugemens : ceux qui accompagnent les simples perceptions sensibles, et qui n'ont qu'une vérité subjective;
ceux par lesquels les perceptions sensibles sont rapportées aux objets extérieurs, enfin les jugemens
abstraits ou rationnels. C'est de la seconde espèce qu'il
dit : « *Nous n'apercevons point cela par les sens,*
» *mais en quelque manière à l'aide des sens; c'est*
» *l'esprit et non les sens qui en saisissent la vérité.* »

(E) Antiochus lui-même se référait à Épicure pour
réfuter les objections déduites, par les Sceptiques, des
illusions qui accompagnent certains phénomènes de la
vision. (Cicéron, *Acad. Quæst.* II, 7.)

(F) On est surpris de voir que la nouvelle Académie
n'ait pas obtenu en général des historiens toute l'attention qu'elle méritait. Brucker, qui a consacré un livre
entier à la philosophie Antédiluvienne et de longs chapitres à des philosophes sans importance, accorde à

peine quelques lignes à Philon et à Antiochus, quelques pages à Arcésilas et à Carnéade. On peut cependant consulter avec fruit l'*Académique de Pierre de Valentia*; Foucher: *Histoire des Académiciens* (Paris, 1690, in-12); *De philosophiá academicá* (Paris, 1792). On trouve dans les Mémoires de l'Académie Royale de Berlin, en 1748, une dissertation sur Clitomaque, et dans ceux de l'Académie des Inscriptions la dissertation déjà citée de Gautier de Sibert. Tennemann traite ce sujet avec son soin accoutumé, dans son *Histoire de la philosophie*, tom. XVI.

CHAPITRE XVII.

Troisième période. — La Philosophie grecque transportée à Alexandrie. — Alliance des diverses écoles ; — Application de la Philosophie aux sciences.

SOMMAIRE.

Caractères essentiels de la troisième période : — La philosophie devient stationnaire ; ses lumières se disséminent ; — Ces deux circonstances liées entre elles. — Méthode particulière qu'exige l'exposition de cette période. — De l'Eclectisme et du Syncrétisme. — L'ordre des combinaisons successives qu'ont subies les doctrines philosophiques, prises pour base. — Sous-divisions de cette période. — Utilité qu'on peut se promettre de son étude.

Causes qui ont rendu la philosophie stationnaire chez les Grecs, après la naissance de la nouvelle Académie. — Circonstances générales et extérieures à la philosophie. — Circonstances inhérentes à la philosophie elle-même. — Pourquoi les critiques des Sceptiques et des Académiciens ne lui ont pas fait obtenir de nouveaux progrès.

La philosophie grecque transportée à Alexandrie ; — Circonstances qui l'y ont appelée, et qui l'y ont environnée. — Pourquoi le génie de l'invention n'a pris aucun essor dans le Musée ; — Esprit caractéristique de cet institut. —

La poésie et l'éloquence n'y obtiennent que de faibles succès.

Comment les diverses doctrines philosophiques tendaient à s'allier entre elles ; — Destinée des diverses écoles grecques à Alexandrie ; — Premiers Eclectiques ; — Potamon.

Les savans d'Alexandrie appliquent la philosophie aux sciences. — Progrès des sciences mathématiques dans le Musée ; — Progrès des sciences naturelles ; — Les sciences morales négligées.

Deux circonstances essentielles marquent le commencement de la troisième période de l'histoire de la Philosophie : l'une est prise des circonstances extérieures, l'autre est inhérente à la science elle-même (A).

La Philosophie, long-temps concentrée dans les écoles de la Grèce, est portée sur un nouveau théâtre; elle est transplantée successivement à Alexandrie, à Rome, et dans toute l'étendue de l'empire Romain.

La Philosophie, qui, pendant la première période, avait produit tant d'essais originaux, hardis, brillans, quoique imparfaits; qui, pendant la seconde période, avait donné le jour à de si vastes conceptions, à des corps de doctrine complets et systématiques, va demeurer stationnaire, et bientôt déchoir. L'esprit d'invention s'est éteint. On reproduira, on commentera, on combinera les vues des philosophes grecs; on les fera fructifier par des applications diverses ; on les corrompra par des mélanges adultères, jusqu'à ce que ces études philosophiques disparaissent dans le grand naufrage qui engloutit toutes les sciences et tous les arts.

Ces deux circonstances qui ont concouru à la même époque ne sont point sans quelque liaison entre elles.

D'une part, les philosophes grecs, ne pouvant aspirer à fonder de nouvelles écoles, n'apercevant devant eux aucune route encore ignorée qui pût les conduire à rivaliser avec les fondateurs de l'Académie, du Lycée, du Portique, devaient saisir avec empressement les occasions qui s'offraient à eux pour obtenir un autre genre d'illustration et de succès, en transportant leurs doctrines nationales chez des peuples disposés à les recevoir, en leur procurant au dehors de nombreuses conquêtes, surtout dans un temps où, les copies des ouvrages étant fort rares, l'exposition orale était presque le seul moyen de propager un enseignement.

D'un autre côté, les nations chez lesquelles les doctrines grecques furent ainsi transportées trouvèrent dans leur adoption tous les charmes de la nouveauté; ces doctrines, par leur variété, leur étendue, leur fécondité, offraient à des esprits avides de savoir, mais initiés pour la première fois à ce genre d'études, un aliment presque inépuisable, qui devait suffire pour satisfaire à leur curiosité. L'importation reproduisait pour eux tous les effets de l'invention elle-même. Les écoles nouvelles qui s'établirent hors de la Grèce, par là même que leur éducation s'était formée à l'aide de notions empruntées au dehors, qu'elles ne s'étaient point constituées sur des systèmes qui leur fussent propres, devaient manquer d'originalité. Toutes leurs richesses étaient artificielles; elles ne pouvaient recommencer le long travail qui avait conduit si loin les penseurs grecs; elles devaient borner leur ambition à appliquer, à choisir; elles étaient exposées à altérer, à confondre.

A cette époque, l'histoire de la Philosophie change donc entièrement de face.

Si l'écrivain qui se propose de recueillir et de conserver toutes les opinions des philosophes des divers âges, de former une sorte de bibliographie et de tracer une véritable histoire littéraire, peut, en parcourant cette troisième période, continuer sur le même plan les travaux de l'érudition, enregistrer suivant l'ordre des temps ce qui nous reste des ouvrages ou des traditions, parcourir la longue série des hommes qui, dans chaque école, répétèrent en les commentant les leçons des premiers maîtres (B); l'historien de la Philosophie, celui qui se borne à observer les révolutions de l'esprit humain, qui cherche à en pénétrer les causes, qui, dans les doctrines elles-mêmes, s'efforce de découvrir surtout le principe des variations qu'elles ont subies, de l'influence qu'elles ont exercée; cet historien, dis-je, ne pourra suivre la même marche. Epuiser la nomenclature des professeurs de philosophie (car ce nom leur convient mieux que celui de philosophes) qui ont formé la filiation de chaque école, reproduire sans cesse les mêmes idées sous d'autres termes, serait une étude sans fruit pour le but qu'il se propose. Il devra s'efforcer de détacher d'un tableau trop uniforme tous les phénomènes nouveaux qui marquent quelques pas dans la marche progressive ou rétrograde de la raison.

Nous ne pouvons donc adopter, pour cette troisième période, la même méthode qui nous a guidé dans l'exposition des deux précédentes; nous ne pouvons suivre exclusivement la classification par écoles; nous ne pouvons nous attacher d'une manière absolue, ni à la suite des temps, ni aux divisions géographiques de la scène sur laquelle la Philosophie s'est montrée. Nous devons chercher le principe de la classification dans des points de vue plus généraux. Chaque école particulière ne doit nous occuper désormais que sous le rapport des applications que sa doctrine aurait reçues, des accroissemens sensibles qu'elle aurait obtenus, ou des altérations qu'elle aurait subies. Chaque âge, chaque région ne doivent être signalés que par les circonstances qui leur sont propres et distinctives. Ce qu'il importera maintenant surtout de mettre en lumière, c'est comment les doctrines que nous avons vu naître, transférées sur un autre théâtre, se sont mêlées, combinées soit entre elles, soit avec des élémens d'une origine étrangère; comment de cet amalgame sont nés des systèmes nouveaux, sinon dans leurs élémens, au moins dans leur ensemble, et quelle influence le concours de toutes ces causes a exercée sur les destinées de la Philosophie.

L'Eclectisme et le Syncrétisme sont les deux grands phénomènes qui ont attiré, dans la période où nous entrons, les regards des historiens de l'esprit humain. L'un et l'autre sont dérivés d'une alliance introduite entre les systèmes antérieurs. Mais, quoique, aux yeux d'une raison éclairée, ces deux phénomènes philosophiques soient directement opposés l'un à l'autre, ils ne se distinguent point aux yeux de l'histoire par des signes sensibles et extérieurs; et cette distinction ne peut être appliquée aux faits, aux doctrines réelles, avec une précision rigoureuse. L'Eclectisme est un choix éclairé qui permet d'emprunter à divers systèmes ce qu'ils ont de bon et d'utile, pour en former un tout homogène; le Syncrétisme est un mélange aveugle qui réunit au hasard les notions empruntées çà et là, pour en composer un tout sans harmonie et sans accord. Ainsi, de la même matière, un bon esprit, un esprit faux, pourront, chacun de leur côté, faire sortir ces deux résultats contraires; ainsi, l'un se distingue de l'autre, comme la vérité se distingue de l'erreur, et la sagesse de l'ignorance. Il suit de là qu'il faut apprécier et juger le mérite d'une production philosophique, pour la ranger sous l'une ou l'autre catégorie, et que la place que nous lui assignons sous l'une ou l'autre exprime le jugement que nous avons porté. Le même philosophe pourra donc être un Eclectique pour tel historien, un Syncrétiste pour tel autre. De plus, entre un choix parfaitement judicieux et une confusion complétement absurde, il y a une foule de nuances intermédiaires ; aucun philosophe même ne s'est absolument élevé à l'un des extrêmes, ou précipité dans l'autre ; chaque combinaison a plus ou moins de perfection ou de défauts ; chacune est une sorte d'association où l'Eclectisme et le Syncrétisme sont réunis dans des proportions différentes, plus ou moins favorables ou fâcheuses. La classification des sectes, d'après cette distinction fondamentale, pourrait donc paraître arbitraire, être toujours contestée ; et, la plupart du temps, on ne pourrait même en faire usage en demeurant fidèle à l'impartialité et à l'exactitude historique.

En nous plaçant dans un autre point de vue, nous obtiendrons peut-être des distinctions plus certaines, plus réelles, plus fécondes en conséquences.

Observons de quels élémens les diverses combinaisons nouvelles se sont successivement formées. En les voyant naître de ces associations graduelles, nous les verrons se distinguer comme d'elles-mêmes, par la nature des emprunts qui les composent.

D'abord, la philosophie seule fournit tous ces élémens. Ils sont pris uniquement dans le domaine de la raison, dans les traditions des écoles grecques ; seulement, l'une ou l'autre de ces traditions étant prédominante dans l'ensemble du système nouveau, lui donne son caractère, sa physionomie particulière.

Ensuite, on introduit dans un domaine où la raison seule jusqu'alors exerçait son empire, un élément emprunté à un autre ordre de choses; on va le chercher hors de la nature ; on le demande à l'inspiration mystique invoquée sous des formes diverses ; une direction jusqu'alors inconnue s'ouvre aux spéculations de l'esprit humain.

Enfin, la philosophie est appelée comme auxiliaire par le Christianisme; elle s'allie à une religion positive ; elle reçoit de cette alliance son but, ses formes, ses limites.

La seconde de ces trois combinaisons offre elle-même à son tour une sous-division naturelle, suivant que, dans la combinaison qui s'opéra, ce furent les traditions orientales ou la philosophie grecque qui conservèrent la prééminence et devinrent le pivot du système.

En suivant pas à pas la formation de ces associations successives, nous pourrons nous appuyer constamment sur les témoignages de l'histoire, et peut-être nous pénétrerons plus fidèlement encore le véritable esprit des nouveaux systèmes de cet âge ; nous discernerons mieux la connexion des effets et des causes, et lorsque nous rencontrerons l'erreur ou la vérité, nous démêlerons, dans l'enchaînement même des faits, la source de laquelle ont découlé l'une ou l'autre.

Cette classification a l'avantage de se rencontrer à peu près d'elle-même avec l'ordre chronologique, du moins en ce qui concerne la naissance et la chute des sectes nouvelles ; car elles subsistent assez long-temps contemporaines. La combinaison des doctrines grecques se produit la première, et la première aussi disparaît. Quoique l'apparition des doctrines mystiques coïncide à peu près avec la naissance du Christianisme, elle ne se confond point avec elle, elle en est indépendante ; elle précède l'époque où le Christianisme adopta les études philosophiques. Enfin, la philosophie religieuse introduite par les Pères de l'Eglise, se montrant la dernière, occupe à peu près seule la scène pendant les derniers siècles de cette période.

Cette classification, il est vrai, ne se prête guère au cadre des divisions géographiques ; mais s'il est digne d'intérêt d'observer comment la philosophie s'introduisit d'abord à Alexandrie et à Rome, et de la considérer séparément sur chacun de ces deux théâtres à l'époque où elle en prit possession, nous n'apercevons plus d'utilité à suivre ces distinctions de lieux, lorsque toutes les nations civilisées furent réunies sous les lois de Rome, admises au même commerce d'idées et d'intérêts, soumises à l'action des mêmes causes morales. Alors les destinées de la philosophie sont à peu près les mêmes dans toutes les portions de ce vaste empire. Les mêmes doctrines règnent et se combinent partout à la fois. Il nous suffira donc d'avoir, au commencement de cette période, remarqué sous quelles circonstances et quelles conditions diverses la philosophie grecque fut d'abord adoptée en Egypte et à Rome; par là nous éviterons les embarras où se jettent ceux qui veulent concentrer à Alexandrie, contre le témoignage des faits, le développement des doctrines mystiques.

En étudiant les nouveaux phénomènes que va nous présenter l'histoire de l'esprit humain, les écarts où va l'entraîner une témérité jusqu'alors inconnue, nous réserverons, comme nous l'avons fait jusqu'à ce moment, un ordre particulier de recherches pour ce petit nombre de philosophes qui ont continué à exercer la censure du doute, aussi long-temps du moins que le Scepticisme a continué d'opposer ses critiques à l'invasion du Dogmatisme.

Tel est le plan que nous nous proposons de suivre, et dont nous devions expliquer succinctement les motifs, en nous engageant dans une matière difficile; d'autant plus que la méthode suivie par la plupart des historiens en traitant cette période nous a semblé, nous devons l'avouer, généralement peu satisfaisante.

Si nous parvenons ainsi à éviter l'aridité naturelle à cette portion de l'histoire trop stérile en idées vraies, neuves et utiles, si nous parvenons à en écarter les nuages qui l'obscurcissent, nous essayerons en même temps d'y faire entrer un ordre de considérations que les historiens nous semblent avoir en général trop négligé, et qui peut donner à ce sujet un intérêt nouveau et une utilité réelle. Nous rechercherons comment les doctrines philosophiques conçues par les sages de la Grèce, arrivées une fois à leur maturité, ont reçu des applications plus ou moins fructueuses, dans la région des sciences, des arts, des affaires de la vie et de la morale pratique. On accorde peut-être une attention trop exclusive au mérite de l'invention; on se laisse trop souvent entraîner à ne chercher dans l'histoire de l'esprit humain qu'une suite de découvertes théoriques. Il y a un terme nécessaire à la création des systèmes originaux; il importe même, pour les bien juger, de les voir ensuite sur le terrain des choses positives, d'observer l'emploi qui en a été fait, de connaître ce qu'ils ont produit de bon pour la société humaine. Car toutes les spéculations n'ont de valeur qu'autant qu'elles se résolvent définitivement en réalités, qu'autant qu'elles entrent, par leurs résultats, dans la sphère d'une industrie active et fructueuse. Ces applications variées sont elles-mêmes un second ordre de découvertes qui, s'il exige un moindre effort de génie, offre un intérêt plus prochain, et qui renvoie un faisceau inattendu de lumières sur les principes eux-mêmes qu'il a su féconder. Ce n'est pas assez d'avoir vu naître une doctrine; il faut la voir vivre, et opérer. C'est ainsi que, de nos jours, l'histoire des arts industriels est devenue un riche et beau commentaire de celle des sciences physiques et mathématiques.

Il a cessé pour une longue suite de siècles, ce spectacle imposant et majestueux qui se déploya pendant le cours des deux dernières périodes, qui nous montra la raison humaine explorant la région des découvertes, pressentant d'abord, développant ensuite dans tout leur éclat les plus hautes vérités, construisant de vastes et harmonieuses théories, fondant la nomenclature des connaissances, donnant des lois à toutes les branches des sciences et des arts. Mais ces belles productions étaient demeurées jusqu'alors concentrées dans une seule nation; c'était une sorte de privilége dont les Grecs avaient eu la jouissance exclusive. Ce sera aussi un spectacle d'un grand intérêt pour l'ami de l'humanité que la dissémination de ces richesses intellectuelles; il jouira d'y voir participer l'Europe entière, une partie de l'Asie et de l'Afrique un peu plus tard. S'il s'afflige de voir la raison humaine entraînée à une longue suite d'écarts, et le flambeau des connaissances s'éteignant graduellement, il s'efforcera du moins de recueillir dans ces tristes expériences quelques instructions utiles.

Lorsqu'on se reporte aux causes qui avaient développé et entretenu chez les Grecs le génie de l'invention, on voit s'expliquer naturellement celles qui, vers le commencement du septième siècle de Rome, arrêtèrent par degrés son essor, et le condamnèrent enfin à un assoupissement presque absolu.

Tous les arts, dans le brillant essor qu'ils avaient obtenu chez les Grecs, avaient eu dès l'origine un but éminemment national; c'est au foyer du patriotisme qu'ils avaient puisé leurs inspirations ; la poésie célébrait les souvenirs des temps héroïques, les triomphes des jeux Olympiques ; la peinture, la sculpture, l'architecture, la musique elle-même consacraient à l'envi l'image des actions glorieuses ; les monumens élevés à leurs auteurs excitaient les sentimens propres à faire reproduire leurs exemples ; l'éloquence était étroitement associée aux affaires publiques, agitait les grandes questions de la politique extérieure ou de l'administration du dedans ; toutes les productions du génie concouraient en un mot à représenter sur la scène une sorte de drame continuel dont le sujet était pris dans les destinées de la patrie. Mais lorsque les Grecs n'eurent plus de patrie, lorsqu'Athènes, cette métropole des arts, assujettie, dès la cent quarantième olympiade, aux volontés des rois de Macédoine, cessant d'être le centre de l'action politique, n'offrit plus à ses citoyens que le faible intérêt d'une administration municipale ; lorsque ensuite la ligue Achéenne, après avoir conservé quelque temps les restes de l'antique liberté, fut dissoute par le contre-coup de la fatale guerre d'Etolie ; lorsque Rome, étendant sa puissance dans ces belles contrées, fut devenue l'arbitre suprême de leurs destinées, et que la Grèce, cessant ainsi d'avoir une existence propre, vint se confondre et se perdre dans le vaste système dont le foyer était au Capitole, dont la circonférence tendait à embrasser l'univers, alors tous les mobiles qui, chez les Grecs, avaient mis en jeu les plus belles facultés de l'esprit humain, s'arrêtèrent à la fois. La philosophie, qui, dès son berceau, s'était, comme nous l'avons vu, étroitement associée aux arts d'imagination, la philosophie, qui, dans la plus importante de ses branches, dans l'étude de la morale, en fondant, discutant, cherchant à améliorer les institutions civiles, avait pris aussi un caractère national, avait payé aussi sa dette au patriotisme; la philosophie, qui, sous des rapports essentiels et spécialement propres à l'esprit de ses travaux, était habituée à se nourrir des idées d'indépendance, dut subir également les effets de cette influence générale; la pensée, ne pouvant plus suivre les nobles et spacieuses routes où elle s'était exercée jusqu'alors, tomba dans un engourdissement inévitable. Justement fiers encore du glorieux héritage qui leur avait été légué, les philosophes grecs se contenteront désormais de le faire valoir, et croiront avoir assez fait en donnant à un Platon, à un Aristote, à un Zénon, à un Epicure, des successeurs dans les chaires qu'ils avaient occupées, en maintenant ces brillantes et célèbres écoles dont ils avaient été les fondateurs.

Il faut le reconnaître d'ailleurs : indépendamment des circonstances extérieures, la philosophie, par le cours naturel des choses, tendait à s'arrêter et se fixer d'elle-même au terme où l'avaient portée ces illustres génies. Il y a, en philosophie, ou des problèmes à poser, ou des solutions à découvrir ; la position des problèmes est peut-être, des inventions, la plus difficile ; et nous avons vu qu'elle avait été portée très-loin dès la première période, qu'elle s'était avancée dans le cours de la seconde période presque jusqu'au point où nous la voyons de nos jours ; une foule de penseurs profonds s'étaient exercés à l'envi sur les solutions ; il semblait qu'il restât seulement à opter : on était même revenu par un accord à peu près unanime à adopter pour les problèmes fondamentaux une solution commune qui était, on doit le dire, à peu près satisfaisante, comme nous l'avons remarqué à la fin du chapitre précédent. Il y a, en philosophie, ou des principes qui sont les élémens plus ou moins féconds des systèmes, ou des combinaisons coordonnées d'après un plan systématique ; or, pendant le cours de la première période, une grande abondance de vues avait existence propre, vint se confondre et se perdre dans le vaste système dont le foyer était au Capitole, dont la circonférence tendait à embrasser l'univers, alors tous les mobiles qui, chez les Grecs, avaient mis en jeu les plus belles facultés de l'esprit humain, s'arrêtèrent à la fois. La philosophie, qui, dès son berceau, s'était, comme nous l'avons vu, étroitement associée aux arts d'imagination, la philosophie, qui, dans la plus importante de ses branches, dans l'étude de la morale, en fondant, discutant, cherchant à améliorer les institutions civiles, avait pris aussi un caractère national, avait payé aussi sa dette au patriotisme; la philosophie, qui, sous des rapports essentiels et spécialement propres à l'esprit de ses travaux, était habituée à se nourrir des idées d'indépendance, dut subir également les effets de cette influence générale; la pensée, ne pouvant plus suivre les nobles et spacieuses routes où elle s'était exercée jusqu'alors, tomba dans un engourdissement inévitable. Justement fiers encore du glorieux héritage qui leur avait été légué, les philosophes grecs se contenteront désormais de le faire valoir, et croiront avoir assez fait en donnant à un Platon, à un Aristote, à un Zénon, à un Epicure, des successeurs dans les chaires qu'ils avaient occupées, en maintenant ces brillantes et célèbres écoles dont ils avaient été les fondateurs.

Il faut le reconnaître d'ailleurs : indépendamment des circonstances extérieures, la philosophie, par le cours naturel des choses, tendait à s'arrêter et se fixer d'elle-même au terme où l'avaient portée ces illustres génies. Il y a, en philosophie, ou des problèmes à poser, ou des solutions à découvrir ; la position des problèmes est peut-être, des inventions, la plus difficile ; et nous avons vu qu'elle avait été portée très-loin dès la première période, qu'elle s'était avancée dans le cours de la seconde période presque jusqu'au point où nous la voyons de nos jours; une foule de penseurs profonds s'étaient exercés à l'envi sur les solutions ; il semblait qu'il restât seulement à opter : on était même revenu par un accord à peu près unanime à adopter pour les problèmes fondamentaux une solution commune qui était, on doit le dire, à peu près satisfaisante, comme nous l'avons remarqué à la fin du chapitre précédent. Il y a, en philosophie, ou des principes qui sont les élémens plus ou moins féconds des systèmes, ou des combinaisons coordonnées d'après un plan systématique ; or, pendant le cours de la première période, une grande abondance de vues avait été répandue sur la recherche des principes élémentaires, et Socrate, au commencement de la seconde, avait fixé définitivement ces mêmes principes en les ramenant à leur véritable source. Les coordinations systématiques avaient excité l'émulation des penseurs pendant le cours entier de la seconde période. En pouvait-il être de plus vastes, de plus complètes, de plus harmonieuses que celles dont Platon avait tracé le dessein, dont Aristote avait exécuté l'ensemble et tous les détails ? La raison et l'imagination étaient captivées à la fois par le spectacle d'un si majestueux édifice. Déjà on avait pu remarquer qu'Epicure, Zénon, survenant après de tels maîtres, n'avaient point espéré en construire de nouveaux sur un plan aussi étendu; ils n'avaient prétendu au contraire qu'à simplifier, à obtenir des résultats d'un usage plus facile dans la pratique. La philosophie, enfin, se compose de théories et de méthodes ; or, les spéculations de l'esprit humain semblaient avoir épuisé toute la sphère des conceptions rationnelles ; les nomenclatures étaient instituées, et la Dialectique, la Logique, réduites en préceptes par des maîtres habiles, offraient désormais un arsenal immense aux opérations du raisonnement. On sait que l'époque à laquelle les règles didactiques sont définies et réunies en code est ordinairement celle à laquelle les arts sont en quelque sorte fixés. Il devait résulter aussi de la division des sciences, heureusement introduite par Aristote, que l'émulation des hommes éclairés devait se porter vers les branches des connaissances humaines qui jusqu'alors avaient été à peine explorées ; là s'ouvraient de nouvelles carrières ; là on pouvait aspirer à de nouveaux succès. La philosophie, en se séparant des autres branches des connaissances humaines, pouvait, à raison de cette distinction elle-même, former avec celles-ci une alliance d'un autre ordre, leur prêter d'utiles secours. Ainsi, la philosophie semblait elle-même inviter ses adeptes à se porter désormais sur le terrain des applications, à tâcher de le mettre en valeur.

Doit-on s'étonner au reste que la philosophie, parvenue chez les Grecs à son apogée, y demeurât désormais stationnaire, lorsqu'on considère que, parmi les modernes, elle n'a pu, pendant le cours de plusieurs siècles, que reproduire à peu près les mêmes vues, quoiqu'en les exprimant sous de nouveaux termes?

On pourrait se demander toutefois comment les critiques du Scepticisme et celles de la nouvelle Académie ne servirent pas d'aiguillons à l'esprit humain, ne remplirent pas leur vraie destination, en excitant à des entreprises nouvelles. Il semble en effet que c'était à ce but que tendaient tous leurs efforts. Mais, d'une part, les Pyrrhoniens et les Académiciens, dans leur censure des systèmes existans, se laissèrent entraîner, ainsi que nous l'avons remarqué, aux maximes d'un doute trop absolu; tout en paraissant invoquer la vérité, ils ne laissaient aucun espoir de l'obtenir, n'indiquaient aucune voie pour y atteindre. D'un autre côté, les Pyrrhoniens et les Académiciens s'étaient créé des motifs d'agir qui leur paraissaient suffire dans la pratique, et qui, calmant ainsi l'inquiétude naturelle au doute, rendaient moins nécessaire la recherche de la vérité, enlevaient à cette recherche l'intérêt qu'y attache le besoin des applications utiles.

Tel était donc l'état de la philosophie grecque lorsqu'elle commença à se propager dans des régions nouvelles.

Déjà, à la suite d'Alexandre, elle avait pénétré à son tour dans cette même Asie d'où les Grecs autrefois avaient reçu plus d'une tradition. Elle ne put, il est vrai, laisser beaucoup de germes dans les Indes où les conquêtes du roi de Macédoine eurent peu de stabilité, où l'autorité des Brames leur opposait d'ailleurs trop de résistance. Mais elle obtint plus de faveur dans la partie occidentale de l'Asie, et du moins elle y prépara le développement des lumières. Ce fut surtout l'Egypte qui, plus tard, sous les capitaines grecs héritiers de cette portion des vastes domaines d'Alexandre, adopta cette philosophie avec l'accueil le plus empressé, et lui offrit en même temps le théâtre le plus favorable pour une semblable propagation. Alexandrie, centre d'un commerce immense, devint une nouvelle métropole des sciences; Athènes sembla revivre dans le Musée. Là s'élevèrent, par les soins et sous la protection des Lagides, de nombreux et magnifiques établissemens : un institut où les savans étaient réunis, entretenus, formant entre eux une association du même genre que nos Académies modernes; une bibliothèque enrichie de tous les manuscrits qu'avait autrefois rassemblés Aristote; des collections de tous les genres. La Grèce fournit tous les matériaux de ces établissemens; elle envoya les hommes chargés d'y présider. Jamais la puissance n'avait rien fait de semblable en faveur du génie. Les Lagides ne se bornèrent pas à encourager ses travaux; jouissant eux-mêmes du commerce des savans, ils aspirèrent plus d'une fois à obtenir un rang au milieu d'eux.

Mais ces libéralités et ces faveurs, quelque abondantes qu'elles fussent, ne pouvaient faire revivre le génie antique, le génie original des Grecs; elles ne pouvaient produire qu'une sorte d'ombre et d'imitation de la Grèce primitive. Cette littérature transplantée n'avait point de racines propres, manquait de sève nourricière. Les savans rassemblés au Musée pouvaient jouir de leur commerce réciproque; mais, isolés d'ailleurs, ils n'apercevaient point autour d'eux un auditoire convenablement préparé, un public qui s'intéressât à leurs travaux; ils vivaient au milieu d'un peuple étranger à leurs idées comme à leur langue; l'Egypte, soumise depuis long-temps au fatal régime des castes, docilement soumise à l'autorité de ses prêtres, était habituée à se contenter de la part grossière des traditions que ceux-ci daignaient lui communiquer. Il y a plus, et la faveur même des princes devait plutôt contrarier que seconder, parmi les savans du Musée, le développement du vrai génie philosophique; ce génie n'obéit point à des inspirations de commande, il ne s'éveille point dans les vestibules des cours. On le vit bien lorsque les Attales, en fondant l'école de Pergame, comblèrent de tant de bienfaits les érudits qu'ils y avaient appelés; ils purent y voir fleurir une littérature; ils ne purent y posséder de philosophes. Les Ptolomées avaient beau se complaire à épuiser les discusssions des Sophistes, applaudir aux réponses improvisées qui demandaient des questions subtiles (C); ils favorisaient les jeux de l'esprit; d'autres encouragemens eussent été nécessaires pour alimenter l'énergie de la pensée. D'ailleurs, il n'entrait point dans l'esprit de la mission donnée aux savans du Musée de tenter des créations nouvelles; ce qu'on leur demandait essentiellement, c'était d'importer sur ce théâtre nouveau les créations de leur patrie; aussi est-ce à la fondation du Musée que nous voyons naître pour la première fois dans l'antiquité les travaux de l'érudition proprement dite, la critique littéraire, l'art d'interpréter, de commenter; et jamais les études grammaticales n'acquirent une si haute importance, n'excitèrent une aussi grande émulation : cette circonstance nous peint mieux que tout le reste l'esprit qui régnait dans cet institut; nous oserions presque ajouter, celui qui doit régner dans tout institut de ce genre. On dissertait sur les chefs-d'œuvre des maîtres; on ne songeait guère à les reproduire.

D'ailleurs, le Musée n'était point une école enseignante. Les philosophes qui y étaient reçus n'éprouvaient donc point cette émulation, cette chaleur qu'avait fait ressentir aux Grecs la présence d'un concours de disciples déjà exercés ; ils n'éprouvaient point l'influence de cette réaction secrète qui, au milieu de tels disciples, conduit le maître à s'instruire lui-même en cherchant à instruire les autres, le contraint d'approfondir pour mieux convaincre, et qui lui fait trouver dans l'enseignement une sorte de contrôle pour sa doctrine.

La poésie et l'éloquence ne précédèrent point à Alexandrie les recherches philosophiques ; elles s'exercèrent simultanément avec celles-ci. La philosophie ne put donc en recevoir le genre d'influence qu'elle avait ressenti chez les Grecs. La poésie et l'éloquence n'obtinrent d'ailleurs que de médiocres succès sur le sol de cette littérature artificielle produite par la protection des Lagides ; l'éloquence y fut encore plus stérile que la poésie, et cela devait être ; car c'est l'éloquence surtout qui a besoin d'un concours nombreux d'auditeurs, et de grands intérêts pour les émouvoir. Cette circonstance est l'un des principaux traits caractéristiques des destinées de l'esprit humain sur le théâtre d'Alexandrie ;

elle explique beaucoup de choses dans la direction qui y fut adoptée et suivie.

Il est digne de remarque que les poètes du Musée cherchèrent leurs principaux sujets non dans l'histoire de leur patrie adoptive, mais dans celle de leur première patrie. Apollonius célébra l'expédition des Argonautes, Lycophron fit reparaître dans sa Cassandre le tableau des destinées de Troie; Callimaque composa ses hymnes en honneur des Dieux de l'Olympe; plus tard Tryphiodore chanta le triomphe de Marathon, et redit encore la chute de l'empire de Priam. Mais on ne retrouvait plus, chez ces imitateurs, l'unité admirable des conceptions antiques; l'affectation et la recherche avaient le plus souvent remplacé dans ces copies les grâces simples et naïves des originaux. La poésie didactique prit naissance; Aratus sortit du sein du Musée.

Démétrius de Phalère, qui, l'un des premiers, introduisit la philosophie dans la capitale des Ptolomées, était, au jugement de Cicéron, un orateur d'un rare mérite; mais il s'était formé lui-même à Athènes, et, homme d'état non moins distingué, il avait joué un grand rôle dans les affaires publiques; il n'eut point de successeurs dans la carrière de l'art oratoire. La matière, le théâtre manquaient à la fois, et le

Musée n'a légué à la postérité que les exercices de rhétorique de Théon, qui n'appartiennent guère eux-mêmes qu'à la théorie de l'art.

Tout accusait donc à Alexandrie, au milieu de l'appareil et de la pompe des institutions académiques, tout accusait une sorte de disette pour les alimens de l'imagination

Lorsqu'on voit réunis au Musée d'Alexandrie des philosophes attachés à chacune des écoles qui s'étaient formées en Grèce, lorsqu'on voit ces hommes vivre dans un commerce habituel, on s'attend à voir naître une alliance entre les doctrines diverses, à voir se produire des systèmes mixtes formés par le choix ou le mélange des principes qui appartenaient à chacune d'elles. Toutefois, ce résultat n'eut lieu que fort tard, et encore, pour que l'Eclectisme ou le Syncrétisme obtinssent un succès marqué, fut-il nécessaire que des causes étrangères vinssent y concourir. Pendant long-temps les philosophes d'Alexandrie restèrent attachés à leurs écoles respectives avec une fidélité presque servile ; on ne vit même chez eux aucun effort notable pour perfectionner les systèmes anciens ; on eût dit qu'ils étaient chargés de les conserver et de les transmettre comme un dépôt.

La doctrine d'Aristote fut la première mise

en honneur à Alexandrie. Elle y fut apportée par Démétrius de Phalère, que Cicéron se complaît à citer avec tant d'éloges, et dont les talens, la réputation durent promptement l'accréditer. Straton de Lampsaque, qui, après Théophraste, avait occupé la chaire du Lycée, parut aussi à la cour des Lagides. Le Péripatéticisme était éminemment approprié à la direction que suivaient en général les Alexandrins, et à l'esprit de leurs travaux. Plus tard, Xénarque, Boëthus de Sidon, Ariston, rendirent à cette école un nouveau lustre, au milieu d'Alexandrie. Nous voyons que Boëthus essaya de modifier la Psychologie d'Aristote, modifications que Porphyre eut pour but de réfuter en composant son *Traité sur l'âme*.

Il est fort curieux de remarquer que la doctrine de Platon, destinée à jouer plus tard un rôle si important sur le même théâtre, y obtint peu d'attention jusqu'à l'époque où l'irruption des idées mystiques vint lui donner un nouveau genre d'intérêt, et lui offrir de brillantes destinées. On rencontre peu de Platoniciens dans le tableau des savans qui occupèrent successivement le Musée, et ceux que l'on rencontre ont à peine laissé quelques traces dans l'histoire de cet institut. Cette circonstance, en confirmant ce que nous avons dit de l'esprit qui dominait au Musée, justifie d'avance les vues que nous présenterons bientôt sur la série des causes qui produisirent le nouveau Platonisme.

La nouvelle Académie devait obtenir plus de faveur à Alexandrie ; aussi nous y voyons briller Héraclite de Tyr, qui avait suivi pendant long-temps les leçons de Philon et de Clitomaque, « homme très-exercé, dit Cicéron (1), dans » cette philosophie, et l'un de ses plus distin- » gués apologistes. » Nous y voyons Dion jouir d'une si haute considération que les Egyptiens lui confièrent le soin de défendre à Rome leur cause contre Ptolomée Aulète.

Les adeptes de l'école de Cyrène, les disciples d'Epicure, semblaient devoir être naturellement attirés dans une capitale riche et florissante, près d'une cour brillante et voluptueuse. Théodore, Hégésias, issus de la première école, Colotès, de la seconde, répondirent à cette invitation ; ces doctrines déjà faciles, molles et relâchées, achevèrent de dégénérer à Alexandrie ; les mœurs des habitans, en leur préparant un accueil favorable, cherchaient en elles une apo-

---

(1) *Acad. Quæst.*, II, 4.

logie, et les plièrent sans effort à leur propre corruption.

On voit cependant le premier des Lagides convier à sa cour l'austère Zénon. Mais le fondateur du Portique refusa le séjour du palais des princes. On croit que Sidonius introduisit sa doctrine à Alexandrie ; après lui, Sphérus, Sotion, Satyrus, Chérémon, furent les appuis du Stoïcisme ; mais cette doctrine ne put y obtenir un grand succès. Les Cyniques y furent à peine connus ; ce théâtre n'était point fait pour eux.

Le Scepticisme fut, de toutes les opinions philosophiques, celle qui acquit à Alexandrie, sinon l'assentiment le plus général, du moins le plus haut degré de perfectionnement ; ou, pour mieux dire, ce système fut le seul qui y fit de véritables progrès. Nous réservons l'un des chapitres suivans pour en rendre compte avec les détails qu'ils exigent.

Enfin, ces différentes écoles qui jusqu'alors avaient subsisté parallèlement avec le Musée, sans se confondre, et, à ce qu'il paraît, sans se heurter, commencèrent à tendre vers une association réciproque. Eloignons pour le moment celle de ces alliances qui se fonda sur l'introduction des doctrines mystiques étrangeres à la Grèce, et bornons-nous à considérer d'abord comment les doctrines grecques se rapprochèrent et se combinèrent entre elles.

Déjà Antiochus, qui fut l'ami d'Héraclite de Tyr, et qui enseigna quelque temps à Alexandrie, avant d'être conduit à Rome par Lucullus, avait, en fondant la cinquième Académie, ainsi que nous l'avons remarqué dans le chapitre précédent, offert le premier exemple d'un Eclectisme indépendant et raisonné. Après lui, Strabon le géographe associa la doctrine de Zénon à celle d'Aristote; Sotion le jeune essaya d'unir la première aux anciennes idées de Pythagore; un Ammonius établit entre Platon et Aristote un concert plus facile et plus utile tout ensemble. Potamon, que Suidas place sous le règne d'Auguste, que Diogène Laërce place à une époque peu antérieure à celle où il vivait lui-même, paraît être le premier qui donna à cet Eclectisme une forme régulière et systématique. Nous déplorons de ne connaître cette importante entreprise que par un passage de Diogène Laërce; mais ce passage, dans sa concision, excitera du moins tout notre intérêt. Après avoir présenté le tableau des diverses écoles de la Grèce, Diogène ajoute (1): « Mais

---

(1) *Præmium*, § 21, 22.

» depuis peu une nouvelle secte *Eclectique,* ou,
» si l'on peut dire ainsi, *élective*, a été intro-
» duite par Potamon d'Alexandrie qui a choisi
» dans chaque secte ce qui lui a paru le plus sage;
» il a pensé qu'il y a deux *Criterium* pour la
» vérité, dont l'un réside dans la faculté même
» qui juge, c'est-à-dire dans la raison qui pré-
» side à tout le système des fonctions intellec-
» tuelles, *l'Hégémonique ;* dont le second
» consiste dans les perceptions qui servent de
» moyens ou d'instrumens pour les connaissan-
» ces, c'est-à-dire dans la certitude et l'évidence
» des impressions reçues. » Suivant le même
historien, la métaphysique de Potamon repo-
sait sur la distinction de quatre principes origi-
naires de toutes choses ; la matière, la cause
efficiente, la qualité, et le lieu. Sa morale, en
rapportant la fin de toutes les actions à une
vertu parfaite, n'en excluait point les biens extérieurs et les jouissances physiques, en tant
que les uns et les autres sont conformes à la nature. On voit par ce fragment que Potamon
cherchait à concilier la doctrine des Stoïciens
avec celle d'Aristote, et qu'il n'admettait point
les *idées* de Platon. Non-seulement on n'y trouve
rien qui justifie la supposition d'après laquelle les
historiens modernes l'ont associé à Ammonius

le Saceophore, et l'ont considéré comme étant avec celui-ci le premier fondateur du nouveau Platonisme; mais il est évident à nos yeux, par ce passage lui-même, que Potamon n'avait embrassé dans son choix que les anciennes écoles de la Grèce, et n'avait rien emprunté aux doctrines mystiques de l'Orient (E).

Le mérite qui distingua éminemment les savans d'Alexandrie, et qui fait de leurs travaux une époque mémorable dans l'histoire de l'esprit humain, consiste dans les rapides progrès que leur durent les sciences positives. Ce phénomène n'est point étranger à l'histoire de la philosophie proprement dite; car on remarque que la plupart d'entre eux avaient été introduits par l'étude de la philosophie à celle des autres sciences. Il était naturel en effet que la philosophie, ayant atteint sa maturité, tendît à fructifier par les applications, et cherchât ainsi à remplir l'une de ses fonctions les plus essentielles et les plus utiles; il était naturel que les sciences positives obtinssent un perfectionnement rapide, dès que, séparées et classées par une sage division, elles pouvaient marcher au flambeau de la science mère, se guider par les secours du grand art régulateur de tous les autres. C'est ainsi que le géographe Strabon, comme nous l'avons déjà remarqué, avait étudié Aristote et Zénon; c'est ainsi que deux autres géographes, Eudore et Ariston, s'étaient formés à l'école d'Aristote, dont le premier avait même commenté les écrits. Sozygène, que César employa à la réforme du calendrier, était également Péripatéticien, et avait aussi commenté le Stagyrite; Claude Ptolomée avait écrit un traité *sur l'âme;* Eratosthène était Platonicien.

Les sciences mathématiques avaient été déjà cultivées avec ardeur dans l'Académie, et les sciences naturelles dans le Lycée; mais les unes et les autres s'enrichirent à la fois dans le Musée par de nouvelles conquêtes. Euclide, dans ses élémens, posa avec tant de grandeur les fondemens des premières, qu'il parut les créer une seconde fois; Apollonius, son disciple, développa la théorie des sections coniques, et fut surnommé le *géomètre par excellence*. Quelques siècles plus tard, Diophante inventa l'algèbre.

L'Astronomie et la Géographie éprouvèrent l'influence de ces progrès. Dyonisius rapporta en Egypte les observations des Indiens, et y joignit les siennes propres. Eratosthène décrivit les astres, écrivit l'histoire de la géographie, en explora toutes les branches, essaya de mesurer la circonférence de la terre. Aristarque et Séleucus rétablirent le soleil au foyer des révolutions planétaires ; Hypparque traça la théorie du soleil et celle de la lune, dressa le catalogue des astres, mesura les longitudes et les latitudes, et corrigea la carte d'Eratosthène; Strabon entreprit de décrire le globe entier de la terre, tel qu'il était connu alors, et ajouta à ces connaissances par ses propres découvertes ; un siècle plus tard, Claude Ptolomée, aidé des travaux de Marius de Tyr, rectifia, étendit, compléta les descriptions de ce géographe ; Héron et le même Ptolomée appliquèrent avec succès la géométrie à la mécanique, et l'optique naquit entre les mains du second (1).

Pendant que ces illustres savans avançaient dans la carrière ouverte par les disciples de Platon, d'autres suivirent avec ardeur celle qu'Hippocrate et Aristote avaient entreprise avec tant d'éclat. Une ménagerie fut établie par les soins des Lagides dans la capitale de l'Egypte; ils autorisèrent la dissection du corps humain, et, grâces à cette investigation jusqu'alors incon-

---

(1) Voyez l'*Histoire des Mathématiques* par Montuela, et celle de l'Astronomie ancienne par Delambre.

nue aux anciens, Hérophile et Erasistrate créèrent l'anatomie. Cependant, et cette circonstance est importante à remarquer, les progrès des connaissances naturelles se ralentirent sensiblement dès que les doctrines mystiques commencèrent à envahir le domaine de la science en général, et malgré le rétablissement du Musée par Claude, l'école d'Alexandrie ne put conserver sous les empereurs cette activité de découvertes qui l'avait distinguée sous les Ptolomées; elle obtint dès lors des succès moins brillans dans les études positives : elle obéissait à l'influence générale.

Ce qui achève de confirmer que la philosophie, arrivée à sa maturité, tendait d'elle-même à se résoudre en applications pratiques, et que la classification à laquelle elle avait soumis les sciences devait naturellement déterminer l'essor des sciences positives, c'est qu'à la même époque, chez les Grecs, pendant que la philosophie devint stationnaire, ces mêmes sciences y obtinrent aussi des progrès sensibles; les écoles de Pergame, de Rhodes, de Sicile, cultivèrent les mathématiques, la géographie; Archimède s'illustra par les applications de la géométrie et du calcul à la mécanique; Marius de Tyr perfectionna la géographie historique; Théodose donna un traité de la sphère; Pausanias fut le Strabon de la Grèce ; Denys mit en vers la description du géographe alexandrin ; Arrien publia plusieurs périples ; Damien Héliodore perfectionna l'optique. Toutefois les Grecs ne purent rivaliser avec les savans du Musée, que secondaient les faveurs des princes, que secondait surtout le commerce réciproque entretenu parmi eux dans cette grande et belle association.

Lorsqu'on voit à cette époque l'esprit d'observation étendre le domaine des sciences naturelles, créer l'anatomie, faire faire des progrès rapides à l'astronomie, et les sciences mathématiques s'appliquer en même temps à la mécanique, on s'étonne de voir la physique proprement dite demeurer encore au berceau. Il semble en effet qu'il n'y avait plus qu'un pas à faire pour découvrir les méthodes qui eussent introduit à la connaissance des lois générales de la nature. Il suffisait de composer des instrumens propres à interroger la nature par des expériences, et à transformer les phénomènes. Mais cette idée ne se présenta point aux anciens; ils connurent l'art d'observer ; ils ne soupçonnèrent point l'art d'*expérimenter*, et cette ignorance seule suffit pour leur fermer la voie des plus importantes découvertes.

Les sciences morales excitèrent moins d'émulation chez les Alexandrins; le droit naturel, la législation, la politique, la morale pratique elle-même, ne paraissent point avoir exercé leurs méditations; privée de ce flambeau qui seul pouvait lui montrer son véritable but, l'histoire ne put à Alexandrie atteindre la dignité, revêtir les caractères qui lui sont propres; on se borna à des recherches chronologiques, biographiques, archéologiques; on recueillit des faits, on marqua des dates, on compulsa des annales; on n'écrivit point l'histoire; et cependant on avait sous les yeux les modèles admirables des Grecs. Il faut rapprocher cette observation de celle que nous avons déjà faite sur la nullité de l'éloquence en Egypte. Ces deux phénomènes sont étroitement liés entre eux.

On retrouve ce caractère propre au Musée d'Alexandrie jusque dans le style de ses écrivains. Ils conservent la langue des Grecs, mais ils abandonnent l'élégante simplicité de leurs modèles; l'affectation, la recherche, la subtilité, la sécheresse ont remplacé les formes majestueuses, l'énergie, la chaleur des Platon et des Démosthènes.

NOTES

DU DIX-SEPTIÈME CHAPITRE.

(A) Depuis l'époque à laquelle nous avons composé la première édition de cet ouvrage, la direction qu'a prise la philosophie dans certaines écoles d'Allemagne, les vues qu'ont exposées en France plusieurs hommes distingués, ont donné une importance toute nouvelle aux doctrines qui prirent naissance vers le commencement de notre ère, sous le nom de nouveau Platonisme, d'Eclectisme, de Syncrétisme ou de doctrines de l'école d'Alexandrie. On a attribué à ces doctrines une origine plus ou moins reculée, un mérite plus ou moins éminent. Nous avons donc jugé nécessaire, non-seulement de revoir, mais de refaire même en entier toute cette partie de l'ouvrage, afin de mettre le lecteur impartial en mesure de se former une opinion sur ces graves controverses, et indiquer les sources à ceux qui désireraient approfondir les questions qu'elles ont fait naître. Le phénomène que présente à cette époque l'histoire de l'esprit humain est extrêmement complexe; nous nous sommes attachés à en faire une décomposition exacte, d'après les monumens de l'histoire. Le nouveau Platonisme est un agrégat : pour le bien faire connaître, il faut déterminer avec soin de quels élémens il s'est formé, et quelle cohésion s'est établie entre eux.

(B) Telle est, par exemple, la marche suivie par le avant Brucker, et telle est aussi la cause pour laquelle le second volume de son *Histoire critique*, quoique si riche d'érudition, offre en général peu d'intérêt.

(C) Voyez dans Diogène Laërce (liv. VII, pag. 177) comment Ptolomée Philopator se joua du Stoïcien Sphérus, en lui demandant à table *si le sage se laisse tromper par l'apparence*, et lui faisant servir ensuite des fruits artificiels. Voyez dans le même auteur, livre II, part. 3, la fin tragique de Diodore, qui mourut de chagrin pour n'avoir pu répondre, en présence du roi Ptolomée, à une subtilité de dialectique proposée par Stilpon. « Ptolomée, dit Diogène, s'irritait lorsque les sophistes ne satisfaisaient pas aux réponses des questionneurs. »

(D) Il faut distinguer ce Posidonius de celui qui est connu sous le nom de Posidonius d'Apamie ou de Rhodes, parce qu'il naquit dans la première de ces deux villes, et enseigna dans la seconde. Ce dernier, dont nous avons parlé au chapitre précédent, et qui vint à Rome en 668 (A. U.), eut pour auditeurs Cicéron et Pompée. M. Janus Bake a réuni tout ce qui nous reste de celui-ci dans une dissertation imprimée à La

Haie en 1810, sous le titre de *Posidonii Rhodii reliquiæ doctrinæ*.

(E) Sur quel fondement a-t-on considéré Potamon comme le prédécesseur d'Ammonius Saccas, comme le premier fondateur du nouveau Platonisme d'Alexandrie ? Diogène Laërce et Suidas sont les seuls écrivains de l'antiquité qui aient fait quelque mention de lui ; car le Potamon dont parle Porphyre est probablement un autre personnage. Porphyre, au reste, non plus que Suidas, ne nous donnent aucune notion de sa doctrine, et nous avons littéralement traduit tout ce qu'en dit Diogène Laërce. Or, on ne trouve rien dans ce texte qui justifie le moins du monde l'hypothèse admise par les historiens modernes. Il y a plus : Diogène Laërce n'a traité exclusivement que des écoles grecques ; c'est après en avoir fait l'énumération qu'il cite Potamon comme ayant fait un choix entre ces héritages. Diogène Laërce ne fait nulle part mention des nouvelles doctrines mystiques. S'il en avait connu la naissance, si Potamon les avait adoptées, comment eût-il passé sous silence un phénomène si important et si nouveau ?

(F) Callimaque, Aristonicus, Calixtène, OElius avaient écrit l'histoire du Musée d'Alexandrie ; mais leurs ouvrages ne nous sont pas parvenus. Parmi les modernes, Kuster, Gronovius (*Thesaurus antiq.*) ; Grævius, Gerische (*De Musæo Alexandrino*) ; Heyne (*De Genio seculi Ptolomæorum*) ; Manso, dans ses Mélanges, ont traité le même sujet. Bonamy a inséré dans le tome IX des Mémoires de l'Académie des Inscriptions, une dissertation historique sur la bibliothèque d'Alexandrie, où il passe en revue les savans auxquels la garde en a été confiée.

L'Académie des Inscriptions et Belles-Lettres avait proposé en 1814 un prix sur l'histoire de l'école d'Alexandrie. M. Jacques Matter, qui a remporté ce prix, a publié son travail en 1820, sous le titre d'*Essai historique sur l'École d'Alexandrie*, 2 volumes in-8°. Ce traité, le premier qui ait embrassé dans tout son ensemble le tableau de cette école célèbre, réunit le mérite d'une érudition riche et choisie, à celui de l'exactitude scrupuleuse dans l'exposition des faits, et d'un ordre judicieux dans leur classification. On regrette seulement que les limites dans lesquelles l'auteur a cru devoir se renfermer ne lui aient pas permis de développer plus d'étendue aux travaux des savans, aux doctrines des philosophes, ce qui réduit trop souvent cet ouvrage à n'offrir presque qu'une simple nomenclature. M. Matter a fort bien montré combien était vicieux l'emploi qu'on fait ordinairement de la dénomination générale d'*École d'Alexandrie*; il a distingué avec beaucoup de netteté l'association scientifique dont le Musée était le centre, de la secte philosophique qui, sous le nom de *nouveau Platonisme*, prit naissance à Alexandrie, et que les historiens ont souvent, pour ce motif, désignée sous le titre de *Philosophie Alexandrine*. Nous devons ici le laisser parler lui-même.

« L'expression *d'école d'Alexandrie* a seule pu don-
» ner lieu à beaucoup d'opinions inexactes : elle est
» très-impropre, puisqu'elle peut s'appliquer égale-

» ment à l'école des juifs, à celle des chrétiens et à
» celle des Grecs d'Alexandrie. Ce n'est donc plus de
» *l'école*, c'est des *nombreuses écoles* de cette ville
» qu'il doit être question. Celles que nous venons de
» nommer se subdivisent même en un grand nom-
» bre d'autres. »

» Démétrius de Phalère, Zénodote, Aristarque, etc.,
» ont fondé à Alexandrie des écoles de grammaire, de
» critique, de recension. Hérophile, Erasistrate, etc.,
» des écoles d'anatomie, de médecine; Timarque,
» Aristille, Hipparque et Ptolomée, des écoles d'as-
» tronomie; Euclide, Apollonius de Perge, Dio-
» phante, etc., des écoles de géométrie et d'arith-
» métique; Eratosthène et Strabon, des écoles de géo-
» graphie; Ænésidème, Sexte l'Empirique, Potamon
» et Ammonius Sakkas, des écoles de philosophie;
» les interprètes sacrés, Aristobule et Philon, des éco-
» les judaïques; les apôtres du christianisme, saint Pan-
» thène, saint Clément d'Alexandrie, des écoles chré-
» tiennes. Outre cela, chacune des sectes philosophiques
» de l'ancienne Grèce formait une école ou une *famille*
» particulière à Alexandrie. Les poètes mêmes se par-
» tageaient en pléiades. En négligeant ces distinctions
» importantes, on n'a pu que se tromper et tromper
» ses lecteurs. » (Matter, *préface*, pag. 7.)

CHAPITRE XVIII.

La Philosophie grecque introduite à Rome, répandue dans l'empire romain. — Destinées et alliances des diverses écoles; nouvelles applications.

SOMMAIRE.

Circonstances dans lesquelles la poésie grecque s'est établie à Rome; — Circonstances politiques; — Mœurs et éducation des Romains; — Génie de la langue latine; — Effets qui durent en résulter; — Stérilité relativement à l'invention; — Services que les Romains ont rendus à la philosophie.

Rapports de la philosophie avec la poésie chez les Romains. — Philosophie des poètes latins. — Rapports de la philosophie avec l'éloquence.

Cicéron; — Influence qu'il a exercée sur l'établissement des doctrines grecques à Rome; — Caractères de sa philosophie; — Eclectisme; — Comment il combine les divers systèmes; — Sa Psychologie; — Sa théorie de la vraisemblance; — Emploi qu'il fait du doute critique; — Ses idées sur la philosophie spéculative; — Sur la philosophie morale; — Il introduit la morale dans la jurisprudence, et lie le droit positif au droit naturel.

Continuateurs des diverses écoles grecques à Rome et dans l'empire Romain.

Des Stoïciens ; — Applications de la philosophie à la morale pratique ; — Sénèque, Epictète, Marc-Aurèle ; — Application à la jurisprudence civile ; — Proculéiens.

Platoniciens ; — Alcinoüs ; — Des choses intelligibles et des choses sensibles ; — De la méthode ; — Maxime de Tyr ; — Connaître et apprendre ; — Réminiscence ; — Contemplation.

Commentateurs d'Aristote ; — Alexandre d'Aphrodisée.

Eclectiques ; — Etude des sciences naturelles ; — Galien ; — Ses recherches sur la physiologie des organes des sens ; — Ses vues sur les méthodes ; — Méthode propre à l'invention ; — Il signale le vice de la logique des anciens ; — Il associe la raison à l'expérience ; — Source des erreurs ; — Rôle important que remplit Galien dans l'histoire de la philosophie.

La philosophie grecque régnait déjà avec éclat à Alexandrie lorsqu'elle commença à se montrer à Rome.

Elle y rencontra d'autres circonstances, elle y subit d'autres influences, elle y produisit d'autres résultats.

Mais, à Rome, comme à Alexandrie, quoique par l'effet de causes différentes, elle dut aussi demeurer stationnaire; elle tendit aussi à produire un rapprochement entre les diverses écoles, une combinaison plus ou moins éclairée de leurs doctrines.

Lorsqu'on compare les destinées de la philosophie chez les Grecs et chez les Romains, on est frappé d'un grand contraste. Chez les premiers, la philosophie naquit avec la liberté, se développa avec elle; chez les seconds, l'étude de la philosophie prit naissance précisément à l'époque où la liberté périt, et se répandit à mesure que le despotisme vint appesantir son joug et y soumettre le monde.

C'est que la liberté politique n'avait point à Rome pour principe et pour but le perfectionnement social, les progrès de la civilisation et des lumières. Une fierté austère, le besoin de l'indépendance, le désir de l'agrandissement, l'amour des conquêtes la firent éclore, germer, l'alimentèrent. La liberté ne fut point à Rome, comme dans la Grèce, l'ouvrage de la sagesse des législateurs, mais le résultat du caractère et des mœurs. Rome devait être libre parce que l'âme énergique et altière de ses citoyens ne pouvait supporter d'autre joug que celui des lois. Rome voulait être libre pour résister et dominer; toutes ses vues étaient dirigées au dehors; la liberté était son ressort d'action;

elle devait être le grand instrument de sa puissance.

Virgile, dans un petit nombre de vers admirables (1), a peint énergiquement cet esprit des mœurs romaines, qui dédaignait les arts d'imagination, les exercices de l'esprit, qui ne permettait pas de cultiver d'autres arts que ceux de la politique et de la guerre. Toute l'éducation de la jeunesse romaine était dirigée vers la vie active; le champ de Mars était son école; la tente était son lycée; les traditions des aïeux, sa science; on avait assez fait si on avait nourri dans son cœur l'amour de la patrie, la passion de la gloire, le mépris de la mort; on redoutait tout ce qui eût pu altérer en elle la simplicité et l'austérité des mœurs antiques. On ne voulait pas des érudits, des rhéteurs, mais des citoyens, des héros. De quels loisirs eussent pu jouir les Romains les plus distingués pour se livrer aux recherches spéculatives, au milieu d'une existence réclamée tout entière par les affaires publiques? Quels charmes eussent eu pour eux les travaux de la méditation et les paisibles succès de l'étude, lorsque leur âme était

---

(1) *Æneid.*, chant VI.

absorbée par la perspective des lauriers qui les attendaient sur le théâtre tumultueux des combats (1)? La politique constante du Sénat repoussa loin de Rome tous les genres de culture intellectuelles; il appréhendait que cette culture n'amollît les caractères; il voulait que les Patriciens fussent exclusivement à l'état ; il eût aperçu plus d'un danger dans la diffusion des lumières chez les plébéiens. Winckelmann (2) a déjà remarqué les obstacles que ces influences opposèrent au développement des beaux arts; l'étude de la médecine, quoique d'une utilité si usuelle, si générale, si évidente (3), les sciences mathématiques elles-mêmes, malgré la sévérité rigoureuse de leurs formes, malgré l'utilité de leurs applications pratiques, n'obtinrent pas un meilleur accueil. Une éloquence simple, concise, dépourvue de tout ornement, convenait seule aux graves délibérations sur les affaires de l'Etat, à la discussion des causes privées, telle qu'elle devait résulter de l'esprit de la ju-

---

(1) Cicéron, *Brutus*, 90. — Quintilien, *Inst. Orat.*, liv. II, 5. — Suétone, III. *Gramm.*, ch. 1.

(2) Histoire de l'Art, pag. 226, 240, édition de Vienne.

(3) Pline, liv. XXIX.

risprudence et de la forme des jugemens. La philosophie devait être l'objet des mêmes préventions, elle devait en rencontrer qui lui étaient propres : les questions qu'elle agite devaient paraître oiseuses; les recherches qu'elle entreprend, téméraires; les doutes qu'elle demande, presque criminels. Hors du *Forum*, le Romain n'avait qu'à obéir et à croire; il était appelé non à raisonner, à discuter, mais à agir. La sagesse pratique dont les maximes lui avaient été transmises, les exemples de ses ancêtres, les institutions du culte public, voilà quelle était sa philosophie. Aussi les Romains, qui avaient emprunté aux Etrusques les augures et les traditions religieuses, ne cultivèrent point les semences que ces peuples avaient su répandre, dès une haute antiquité, dans le champ des sciences et des arts; aussi, lorsque Pythagore fonda son institut dans la grande Grèce, les lumières nouvelles qu'il apporta dans ces belles contrées ne se répandirent-elles point jusqu'à Rome (A); aussi, lorsque pour la première fois des philosophes et des rhéteurs tentèrent d'enseigner à Rome, un décret rendu sous le consulat de C. Fannius Strabon et de M. Valérius Messala censura-t-il avec rigueur ces innovations *contraires aux usages et aux*

institutions des ancêtres (1). Aussi, lorsque les Athéniens envoyèrent à Rome cette célèbre ambassade composée de l'Académicien Carnéades, du Stoïcien Diogène, du Péripatéticien Critolaüs, Caton l'ancien fut effrayé du concours des jeunes Romains qui s'empressaient autour d'eux. « Craignant que la jeunesse ne cherchât
» désormais dans l'étude une gloire qu'elle ne
» devait acquérir que par la valeur et l'habileté
» dans les affaires, il fit un reproche aux ma-
» gistrats de ce qu'ils souffraient que ces dépu-
» tés, après avoir terminé leur négociation,
» prolongeassent leur séjour dans la ville, ensei-
» gnant à défendre également toutes les opi-
» nions; il proposa de les renvoyer sans délai
» dans les écoles pour y enseigner aux enfans
» des Grecs, ceux des Romains ne devant,
» comme jadis, avoir d'autres instituteurs que
» les magistrats et les lois (2), » et en l'an 612, sous le consulat de C. Claudius Pulcher et de M. Péperna, le décret du Sénat fut encore renouvelé (3).

---

(1) Aulugelle, liv. XV, ch. 1.
(2) Plutarque, tom. IV, *Cat. Major.*
(3) Suétone, *De Clar. Orator.*, ch. 1.

La même défaveur avait également atteint les sciences mathématiques. Cependant les connaissances astronomiques ne demeurèrent pas entièrement étrangères aux Romains. Nous voyons, par le témoignage de Cicéron (1), « que le calcul des éclipses n'était pas
» inconnu d'Ennius, et qu'à dater d'une éclipse
» de soleil qui avait eu lieu vers l'an 350 de
» Rome, on avait supputé les éclipses antérieu-
» res jusqu'à celle qui était arrivée sous Romu-
» lus. L'aïeul de Marcellus avait enlevé après
» la prise de Syracuse un globe céleste qui re-
» présentait les mouvemens du soleil, de la
» terre et des planètes; et Sulpicius Gallus,
» homme d'une vaste érudition, dit encore
» Cicéron (2), la mettait en jeu et expliquait
» avec son secours tous les phénomènes céles-
» tes. »

Quelques maximes d'une sagesse pratique, dues aux Claudius, aux Caton, aux Scœvola, aux Scipion, aux Metellus, composèrent, entre la 2ᵉ et la 3ᵉ guerre punique, une sorte de philosophie qui était pour les Romains ce qu'avaient

---

(1) *De Repub.*, liv. XVI.
(2) *Ibid.*, liv. XIV.

été pour les Grecs les sentences des Gnomiques; elle résumait, pour le service de la morale publique et privée, les leçons de l'expérience et les lumières du bon sens.

Le génie de la langue latine, tel qu'il était surtout avant Cicéron et les écrivains du siècle d'Auguste, était aussi l'un des plus grands obstacles qui devaient s'opposer aux progrès de la philosophie chez les Romains. Cette langue n'offrait ni les compositions savantes et régulières qui, dans le bel idiome de la Grèce, conservaient la trace des opérations de la pensée, ni cette variété de particules, cette richesse de désinences qui secondaient l'analyse et marquaient les nuances les plus délicates. Ses hardies inversions, ses formes elliptiques, son extrême concision, en rendant plus rapides et plus profondes les impressions produites par la parole, se prêtaient peu aux travaux méthodiques et paisibles de la méditation. La langue latine, peu riche de son propre fonds, manquait surtout de termes propres à exprimer les idées qui appartiennent à l'ordre moral, aux spéculations abstraites et aux domaines de la réflexion. Lorsque Cicéron, essayant d'introduire les doctrines grecques dans sa patrie, met sur la scène divers interlocuteurs, il se voit contraint de recourir à la terminologie grecque pour exprimer des notions qui jusqu'alors n'avaient aucun signe dans sa propre langue. Sans doute elle ressentait elle-même, en cela, les suites inévitables de l'absence de toute culture philosophique chez les anciens Romains; car un peuple n'invente, n'emploie de dénominations que pour les idées dont il est habitué à s'occuper; mais, ce qui d'abord était un effet, devint à son tour une cause, et le Romain, habitué à concevoir avec énergie, à juger d'un coup d'œil, à prononcer sous une forme sentencieuse, devait être moins capable de ces lentes élaborations qui sont nécessaires aux recherches philosophiques.

Cependant, lorsque le torrent des armées romaines commença à déborder sur la Grèce, lorsque la conquête eut établi d'étroits rapports entre Rome et les villes où florissaient encore les illustres écoles ouvertes aux sciences et aux lettres, les Romains les plus distingués ne purent demeurer plus long-temps indifférens à ces nobles études; ils comprirent que la culture de l'esprit peut s'allier avec la valeur, servir la politique et prêter un nouvel éclat à la gloire; on vit Scipion l'Africain, Lælius (1), Rutilius, se lier

---

(1) Velleius Paterculus, liv. I, ch. 13. — Cicéron, *De*

d'une étroite amitié avec Panœtius, rechercher le commerce des autres philosophes; les deux grands jurisconsultes Tuberon et Mutius Scœvola, étudier aussi la doctrine stoïcienne auprès du même maître (1); on vit Caton d'Utique s'attacher à Antipater de Tyr, Stoïcien; M. Brutus, Varron, Pison, cultiver l'ancienne Académie; Lucullus s'enquérir avec empressement de toutes les doctrines philosophiques des Grecs, conduire Antiochus avec lui dans le cours de ses expéditions, rapporter à Rome une riche bibliothèque composée des écrits des philosophes, y offrir une généreuse hospitalité à leurs successeurs (2). Déjà les ouvrages d'Aristote avaient été apportés à Rome par Sylla. Tous les hommes d'un mérite supérieur qui se montrèrent sur la scène à dater de la guerre de Mithridate, jusqu'au règne d'Auguste, goûtèrent et cultivèrent les doctrines des écoles de la Grèce. Quel noble cortége d'illustres amis Cicéron fait intervenir dans les doctes conférences que nous retracent ses écrits philosophiques! (3)

Finib., liv. II, IV, ch. 9.—*Tusculan. Quæst.*, liv. I, 32.

(1) *De Repub.*, I, 8.

(2) Tacite, *Annal.* XVI. — Sénèque, *Epist.* 93. — Valer. Maxim., liv. VII, ch. 5.

(3) Cicéron, *Acad. Quæst.*, II, 3, 4.

La jeunesse romaine commença à prendre le goût des exercices de l'esprit, à s'instruire dans les sciences; elle en trouva les moyens à Rome même : les fils des citoyens les plus distingués furent d'ailleurs envoyés à Athènes et dans les autres cités grecques pour achever leur éducation; les richesses, le luxe qui s'introduisaient dans Rome à la suite des triomphes, les nouvelles mœurs qui succédaient rapidement à l'antique simplicité appelaient le cortége des beaux-arts comme une décoration et une jouissance. La vaste étendue de la scène politique qu'embrassait la puissance de Rome, exigeait, favorisait un plus grand développement des idées; et la ville éternelle, devenant la capitale de tant de peuples déjà avancés dans la civilisation, leur offrant une adoption apparente pour en mieux consolider la servitude, ne pouvait demeurer étrangère à leurs richesses littéraires, ne pouvait consentir à rester inférieure aux peuples qu'elle avait soumis et dont elle se déclarait la métropole.

Mais il résulta de ces circonstances elles-mêmes que la philosophie fut encore à Rome une production exotique, une science empruntée. Déjà c'était aux Grecs que Rome avait demandé sa législation civile, lorsqu'elle avait compilé les lois des douze tables; ce fut à la

Grèce qu'elle demanda les modèles de l'art d'écrire ; elle vit se former, d'après l'exemple des Grecs, ses orateurs, ses historiens, ses poètes ; le ciseau et le pinceau des Grecs vinrent orner ses temples, ses édifices. La philosophie ne pouvait suivre une marche différente. D'ailleurs, les Romains n'étudiaient guère la philosophie pour elle-même, et dans le dessein d'en faire une profession expresse ; ils considéraient cette étude comme le complément nécessaire d'une éducation libérale, comme une sorte d'ornement pour l'esprit, comme un moyen de se perfectionner dans l'art oratoire, la politique et la jurisprudence ; ils en faisaient un sujet d'entretiens distingués, de délassemens honorables, de consolation dans les revers ; ils n'aspiraient point à la perfectionner.

Ce fut sans doute un malheur pour les Romains que les mœurs eussent déjà commencé à se corrompre, lorsque la philosophie vint s'introduire au milieu d'eux. Bientôt la liberté succomba dans cette même Rome qui asservissait le monde ; elle obéissait au pouvoir le plus absolu, lorsque la science de la sagesse y fut véritablement naturalisée. Bientôt, à tous les vices, tristes fruits de l'opulence, de l'orgueil et de la puissance, vinrent s'unir ceux qu'engendrent l'adulation et la servitude ; des monstres parurent sur le trône, les lois devinrent le jouet des passions. Etait-ce sur un tel théâtre que les doctrines des sages de l'antiquité pouvaient existor, exciter cette émulation générale qui détermine des progrès nouveaux ? Elles n'étaient plus que l'héritage du petit nombre d'hommes de bien qui luttaient contre la dépravation universelle et contre les excès de la tyrannie. Ainsi, à Rome, la liberté, tant qu'elle subsista, fut stérile pour les études philosophiques, et elle disparut pour toujours un demi-siècle après que ces études eurent commencé à se répandre. La vertu, cette digne compagne de la philosophie, ou plutôt qu'on pourrait appeler sa vraie et légitime mère, avait subi les mêmes destins que la liberté.

En vain une suite d'empereurs, animés d'un zèle égal pour les intérêts des lumières et pour ceux de la vertu, depuis Nerva jusqu'à Marc Aurèle, prodiguèrent-ils les encouragemens, fondèrent-ils des chaires, assurèrent-ils des honoraires aux savans ; ils ne purent retremper les mœurs, et dès lors ils ne purent léguer des fruits durables à l'avenir.

Si Rome manqua de toutes les circonstances qui pouvaient lui procurer une science propre et indigène, si les connaissances philosophiques n'y furent même transplantées, cultivées que sous des auspices peu favorables, si elles ne purent y être reçues, protégées, secondées par les dispositions qui convenaient à son but, à son esprit, si elles n'y trouvèrent plus un théâtre digne d'elles, elles retirèrent cependant encore, sous d'autres rapports, quelques avantages de cette adoption ; avantages que les historiens modernes de la philosophie ne nous semblent point avoir assez appréciés.

Ces historiens ont justement et généralement remarqué que, par le concours des causes dont nous venons d'esquisser le tableau, la philosophie rationnelle et spéculative ne put faire à Rome des progrès sensibles ; mais, par cela même aussi, elle tendit à y prendre une forme plus positive, à se rapprocher davantage des réalités. L'esprit dominant chez les Romains devait les porter à rechercher l'usage qu'ils pourraient faire de cet ordre de connaissances pour les résultats usuels, et pour les besoins de la vie active ; il dut les conduire à résumer les théories pour leur donner une forme applicable, pour les convertir en art pratique, pour les transporter sur la scène de la société humaine ; et, on doit le reconnaître, tel était peut-être aussi l'un des premiers intérêts de la philosophie elle-même, à une époque où les théories avaient reçu un si vaste développement; tel était peut-être aussi le mérite qui avait principalement manqué aux Grecs. Les semences abondaient, il était temps de cultiver; on avait beaucoup créé, il était temps de profiter et de jouir. Si les Romains ne considérèrent pas la philosophie comme un but, ils la conçurent du moins comme un moyen et un instrument utile; et, quoi qu'en puissent dire les contemplatifs, un semblable emploi est sans doute aussi l'une de ses plus essentielles destinations.

Il faut voir dans la République de Cicéron les reproches qu'il adresse à ces philosophes contemplatifs qui voulaient renfermer la science dans la sphère des spéculations, et qui interdisaient au sage de prendre part aux affaires publiques. « La vertu, dit-il, n'est rien, si elle » n'est active. Son activité la plus glorieuse » consiste à gouverner l'Etat, et à réaliser non » en paroles, mais par des faits, les doc- » trines qu'on entend retentir dans les éco- » les » (1) (C). Il exprimait dans ce discours la pensée de tous les Romains éclairés.

Si l'extrême corruption des mœurs, si la

_____
(1) *De Repub.*, liv. I, ch. 2.

double et triste influence de l'ambition et de la servitude, opposaient, dans la Rome des Césars, les plus puissans obstacles aux succès de la saine philosophie, elle devait acquérir un nouveau prix aux yeux du petit nombre d'hommes généreux qui demeuraient encore dignes du nom romain; en leur prêtant des lumières et des forces d'un ordre supérieur, au travers de temps si déplorables, elle devait produire en eux ses fruits les plus légitimes et les plus beaux; elle devait recevoir en eux une grande éducation par les épreuves de l'adversité; elle devait s'épurer, s'ennoblir dans ce combat perpétuel contre la tyrannie des hommes et les passions du siècle, et ses maximes devaient obtenir, dans ce sanctuaire où elle s'était en quelque sorte retranchée, la plus vraie et la plus éclatante confirmation.

Enfin, toute adoption de la philosophie grecque par une autre nation était une sorte de révision et de jugement exercés sur les doctrines qui la composaient; les doctrines philosophiques ne se propagent pas comme les usages, comme les cérémonies religieuses; elles provoquent elles-mêmes l'examen en se présentant; elles ne s'adressent qu'aux hommes éclairés; le concours de tant de peuples civilisés qui, à cette époque, furent initiés à la sagesse des institutions de la Grèce, devint donc comme un immense témoignage rendu en sa faveur; les études des hommes instruits, répandus sur tant de contrées, furent comme un vaste et long commentaire pour ce texte si riche et si fécond; nous-mêmes, aujourd'hui, nous ne connaissons une partie des originaux que par le secours de ces intermédiaires qui se sont placés entre eux et nous; et alors même que nous avons conservé le texte primitif, nous recevons de précieux secours des commentateurs qui l'ont éclairci.

La puissance de Rome, en réunissant sous les lois d'un même empire toute l'étendue du monde civilisé, non-seulement dissémina dans le monde entier le trésor de lumières qu'elle venait de conquérir, mais occasionna, entre tous les hommes instruits des pays divers, un commerce d'idées qui dut favoriser, dans la société générale, le progrès des connaissances humaines. Les sciences ne furent plus l'apanage exclusif d'une seule contrée de la terre, elles ne furent plus étudiées dans les seules vues d'une utilité locale; la diversité des langues, des mœurs, multiplièrent les points de vue; les préventions de sectes durent perdre de leur force; les rapprochemens et les échanges devinrent plus faciles. L'enseignement oral qui, dans les écoles de la Grèce, était le mode le plus ordinaire pour la transmission des connaissances, devenait insuffisant; on devait donner la préférence aux écrits qui pouvaient se transporter de contrées en contrées; les idées se fixaient mieux sous cette nouvelle forme et subissaient aussi un contrôle plus sévère.

En cherchant à apprécier ces divers résultats, nous ne devrons pas nous borner à observer les destinées de la philosophie grecque à Rome même et dans l'Italie; nous devrons les suivre dans le domaine entier de l'empire Romain, lorsque nous aurons réuni les observations qui se lient plus particulièrement à la capitale de l'empire. L'histoire de la philosophie devient à cette époque une histoire universelle. Nous excepterons toutefois l'Egypte qui avait un foyer distinct, et que pour ce motif nous avons visitée dans le chapitre précédent.

Chez les Grecs, la poésie avait dès long-temps précédé la philosophie; la première avait prêté en quelque sorte ses inspirations à la seconde. Rome nous offre un phénomène inverse : la philosophie prit le devant, et les poètes vinrent s'instruire à son école. Chez les Grecs, les premiers philosophes s'étaient exprimés en vers; à Rome, les premiers poètes empruntèrent aux traditions philosophiques une portion plus ou moins riche de leurs ouvrages. Il est digne de remarquer, au reste, que les études philosophiques ne nuisirent point à l'essor du génie poétique chez les Romains, et qu'elles lui fournirent au contraire de belles et nombreuses inspirations. Ennius, au rapport de Perse (1), avait recueilli les traditions de l'école pythagoricienne. A la tête des écrivains que Rome présente à l'historien de la philosophie est ce Lucrèce, dont le poème est le plus ancien aussi qui nous ait été conservé dans cette langue. Mais le génie de Lucrèce n'a point obéi au besoin de transmettre le fruit de ses propres méditations; il a traduit Epicure; poète philosophe, il a violé en quelque sorte la loi de son maître. S'il a osé plier la langue de Rome à peindre la doctrine de l'apôtre de la volupté, s'il a réussi à tirer d'admirables beautés d'une théorie rationnelle; s'il a pu ressentir la chaleur de l'enthousiasme pour le système le plus aride et le plus glacé, il n'a pu, même en s'attachant à imiter, être toujours un imitateur fidèle, et déjà Epicure a commencé à s'altérer sous les pinceaux de ce peintre inat-

---

(1) *Satire* VI, vers 10 et suiv.

tendu. Virgile, au rapport de Varron, avait aussi reçu les leçons de Siron, philosophe Epicurien; Servius nous atteste l'étude approfondie qu'il avait faite des doctrines philosophiques ; mais lui-même nous l'atteste bien mieux encore par les nombreux emprunts qu'il leur a faits; il n'est pas une de ces doctrines qu'il n'ait l'art de faire revivre et de peindre dans ses chants immortels. Tantôt il retrace au souvenir le temps où il fréquentait les jardins d'Epicure, il met en jeu les atomes, fait naître l'univers de ces semences primitives, et partage la félicité de celui qui s'est affranchi des terreurs vulgaires, en pénétrant dans les connaissances des causes (1); tantôt, avec Platon, avec le Portique, il célèbre l'année mystérieuse, il fait respirer dans tous les êtres l'âme universelle, il anime le monde entier de ce feu éthéré, source d'intelligence, principe de fécondité; il semble même remonter jusqu'aux antiques opinions de Pythagore, et recueillir les traditions des mystères (2). Horace a cherché la vérité au sein de l'Académie (3); il s'est complu long-temps à

---

(1) *Eglogue* VI. — *Georgiq.*, liv. II, vers 490.
(2) *Eglogue* IV, vers 5. — *Georgiq.*, liv. IV, vers 220. — *Eneid.*, liv. VI, vers 724 et suivans.
(3) Liv. II, *Epist.* 2.

entendre, à suivre les faciles leçons d'Epicure (1). Une plus mûre expérience l'a rattaché ensuite aux sévères maximes du Portique. Toutefois ne lui demandez pas sous quelles enseignes il marche, quel guide il suit en recherchant ce qui est vrai, ce qui est honnête; sa règle est de ne juger sur la parole d'aucun maître ; il parcourt librement toutes les doctrines, et quelquefois même Aristippe le compte au nombre de ses disciples (2). Ovide, en ranimant dans ses *Métamorphoses* l'ancienne théogonie des Grecs, associe les systèmes de Pythagore et d'Empedocle (3). Manilius, dans son *Astronomique* adressée à Auguste, expose, d'après les principes des Stoïciens, les lois et les opérations de la nature (4). Lucain emprunte à la même école les traits énergiques avec lesquels il peint la vertu, la description des révolutions futures de l'univers (5), et jusqu'à cette enflure qui caractérisait trop souvent les exagérations du Stoïcisme. Perse, enfin, puise à la même source, et ses

---

(1) Liv. Ier, *Epist.* 4, 34.
(2) *Ibid.*, *Epist.* 1.
(3) Liv. XV, vers 150 et suivans.
(4) Liv. II, vers 61 ; liv. IV, vers 915.
(5) *Pharsale*, liv. Ier, vers 74, liv. II, vers 386.

rigides censures des vices de son temps, et les préceptes de morale qu'il leur oppose, et les vues qu'il conçoit sur la destination de l'homme (1).

Si les considérations que nous avons présentées au chapitre IV de cet ouvrage (2), à l'égard de l'influence que la poésie exerça, parmi les Grecs, sur l'esprit d'invention et sur la création d'une philosophie originale, ne sont pas dénuées de fondement, l'emploi que les poètes latins firent de la philosophie est un dernier trait qui caractérise d'une manière sensible la nouvelle direction que cette science prit chez les Romains. La poésie, survenant après les doctrines philosophiques, ne put avoir la même part à leur origine. Les poètes ne s'emparèrent que des doctrines étrangères; ils ne s'attachèrent pas même exclusivement à une seule, et l'on aperçoit en eux la même tendance à l'Eclectisme qui se manifesta chez les philosophes de profession pendant le cours de cette période.

Rome, placée au centre des communications générales des peuples, admettant également toutes les sectes, était naturellement placée pour devenir le théâtre d'un semblable

---

(1) *Satire* 3e, vers 66 et suivans.
(2) Tome Ier, pag. 323.

Eclectisme ; les philosophes romains, conduits par un intérêt d'utilité pratique, plutôt que par un motif de curiosité spéculative, devaient rechercher dans toutes les écoles ce qui pouvait se prêter aux applications ; les jeunes Romains d'ailleurs étaient ordinairement dirigés dans leur éducation littéraire de manière à pouvoir étudier et comparer toutes les doctrines des Grecs ; Cicéron, quoique Académicien, avait placé son fils auprès de Cratippe, qui enseignait le Péripatéticisme à Athènes.

Les observations que nous venons de faire s'appliquent aussi en partie aux rapports qui s'établirent, chez les Romains, entre l'éloquence et la philosophie. « J'avoue, dit Cicéron, que » ce ne sont point les rhéteurs, mais les étu- » des philosophiques qui m'ont fait ce que je » suis (1). » « Il priait ses amis, » dit Plutarque (2), « de ne point lui donner le titre d'ora- » teur, mais celui de philosophe. « Ces études, disait encore Cicéron, « bien loin de nuire à » l'art oratoire, lui prêtent au contraire de nou- » velles forces ; le système que j'ai embrassé a

---

(1) *De Legibus*, liv. 24. — *De Orat.*, 12.
(2) *Vie de Cicéron.*

» un rapport étroit avec les exercices de l'ora-
» teur; ceux-ci lui empruntent le talent de la
» discussion, lui rendent en retour une féconde
» abondance et les ornemens du discours (1). »
C'est également à l'école de la philosophie que
Quintilien a étudié les préceptes qu'il donne
à ce grand art.

Il fut aussi le prince des philosophes romains, ce citoyen illustre, qui fut le prince des orateurs. Le premier il éleva sur cette terre nouvelle un monument à la science de la sagesse; et quel monument! C'est un portique majestueux qui introduit à toutes les branches de la science. Cicéron est historien et peintre tout ensemble; il fait revivre les écoles diverses en même temps qu'il en raconte l'origine. S'emparant ensuite de leur héritage, il élève la philosophie à la plus haute dignité, lui assigne son véritable but, lui prête le plus noble langage, l'arrache aux subtilités des écoles pour la transporter sur la scène de la société, l'anime d'une vie toute nouvelle. Ce n'est pas à l'intelligence seule qu'il s'adresse, c'est l'âme tout entière qu'il intéresse à ses doctes leçons.

---

(1) *De Fato*, 2. — *De Divin.*, liv. Ier.

Comment les anciennes préventions qui repoussaient les études philosophiques ne se seraient-elles pas dissipées, lorsque leur cause obtenait un tel apologiste, lorsqu'elles recevaient de la bouche de ce grand homme les plus magnifiques éloges, lorsqu'on apprenait de lui qu'elles avaient été sa lumière dans les affaires publiques, son délassement dans ses travaux, sa consolation dans l'adversité, qu'il avait trouvé en elles et un guide pour son génie, et une source inaltérable de bonheur, et le vrai fondement de la vertu (1); lorsque Cicéron lui-même, si justement fier des services qu'il avait rendus à son pays, plaçait au premier rang de ces services le bonheur d'avoir pu introduire ses concitoyens à l'étude de cette science (2)? Il nous apprend qu'avant lui divers écrivains s'étaient déjà exercés sur le même sujet; mais ils étaient restés dans une obscurité dont l'orateur romain croit inutile de les tirer (3). Il est cependant singulier qu'il ne

---

(1) *De Officiis*, II, 1. — *De Legibus*, liv. 23. — *Tusculan.*, II, 4.
(2) *De Div.*, liv. I.
(3) *Tusculan.*, liv. II.—*De Finib.*, I, 1.—*De Officiis*, II, 1. — *De Div.*, II, 1.

fasse jamais mention du poëme de Lucrèce. Cicéron nous confie lui-même qu'il s'est proposé quatre vues principales : faire connaître aux Romains les doctrines des Grecs, y puiser librement ce qui lui paraissait digne d'estime, les revêtir des ornemens du style et de tout l'éclat qu'elles peuvent emprunter à l'art oratoire, et les rapporter aux résultats de l'utilité la plus relevée et la plus étendue (1); aussi trouvons-nous dans la philosophie de Cicéron les quatre caractères essentiels qui distinguent les travaux des philosophes romains pendant le cours de cette période : une science empruntée aux sages de la Grèce, mais composée d'un choix de matériaux fait dans les différentes écoles, une science rendue accessible, attrayante, mise à la portée de tous les hommes instruits, une science éminemment pratique et appliquée aux besoins généraux de la société, comme à ceux de la morale privée; en sorte que Cicéron n'a pas été seulement le vrai fondateur de la philosophie à Rome, mais qu'il est en quelque sorte pour nous comme le représentant de tous ceux qui l'ont cultivée

---

(1, *Quæst. Acad.*, liv. II, 3.

après lui. En traçant rapidement ici le résumé de ce qu'il a fait pour elle, nous expliquerons donc mieux que par une froide nomenclature bibliographique, le point de vue dans lequel les Romains se sont placés pour l'étude de cette science, et l'esprit dans lequel ils l'ont traitée.

L'école d'Epicure est la seule à laquelle Cicéron n'ait voulu payer aucun tribut, et l'éloignement qu'il montra pour elle est justifié en partie par l'abus qu'on commençait à en faire, par le pressentiment de celui qu'on en ferait par la suite (1). Il loue Pythagore (2), il rend à Socrate une sorte de culte, il professe pour Platon l'admiration la plus constante (3); il associe Aristote (4) aux hommages dont il environne le fondateur de l'Académie, et il se plaît à voir dans ces deux philosophes plutôt deux alliés que deux rivaux (5); il s'est pénétré des austères maximes de Zénon, il s'est rangé à la suite de Carnéade et de Philon

---

(1) *De Finibus*, liv. 5, 6, 7, 8, 9. — *Tusculan.*, II, 6. — *Acad. quæst.*, I, 2.
(2) *Tusculan.*, II, 5.
(3) *Tusculan.*, V, 12, 13, etc.
(4) *De Finibus*, V, 3, 4, 5, etc.
(5) *De Finib.*, IV, 8.

dans les rangs de la moyenne Académie; mais ce qu'il y a surtout cherché, c'est l'avantage qu'offre cette école de pouvoir comparer, discuter librement toutes les doctrines, les opposer entre elles, et faire un choix judicieux (1). Il cherche lui-même comment on peut composer, de l'enseignement des sages de la Grèce depuis Socrate, un système unique ou du moins principal, modifié seulement par les additions ou les corrections de ses successeurs (2); il va quelquefois jusqu'à forcer ce rapprochement, et jusqu'à supposer que la doctrine des Stoïciens ne diffère que dans les termes de celles de Platon et d'Aristote (3). On est forcé de reconnaître toutefois que, dans ses vastes recherches, il n'a pas toujours exactement saisi, fidèlement rendu, la véritable pensée des auteurs dont il se rendait l'interprète.

En général, Cicéron suit la moyenne Académie dans les questions spéculatives, Platon dans la Psychologie; Aristote et Zénon surtout le guident dans la morale; il s'attache de

---

(1) *De nat. Deor.*, liv. II, 13, 14. — *Tusculan.*, II, 2. — *Acad. quæst.*, II, 3.
(2) *Acad. quæst.*, I, 4 et suiv.
(3) *De Finib.*, IV, 1, 2.

préférence à Aristote dans la Politique ; mais c'est Platon qu'il prend constamment pour modèle dans sa méthode ; il se plaît à imiter la forme de ses dialogues : s'il ne l'égale pas dans l'extrême délicatesse de ses analyses, il l'égale souvent en élévation, il le surpasse en clarté, et offre lui-même à l'éloquence philosophique un modèle qui n'a jamais été égalé jusqu'à ce jour.

« Etudiez avec soin, dit Cicéron dans les Tusculanes, « ce que Platon a dit de l'âme,
» il ne vous restera rien à désirer (1). L'âme
» humaine dérive immédiatement de la divi-
» nité. Elle conserve une sorte de consangui-
» nité avec les êtres célestes, et de là vient
» que de tous les animaux l'homme seul a la
» connaissance de Dieu. Il suffit donc, pour
» avoir cette connaissance, que l'homme se
» rappelle sa propre origine. La nature a placé
» en nous certaines *notions nécessaires*, qui
» sont comme les fondemens de la science (2).
» Toutefois, il ne faut entendre ce que nous
» venons de dire que de la partie supérieure
» de l'âme ; car notre âme se divise en deux

---

(1) Liv. I, ch. 2.
(2) *De Legibus*, I, 8, 9.

» parties, l'une raisonnable, l'autre privée de
» raison; celle-là est la raison maîtresse et sou-
» veraine; elle doit commander à l'autre. C'est
» encore cette âme supérieure qui est douée
» de l'immortalité; ou plutôt notre vie ici-bas
» n'est qu'une sorte de mort, et lorsque l'âme
» sera dégagée du joug des sens, elle se trouvera
» libre, comme le prisonnier délivré de ses
» fers (1). Cependant, les sens lui ont été
» donnés, dans son existence présente, comme
» autant de satellites et de messagers; chacun
» d'eux a ses fonctions qui lui sont propres,
» et sa perfection consiste à percevoir avec cé-
» lérité et facilité les choses qui sont soumises
» aux sens par leur nature (2). »

En voyant Cicéron adopter les bases de la Psychologie de Platon, on s'attendrait à trouver en lui un dogmatique, à le voir s'engager dans la voie des spéculations contemplatives. Cependant, il a partagé les doutes de Carnéade. Ecoutons comment il caractérise lui-même le doute propre à la moyenne Académie : « Toute
» connaissance est environnée de difficultés;

---

(1) *Tusculan.*, I, 31, 32. — II, 32, *De Finibus*,
v. 13.
(2) *De Legibus*, I, 9. — *De Finibus*, V. 4.

» telle est l'obscurité des choses, la faiblesse de
» notre intelligence, que les hommes les plus
» savans de l'antiquité se sont défiés de pou-
» voir trouver ce qu'ils cherchaient. La plu-
» part des hommes se trouvent engagés dans
» une opinion, avant d'avoir pu la choisir; ils
» jugent de ce qu'ils ne peuvent connaître; ils
» s'attachent à une doctrine quelconque, comme
» à un rocher au milieu de la tempête; cepen-
» dant, le sage lui-même ne pourrait pren-
» dre un parti qu'après avoir tout écouté,
» et passé en revue toutes les opinions. Pour
» nous, la seule différence qui nous sépare de
» ceux qui croient savoir, c'est qu'ils ne dou-
» tent point que les choses qu'ils soutiennent
» ne soient réellement vraies, au lieu que
» nous nous bornons à admettre beaucoup
» de choses probables, faciles à suivre dans
» la pratique, mais qu'à peine nous pou-
» vons affirmer dans la théorie (1). Nous
» pouvons, si vous le voulez, donner le nom
» de *vraisemblance* à ces probabilités; mais
» elles n'ont point de certitude, elles n'ont

---

(1) *Acad. quæst.*, II, 3.

» qu'une apparence belle et frappante (1). »
Cependant, comment concilier ces doutes avec l'autorité dont la morale a besoin ? Comment Cicéron surtout, qui institue les devoirs comme des préceptes sacrés et rigoureux, pourra-t-il leur donner la sanction d'une conviction intime ? Il ne s'est point déguisé une difficulté aussi évidente. « J'irai, dit-
» il, au-devant du reproche que me feraient
» des hommes éclairés, en me demandant si
» je suis conséquent à moi-même lorsque je
» prétends qu'on ne peut rien percevoir, et
» que cependant je disserte sur diverses choses,
» et que je veux établir les règles des devoirs.
» Certes, je ne suis point du nombre de ceux
» dont l'esprit flotte d'erreur en erreur, et
» n'adopte aucune règle fixe. Quelle serait
» notre intelligence, ou plutôt quelle serait
» notre vie, si nous n'avions aucun principe
» de raisonnement, aucune règle pour la vie ?
» Mais, en rejetant la distinction des choses
» certaines et incertaines, nous admettons celle
» des choses probables et improbables. Or, qui
» m'empêche de suivre ce qui est probable,

---

(1) *De Nat. Deor.*, I, 5. — *De Officiis.*

» de rejeter ce qui ne l'est pas; et, en évi-
» tant ainsi l'arrogance des affirmations,
» d'échapper à cette témérité qui est si con-
» traire à la vraie sagesse (1)? »

Cependant, le contraste apparent des vues empruntées à Platon, et des doutes exprimés sur la certitude de toutes choses, ne s'expliquerait-il pas par la même hypothèse qui a déjà été présentée relativement à l'école dont Cicéron suit les traces? ces doutes ne seraient-ils pas plus apparens que réels? Ne seraient-ils pas simplement un instrument employé pour combattre les doctrines étrangères, et protéger ainsi une doctrine positive secrètement conservée? Cicéron, en rappelant que Socrate et Platon avaient suivi une méthode à peu près semblable, déclare quelque part (2) qu'il a voulu suivre cet exemple, « cacher son propre sen-
» timent, détruire les erreurs des autres, et, dans
» chaque discussion, chercher ce qui se rappro-
» che le plus du vrai. » Toutefois, ce passage lui-même, loin de nous paraître suffire pour attribuer à Cicéron une doctrine ésotérique, dont rien d'ailleurs, dans ses nombreux écrits,

---

(1) *De Officiis*, II, 2.
(2) *Tusculan.*, V. 5.

n'atteste l'existence, nous paraît confirmer au contraire qu'il pensait avoir assez obtenu, s'il fondait les connaissances sur la simple probabilité. Ce passage s'interprète de lui-même par le procédé ordinaire à Cicéron, qui consistait à mettre en scène les diverses écoles de philosophes, et de se borner le plus souvent au simple rôle de spectateur. Mais, y a-t-il un ouvrage où il soit plus entièrement lui-même que dans ce traité des *Offices* composé pour son propre fils? Or c'est là, et en traitant, certes, la matière à laquelle il importait le plus de donner les garanties de la certitude, c'est là précisément qu'il pose la difficulté, et la résout par la seule vraisemblance (1).

Nous ne voyons point que Cicéron ait cherché à familiariser les Romains avec la métaphysique et la dialectique des Grecs; ces recherches eussent été trop peu du goût des Romains, trop peu analogues, peut-être, au génie de Cicéron lui-même; il leur fallait un art moins subtil; la logique du bon sens convenait mieux à ses lecteurs; il se borne à ces maximes simples : « que, pour éviter l'erreur dans toute discus-

---

(1) Voy. l'endroit cité et aussi *de Officiis*, I, 29.

» sion, il faut d'abord s'entendre sur la déno-
» mination de l'objet mis en question, expli-
» quer nettement ce qu'elle signifie, et entrer
» ensuite en matière. » Il blâme cette méthode ordinaire, dit-il, aux savans, de remonter indéfiniment aux premières origines, sans omettre aucune circonstance, quelque minutieuse qu'elle soit, en quoi il fait allusion aux abus de l'érudition (1). Il limite dans une portion de ses écrits la méthode Socratique telle qu'elle avait été reproduite par Platon ; dans les autres, comme les Traités des *Offices* et des *Lois*, il remonte d'abord aux premiers principes, pour descendre aux déductions par la marche la plus directe. De toutes les questions de la philosophie spéculative, les seules dont il se soit emparé sont celles qu'il discute dans ses Traités de *la Nature des Dieux, du Destin et de la Divination* ; mais on voit qu'il les considère en partie, plutôt comme un sujet d'érudition que comme une matière entièrement accessible à la raison humaine ; et qu'il s'y propose plutôt d'exposer les opinions des écoles, que d'y professer une conviction personnelle. Il

---

(1) *De Republicâ*, II, 24.

prend cependant une part plus serieuse à cette grande discussion sur le Destin, qui n'était au fond que l'examen de la théorie fondamentale des causes; il écarte les équivoques qu'avaient fait naître les subtilités des Stoïciens sur la *possibilité*, et, dans le système général des causes, il sépare l'ordre des causes naturelles dont l'enchaînement est soumis à des lois immuables, de l'ordre des causes spontanées qui appartiennent à l'action des êtres moraux et intelligens (1). Il importait trop à Cicéron de garantir la liberté des déterminations, condition nécessaire du mérite ou du démérite, pour ne pas repousser toute doctrine qui tendrait à la fatalité. Si, dans plus d'un passage de ses écrits, Cicéron montre assez combien sa raison était supérieure aux superstitions vulgaires (2), alors même que, dans l'intérêt de l'ordre social, il recommandait le respect pour les formes du culte établi (3), lorsqu'il se renferme dans ces augustes vérités, sur lesquelles reposent les

---

(1) *De Fato*, I, 9, 17, 19. — *De Divin.*, III, 7, 8.
(2) *Tusculan.*, I, 5, etc.
(3) *De Legibus*, II, 7, 8, etc.

idées religieuses, avec quelle profondeur de conviction, avec quelle élévation de sentimens, avec quelle chaleur entraînante, avec quelle grandeur de vues, avec quelle magnificence de langage il se complaît à leur rendre le témoignage le plus éclatant ! C'est alors qu'il n'est plus un simple traducteur, qu'il est entièrement lui-même, ou plutôt qu'il se montre comme l'organe de la nature et de la société humaine, comme l'interprète de tous les peuples et de tous les âges. S'empare-t-il du domaine de la morale pratique? C'est alors qu'il recueille en abondance les fruits qu'il s'est promis de l'étude de la philosophie ; c'est alors qu'il s'environne de toute sa dignité, en même temps qu'il l'appelle à répandre son utilité la plus féconde. Avec quel dédain, ou plutôt avec quelle indignation elles seront rejetées ces froides hypothèses qui dégraderaient la vertu, en la réduisant à un calcul mercenaire, en la rendant l'esclave de motifs intéressés ! La vertu, belle et vraie par elle-même, ne lui paraîtra jamais devoir être recherchée que pour elle-même ; c'est dans la nature et la destination de l'homme, c'est dans la législation universelle qui a pour auteur l'auteur même de toutes choses, qu'il puisera la règle des devoirs (1). Seulement, en s'attachant avec les Stoïciens à intéresser essentiellement la fierté de l'homme à la pratique de la vertu, idée qui sympathisait si bien avec le caractère romain, il n'échappera point au vague que l'emploi exagéré de ce principe répand sur les notions de la morale. S'établit-il enfin sur le territoire de la législation civile, du droit positif, de cette jurisprudence dont son rare talent avait exploré toutes les branches, et qui était alors, pour les Romains, la principale science et presque la science unique? Quels flots de lumières il répand sur la science du droit! Quel vaste enchaînement il établit entre toutes ses parties! à quelle distance il laissera tous les jurisconsultes vulgaires, froids et stériles commentateurs du texte des Edits du Préteur! C'est des sources du droit naturel qu'il fera découler le droit positif; c'est des sources de la morale éternelle et universelle qu'il fera dériver tous les principes du droit de la nature. Il réunit ici la sublimité de Platon à la prudence et à la rigueur d'Aristote; il allie le patriotisme du citoyen

---

(1) *De Finibus*, v. 22, 23. — *De Legibus*, I, 13. — *De Officiis*, I, 2, etc.

à la moralité de l'homme privé, à la piété de l'homme religieux; le jurisconsulte formé à son école trouvera dans la plus haute philosophie le commentaire des lois de son pays; le simple particulier, guidé par lui, en obéissant à ces lois, obéira à la raison, à Dieu même (1). Cicéron, en s'élevant à cette hauteur, a enseigné les vrais fondemens de la jurisprudence, non pas seulement à son siècle, à sa patrie, mais à la postérité tout entière. Enfin, Cicéron, qui semblait avoir pris Platon pour guide, en traitant *des lois*, veut-il aussi à son exemple traiter *de la République ?* ce caractère dominant de son esprit qui veut avant tout obtenir des résultats d'une application certaine, disposition qu'avait dû accroître encore en lui la longue habitude des affaires publiques, le garantira des théories idéales du fondateur de l'Académie. Avec Aristote, il prendra l'expérience pour guide. L'expérience ne sera point pour lui la servile expression des préjugés reçus; citoyen d'une république, défenseur de la liberté expirante, alors même qu'il s'élève contre les entreprises audacieuses des César, des An-

---

(1) *De Legibus*, I, 5, 7, 8, etc. — *De Officiis*, I, 25; II, 10, 12.

toine, des Octave, il reconnaîtra, avec la plupart des sages de l'antiquité, les avantages d'une monarchie sagement tempérée ; il présentera, avec Aristote, comme le modèle d'un gouvernement parfait, celui qui se forme par la combinaison et l'harmonie des trois formes monarchique, aristocratique et populaire (1) (D).

Il y a une singulière analogie entre les deux hommes qui introduisirent la philosophie grecque sur les deux théâtres d'Alexandrie et de Rome. Tous deux, orateurs illustres, citoyens considérables, gouvernèrent avec éclat leur patrie, en virent expirer la liberté, se condamnèrent à un exil volontaire, associèrent l'étude de la philosophie au mouvement des affaires publiques, cherchèrent en elle leur refuge, la mirent en honneur par leur vie et leurs écrits. Aussi l'orateur romain professe-t-il une fréquente admiration pour Démétrius de Phalère.

Si maintenant nous voulions suivre la destinée des anciennes écoles grecques dans la suite des siècles qui compose cette période, et dans toute l'étendue de l'empire romain, nous

---

(1) *De Republ.*, liv. I et II.

verrions la doctrine de Pythagore cultivée à Rome par Nigidius Figulus, ami de Cicéron, qui à l'étude de l'astronomie joignit, s'il en faut croire les historiens, les superstitions de l'astrologie; ressuscitée, mais altérée, plus tard, en diverses contrées, par Anaxilaüs de Larisse, Moderatus, Secundus, etc.; celle de Platon, propagée par Thrazylle, par Théon de Smyrne, par Calvisius Taurus; celle d'Aristote enseignée par Cratippe, Xénarque, Athénée; celle des Cyniques, trouvant encore des sectateurs dans un Démétrius, un Demonax, un Crescens, un Saluste, et dans un Peregrin, si cet homme qui s'arrogea le titre de philosophe ne s'en était pas montré aussi indigne par ses vices que par la mobilité de son imagination et les extravagances auxquelles le porta le délire de la vanité; celle d'Épicure, quoique devenue l'objet de tant de censures, quoique chaque jour plus altérée sous les Césars, trop souvent complice de la corruption des mœurs, continue cependant à trouver encore des sectateurs illustres, des hommes fidèles à son véritable esprit, un Atticus, ami de Cicéron, un Celse, non le médecin, mais celui qui éleva contre le christianisme une si vive controverse, et qui fut refuté par Origène; un Diogène Laërce compilateur malheureusement trop peu judicieux de l'histoire de la philosophie; celle des Stoïciens, enfin, se perpétuant avec éclat, cultivée par cet Athénodore de Tarse qu'Auguste s'honora d'admettre dans son commerce intime avec Arrias d'Alexandrie; par ce Musonius Rufus dont Stobée nous a conservé quelques passages et que saint Justin martyr a cité avec éloge; par ce Thraséas Pœtus que louent et sa vie et sa mort; par ce Tacite, juge austère et suprême, qui punit les tyrans quand il les peint, et par tant d'autres Romains illustres qui soutinrent pendant trois siècles l'honneur du Portique.

En général, à Rome, le petit nombre d'hommes livrés à la méditation et à l'enthousiasme préférèrent Pythagore et Platon; les hommes du monde et ceux qui cultivaient les sciences naturelles s'attachèrent à Epicure; les orateurs et les hommes d'Etat, à la nouvelle Académie; les jurisconsultes, au Portique.

Mais ces recherches nous entraîneraient hors de notre plan, et nous devons nous borner ici à quelques considérations sommaires, qui se lient essentiellement aux vues que nous nous sommes proposées; elles embrasseront les applications que la philosophie reçut par les soins des Stoïciens, la direction que suivirent les

Platoniciens avant de se rallier aux doctrines mystiques, les commentaires dont Aristote devint l'objet, enfin les combinaisons diverses qui furent essayées par les Eclectiques.

Les doctrines de la morale n'étaient point identifiées chez les Païens au culte religieux; il était réservé au Christianisme d'établir cette alliance intime entre les cérémonies extérieures et les sentimens de l'âme, entre la croyance et les actions de la vie. C'était donc aux philosophes qu'il appartenait alors de tracer la règle des devoirs, d'en établir les principes. Les Stoïciens ne négligèrent rien pour remplir cette honorable mission; ils luttèrent avec une persévérance héroïque contre l'oppression de la tyrannie et la dépravation générale; ils maintinrent la vertu en honneur; ils donnèrent asile à tous les sentimens généreux. Si leur morale fut empreinte d'une exagération marquée, s'ils donnèrent à leurs préceptes une rigueur trop absolue, s'ils parurent vouloir appeler l'orgueil au secours de la vertu, si ces torts trop réels ont eu en partie leur source dans les erreurs théoriques que renfermait la doctrine elle-même du fondateur du Portique, si, et telle est notre opinion personnelle, si ces torts provinrent en partie de ce que les Stoïciens ne s'étaient point assez attachés à chercher le premier et le plus naturel auxiliaire de la morale dans le sentiment religieux, et s'étaient trouvés par là contraints à forcer les conséquences de leurs principes, à employer quelquefois des motifs d'une nature presque factice, une juste impartialité doit faire reconnaître aussi que ces mêmes torts furent en partie la conséquence et la suite des circonstances dans lesquelles les Stoïciens étaient placés, de cette lutte courageuse dans laquelle ils étaient engagés, des obstacles dont ils étaient appelés à triompher ; voulant réhabiliter la dignité de la nature humaine, trop dégradée par les mœurs de leurs siècles, ils s'élevèrent au-dessus des justes proportions ; combattant à la fois contre toutes les séductions, contre les exemples, contre les abus du pouvoir, ils accordèrent un mérite trop exclusif aux vertus fortes et énergiques. Excusons donc ces écarts dans Sénèque, comme nous lui pardonnons ses erreurs en physique et la recherche de son style, et rendons-lui grâce d'avoir apporté à l'humanité tant d'armes puissantes contre les atteintes de la douleur. Expliquons par les mêmes causes la teinte de la doctrine d'Epictète, doctrine que désavoue souvent la nature, lorsque ses maximes condamnent les plus justes affections du cœur, mais dont la pureté, l'élévation paraissent d'autant plus admirables lorsqu'on se rappelle la situation de son auteur. Les écrits dans lesquels Arrien renferma, sous le nom d'Epictète, le résumé de ses leçons, n'appartiennent qu'à cette partie de la doctrine que les Stoïciens appelaient *Panérétique*, c'est-à-dire à la préparation philosophique; mais ils ont dû à cette circonstance un mérite particulier, celui d'une utilité plus générale, et les conseils qu'ils offrent pour la culture de l'esprit et de l'éducation de la volonté sont dégagés des subtilités dialectiques qui étaient trop ordinaires à cette école (E).

Ces écarts, cependant, se montrent moins sensibles dans un autre Stoïcien illustre, dans ce Marc Aurèle qui fut le modèle des princes et qui honora la philosophie par le cours entier de sa vie, observation qui justifie l'excuse que nous venons de présenter. La philosophie de Marc Aurèle fut d'ailleurs éminemment religieuse, et cette circonstance confirme également l'une des réflexions que nous venons de faire. C'est à la divinité qu'il rapporte la destinée de l'homme, les motifs de la vertu (1);

---

(1) *Pensées*, XXX, 3, VII, 1, XII, 29; XVII,

c'est à la divinité qu'il rend grâce d'avoir pu la pratiquer fidèlement (1). Aussi quelle modestie, quelle aimable bienveillance, quelle indulgence, quel amour ardent pour l'humanité ! « Dans les moindres actions, dit-il, aie sans » cesse sous les yeux la liaison des deux ordres » de devoirs : *Révérer Dieu, faire du bien* » *aux hommes*; car, tu ne feras rien de bien » dans les choses humaines, si tu oublies le » rapport qu'elles ont avec Dieu, ni rien de » bien dans les choses divines, si tu oublies » leur rapport avec la société (2). » Cependant, loin qu'il retire à la morale l'appui qu'elle doit trouver dans la raison, c'est à une raison saine et éclairée qu'il attribue le gouvernement intérieur et le noble privilége d'ouvrir le commerce entre la créature humaine et son auteur (3). Marc Aurèle d'ailleurs ne s'est point exclusivement renfermé dans la philosophie du Portique;

---

8 ; XXI, 12 ; XXXI, 1. — Traduction de Joly, XXXIV, 20.

(1) *Ibid.*, II, 3.

(2) *Ibid.*, *Pensées*, XIX, 28 ; XXVII, 12 ; XXXII, 11.

(3) *Ibid.*, III, 1 ; VII, 10 ; XI, 2, 3, 5 ; XII, 9 ; XIV, 6, 9, ; XV, 2, 7, 10, etc.

on croit souvent reconnaître en lui le disciple de Platon, comme lorsqu'il rapporte à l'unité, et les lois de l'univers et celles de la morale, lorsqu'il subordonne à une seule harmonie le système des êtres (1). « La cause universelle, » dit-il, est un torrent qui entraîne tout ; tout » ce qui se fait n'est qu'un changement de for- » mes. *Tout ce qui existe est comme la* » *semence de ce qui arrivera, afin que le* » *monde soit toujours jeune* (2). » Et Marc Aurèle ne professait point ces maximes pour le public, il ne les destinait point à la postérité ; il les avait seulement méditées pour son propre usage ; elles renfermaient le dépôt de ses sentimens les plus intimes. Le secret lui en fut dérobé après sa mort. S'il est beau de voir, sous des princes vicieux ou cruels, la philosophie former dans de simples citoyens des défenseurs intrépides de la justice et de la liberté, il n'est pas moins beau peut-être de voir la philosophie soumise encore à un autre genre d'épreuves, à celle de la prospérité, du pouvoir, et de quel pouvoir ! le plus immense qui exista jamais sur la terre. Quel théâtre d'applications

---

(1) X^e pensée, I ; VII, 16 ; XIV, 16.
(2) XXXIII, 8, 16 ; XXXIV, 40.

vraiment dignes d'elle, lorsque, par une rencontre trop rare, elle se trouva ainsi appelée à verser les bienfaits d'une sollicitude vertueuse et éclairée sur toute l'étendue du genre humain !

Le zèle que les Stoïciens avaient porté dans l'étude de la morale pratique, les conduisit à rendre un autre genre de service à la société humaine, service éminent dont l'influence a traversé les siècles et se répand aujourd'hui encore sur toute la terre; ils furent les créateurs de la jurisprudence théorique et raisonnée, et par là, non-seulement ils éclairèrent d'un flambeau précieux le code de ces lois qui ont régi le monde, le régissent encore en partie, mais ils concoururent à porter dans le texte même de ces lois une foule de décisions qui sont comme l'expression d'une sagesse et d'une équité éternelle. « On trouve encore, dit Gra» vina, dans notre droit une foule d'expressions, » de règles, de principes, tirés des Stoï» ciens (1). »

L'école du Portique ne s'interdisait point, comme la plupart des autres, de s'appliquer

---

(1) *De Ortu et progressu Juris civilis.*

aux affaires, et ce fut sans doute l'une des causes qui déterminèrent le succès qu'elle obtint à Rome et la préférence qui lui fut généralement donnée par les hommes publics. Chrysippe avait même recommandé que le sage employât ses lumières au service de son pays. Déjà, ainsi que nous l'avons remarqué, les premiers créateurs de la nouvelle jurisprudence romaine, au temps de Cicéron, Rutilius Rufus, Tuberon; les Scœvola, Lucilius Balbus, Servius Sulpicius, étaient pénétrés de la doctrine Stoïcienne. De cette école sortit la secte des Proculéiens qui eût rendu déjà un assez grand service à la science par cela seul qu'elle y introduisait le raisonnement et la discussion. On reproche à cette secte d'avoir embarrassé la jurisprudence par les subtilités de la dialectique Stoïcienne, de s'être laissée trop facilement entraîner aux nouveautés et aux interprétations arbitraires, d'avoir appliqué aux règles du droit les maximes trop absolues du Portique et l'exagération qui lui était propre, d'avoir mis au même niveau toutes les erreurs, toutes les fautes, comme toutes les vérités, toutes les vertus. Mais elle eut le mérite incontestable de rappeler ces règles à leurs principes, d'en étudier l'esprit, de les rattacher à la morale qui

est leur naturel et légitime fondement, de s'affranchir d'une aveugle superstition pour les textes, de rechercher l'origine et la propriété des termes. Les Stoïciens cultivèrent donc avec soin le droit naturel, y cherchèrent la source du droit positif. « La loi, suivant eux, était la recommandation naturelle de l'humanité (1), l'expression de la consanguinité qui unit tous les hommes, et de la bienveillance mutuelle qui doit les porter à se secourir entre eux. » C'est là ce qui a inspiré à l'auteur de l'Esprit des Lois une si haute estime pour cette école. « Elle seule, dit-il,
» savait faire les citoyens; elle seule faisait les
» grands hommes; elle seule faisait les grands
» empereurs... Nés pour la société, les Stoï-
» ciens croyaient tous que leur destin était
» de travailler pour elle, d'autant moins à
» charge que leurs récompenses étaient toutes
» dans eux-mêmes, qu'heureux par leur phi-
» losophie seule, il semblait que le bonheur
» des autres pût augmenter le leur (2). »

Parmi les Platoniciens qui dans les diverses parties de l'empire romain tentèrent de pro-

---

(1) Gravina, *ibid.*, *de Philosoph. jurisperitorum.*
(2) Montesquieu, *Esprit des Lois*, livre XXIV, chap. 10.

pager et d'éclairer la doctrine du fondateur de l'Académie, sans l'associer encore aux doctrines mystiques de l'Orient, nous devons distinguer Alcinoüs et Maxime de Tyr.

L'Introduction à la philosophie de Platon, qu'Alcinoüs nous a laissée, justifie son titre; elle résume avec ordre et netteté les principes fondamentaux de cette doctrine. Il nous semble difficile d'exposer plus clairement les fondemens donnés par Platon au système des connaissances humaines, que ne le fait Alcinoüs, lorsqu'il distingue les deux fonctions de la raison, l'une appropriée aux choses intelligibles, l'autre aux choses sensibles.

« Celle qui a pour objet, dit-il, les choses
» intelligibles, est la science ou la raison scien-
» tifique; celle qui embrasse les choses sensi-
» bles ou les sensations, est une raison *doxas-*
» *tique* ou d'opinion. »

» Il suit de là que tout ce qui est du ressort
» de la raison scientifique est solide et immua-
» ble, parce qu'elle est elle-même fondée sur
» des bases qui ont ces deux qualités, au lieu
» que la raison factice, ou d'opinion, n'offre
» en général que des probabilités, des vrai-
» semblances, parce qu'elle ne s'appuie que
» sur des fondemens incertains.

» L'entendement est le principe de la science
» qui a pour objet les choses intelligibles; et
» les sensations sont le principe de ce qui se
» rapporte aux sens.

» La sensation est une impression que l'âme
» reçoit par l'entremise du corps, et qui l'aver-
» tit principalement de sa propriété passive.

» Lors donc que l'âme reçoit par le mini-
» stère des sens une affection sensible, c'est-à-
» dire une sensation, et qu'ensuite l'effet de
» cette sensation, au lieu de se détruire et de
» s'évanouir avec le temps, reste dans l'âme et
» s'y conserve, cette continuation d'existence
» de la part de la sensation produit la mémoire.

» L'opinion est le résultat commun de la mé-
» moire et de la sensation.

» Lorsque nous rencontrons un objet sensi-
» ble, lorsque la présence de cet objet produit
» sur nous une sensation et que cette sensation
» s'imprime dans la mémoire, si ensuite nous
» rencontrons de nouveau le même objet sen-
» sible, nous comparons la sensation précé-
» dente, qui s'est conservée dans la mémoire,
» avec la nouvelle sensation; et nous disons en
» nous-mêmes, par exemple : *Socrate, cheval,*
» *feu,* ou toute autre chose.

» Lors donc que nous comparons une sensa-

» tion précédente avec une sensation récem-
» ment éprouvée, l'effet de cette comparaison
» s'appelle *opinion*; lorsque les deux objets de
» comparaison conviennent, s'accordent en-
» semble, l'opinion qui en résulte est une
» vérité; lorsqu'au contraire il y a entre eux de
» la discordance, l'opinion est fausse, et con-
» stitue l'erreur ou le mensonge (1) (F). »

Alcinoüs nous représente l'idée de Dieu comme le *medium* au travers duquel la lumière de la vérité se transmet à l'intelligence; aussi recommande-t-il la contemplation comme l'exercice le plus propre à l'instruction (2) (G). Du reste, il distingue avec son maître les deux méthodes principales : « L'objet le plus élémen-
» taire de la dialectique, dit-il, est d'abord
» d'examiner l'essence de toutes les choses
» quelconques, et ensuite les accidens. Elle
» recherche la nature intrinsèque de chaque
» chose, ou en descendant par voie de division
» et de définition, ou en remontant par voie
» d'analyse.

» Elle juge des accidens et de ce qui est

---

(1) *Introduction à la philosophie de Platon*, ch. 4. Voyez la Traduction de Combe-Dounous. Paris, an 8.
(2) *Ibid.*, ch. 2 et 3.

» accessoire à l'essence des choses, ou par une
» induction prise du contenu, ou par un
» raisonnement déduit du contenant. Les
» parties de la dialectique sont donc la divi-
» sion, la définition, l'analyse, l'induction et
» le raisonnement. »

Il distingue ensuite avec sagacité trois espèces d'analyse : « La première, qui procède en mon-
» tant des objets sensibles aux choses intelli-
» gibles du premier ordre; la seconde, qui
» part de ce qui est clair et démontré pour
» démontrer des propositions qui ne le sont
» pas, et qui n'admettent point de milieu; la
» troisième, qui emploie l'hypothèse pour ar-
» river à des principes certains (1). »

On trouve dans Alcinoüs plusieurs applications qui paraissent empruntées à Aristote; mais il s'attache avec une prédilection marquée aux hypothèses spéculatives du fondateur de l'Académie, et se complaît spécialement dans celle des génies intermédiaires, qui avait acquis à cette époque une importance toute nouvelle (2).

Les mêmes traits caractéristiques se retrou-

---

(1) *Introduction à la philosophie de Platon*, ch. 5.
(2) *Ibid.*, ch. 11.

vent dans Maxime de Tyr : « Recherchons
» ce que c'est pour l'homme que *savoir*,
» *connaître*, *apprendre*, et toutes les autres
» expressions de ce genre par lesquelles on
» place l'âme *dans un état de contempla-*
» *tion :* appellerons-nous du nom de *science*
» ce que les sens rassemblent dans un cadre
» étroit de contemplation, ce qu'on appelle
» *expérience*, ce qu'ils soumettent aux yeux
» de l'âme, cette matière à laquelle la raison,
» après avoir examiné, imprime ensuite son
» sceau..? Cette science serait commune aux
» brutes ; car les brutes aussi reçoivent des
» sensations, acquièrent de l'expérience et
» une sorte de sagesse. La supériorité de
» l'homme consiste dans la raison, et sous
» ce rapport la science n'est autre chose que
» la raison qui soumet long-temps et sans
» distraction les mêmes objets à ses opérations,
» qui cherche dans les choses les rapproche-
» mens divers, sépare ce qui est dissembla-
» ble, réunit ce qui est analogue, distingue,
» divise, coordonne et établit l'harmonie
» entre les choses les plus confuses. L'âme de
» l'homme est un mélange de substance mor-
» telle et immortelle. La seconde forme sa
» consanguinité avec les Dieux. L'instinct est

» le don de la première, l'intelligence celui
» de la seconde, il recueille l'expérience. La
» prudence tient le milieu entre l'une et l'autre,
» et fonde l'empire de la substance immor-
» telle sur celle qui nous est commune avec
» les brutes. *L'expérience* a créé les arts de
» la vie ; *la prudence* gouverne les passions
» de l'âme ; *l'intelligence* représente les lois
» de cette cité intérieure, lois que Dieu même
» a promulguées (H). J'appelle *science* la com-
» binaison harmonique de ces trois facul-
» tés (1). »

« Il n'y a que cette partie de notre âme, la plus belle, la plus pure, la plus intelligente, la plus délicate, la plus ancienne, qui puisse voir et comprendre l'essence divine, à cause de son homogénéité, de sa *syngénésie*, et saisir dans son ensemble l'idée de cet immense tout... Comment l'esprit voit-il, entend-il ? Par la force, par la rectitude de l'âme, qui contemple cette lumière pure sans éblouissement, sans ténèbres.... A mesure qu'on avance dans cette carrière et qu'on s'éloigne des cho-

---

(1) *Dissertation* XIIe. Voir la traduction de Combe-Dounous, an 11.

ses d'ici-bas, celles qui se découvrent deviennent successivement plus claires, plus resplendissantes, et offrent les notions préliminaires de l'essence de Dieu; pendant qu'on s'élève, on reconnaît définitivement ce qui la constitue; lorsqu'on est arrivé au terme, on la contemple (1). »

Maxime de Tyr met tous ses soins à développer, par la célèbre hypothèse de Platon, que *nos connaissances ne sont que des réminiscences*, et à rassembler les motifs qui peuvent faire présumer une existence antérieure de l'âme (2).

Il explique, par le commerce des hommes avec les divinités inférieures, le récit du démon familier qui guidait Socrate (3). Il explique de même les oracles et les présages. S'il ne rappelle point d'une manière explicite le système des *idées*, du moins il en suppose toutes les conséquences. Que, s'il s'arrête avec une complaisance marquée sur la *Daimonologie* de son maître, si avec lui il invoque la contemplation de l'Etre des Etres, comme la source de toute

---

(1) *Dissertation* XVIIe.
(2) *Dissertation* XVIe.
(3) *Dissertation* XIVe.

vérité, il égale presque l'éloquence et l'élévation du fondateur de l'Académie, lorsqu'il s'arrête à la notion du Dieu unique, du Dieu suprême de l'intelligence universelle, et rallie à ce foyer sublime toutes les notions de la vertu.

« Cependant la raison humaine, » ajoute Maxime, « est exposée à être entraînée dans » des directions contraires, non-seulement » par les passions, mais encore par la philo- » sophie elle-même, qui semblait être par sa » nature la chose la plus stable, mais qui ne » laisse pas d'admettre la diversité des sectes » et la rivalité des chefs. Pythagore l'entraîne » vers la musique, Thalès vers l'astronomie, » Héraclite vers la solitude, Socrate vers les » affections, Carnéade vers l'ignorance, Dio- » gène vers le travail, Epicure vers la vo- » lupté. Combien de chefs, combien de sys- » tèmes ! Auquel s'adresser ? auquel croire ? » C'est ainsi que Maxime termine sa trente-cinquième dissertation.

La plupart des historiens ont rangé ces deux Platoniciens dans la classe des Syncrétistes qui sortit d'Alexandrie. Cependant, nous n'apercevons rien dans leurs écrits qui suppose le mélange des traditions orientales, et quelle que soit l'affection qu'ils témoignent pour les vues mystiques de Platon, nous ne voyons rien en eux qui s'éloigne d'une constante fidélité à la doctrine de leur maître.

Nous hésiterions à en dire autant d'Apulée, quoiqu'on le range ordinairement au rang des Platoniciens; non-seulement il a confondu les idées de Pythagore avec le Platonisme, mais il y associe souvent les traditions de la théurgie orientale.

L'obscurité trop commune à Aristote, l'extrême laconisme de son style, appelaient naturellement les commentateurs; et l'esprit qui caractérise les siècles qui passent en ce moment sous nos yeux devait les lui procurer. Deux Alexandres, l'un d'Egée, l'autre d'Aphrodisée, se firent remarquer dans cette carrière. Andronicus de Rhodes revit et corrigea le texte des écrits du Stagyrite, les mit en ordre; on lui attribue la paraphrase de l'Ethique à Nicomaque, publiée par Dan. Heinsius. Alexandre d'Aphrodisée donna sur les diverses branches des ouvrages d'Aristote des commentaires qui sont parvenus jusqu'à nous. Il recueillit les opinions des anciens sur *le destin*, il écrivit lui-même sur ce sujet un traité que Grotius a traduit en latin; en y discutant la grande question de la causalité,

en combattant les opinions des Stoïciens sur la nécessité, Alexandre a eu le mérite de mettre en lumière ce caractère de cause qui se manifeste dans la volonté de l'homme, et qui même ne se montre réellement, dans la sphère de l'expérience, que sur le théâtre des libres déterminations. « Tout ce qui arrive
» par une cause, dit-il, ne dépend pas pour
» cela d'une cause extérieure ; il est des choses
» qui sont en notre pouvoir, en vertu de
» l'empire que nous exerçons sur elles ; une
» action est spontanée si elle a lieu d'après
» une impression reçue, mais avant l'exa-
» men et l'approbation ; elle est libre si elle
» résulte d'une approbation préparée par l'exa-
» men et le jugement. Voilà le privilége de
» l'homme ; ses actions sont en son pouvoir.
» Il est raisonnable, parce que sa raison est
» juge des impressions qu'il reçoit, des actions
» qu'il doit exécuter. User de sa raison n'est
» autre chose qu'être le principe de ses
» propres déterminations. »

Pendant que chacune des anciennes écoles de la Grèce trouvait ainsi dans l'empire romain des continuateurs et des commentateurs, la plupart de ceux qui cultivaient la philosophie se composaient, à l'exemple de

Cicéron, un choix libre et plus ou moins éclairé entre les doctrines diverses. Dans leur nombre il faudrait compter Tite-Live qui avait écrit des dialogues où la philosophie était associée à l'histoire, et des ouvrages où la première de ces sciences était traitée d'une manière doctrinale (1); on pourrait y compter le bon Plutarque, quoiqu'il excelle mieux à peindre le caractère des grands hommes qu'à pénétrer le véritable esprit des systèmes philosophiques, qui montre plus d'érudition dans ses recherches historiques que de discernement dans ses opinions; qui, dans son Eclectisme, refuse cependant toute faveur à Zénon, à Epicure, et accueille avec une facilité aveugle les traditions superstitieuses : on pourrait y compter Lucien, bien qu'il soit ordinairement rangé parmi les Epicuriens, et que souvent il se rapproche des Sceptiques; Lucien, dont les censures ingénieuses, élégantes, mais sévères, poursuivent sous toutes les formes les prétentions du Dogmatisme et l'orgueil du Pédantisme; on pourrait y compter ce Sextius que Sénèque cite souvent avec tant

---

(1) Sénèque, *Epist.*, 100. — Fabricius, *Bib. Lat.*, tom. I, pag. 199.

d'éloges, et qui, suivant le même auteur, « avait formé à Rome une sorte d'école na- » tionale ouverte avec tant d'enthousiasme, » mais qui s'éteignit presque en naissant (1). » On y retrouverait surtout les hommes qui cultivèrent alors les sciences naturelles et donnèrent de l'éclat à cette étude ; les deux Plines, explorateurs infatigables des phénomènes de la nature, et conduits par cette exploration à se défier des systèmes exclusifs des sectes, si toutefois Pline l'ancien ne doit pas être plutôt parmi les Sceptiques, lorsqu'il dit : « Tout sur- » prend l'imprévoyance des mortels ; il n'y a » qu'une chose de certain, savoir qu'il n'y a » rien de certain, et que l'extrême misère de » l'homme égale son extrême orgueil (2) ; » Celse, appelé l'Hippocrate latin, parce qu'il traduisit ce père de la médecine, qui se montra digne d'être l'un de ses successeurs, et qui avait été introduit par la philosophie à l'étude de l'art de guérir ; Galien enfin qui porta cet art au plus haut degré de perfection qu'il ait atteint dans l'antiquité.

---

(1) *Quæst. Nat.*, VII, 32. — *Epist.*, 59, 64, 98.
(2) *Hist. Nat.*, II, 5.

Galien méritait, comme Hippocrate, d'occuper une place distinguée dans l'histoire de la philosophie. S'il ne l'a point obtenue jusqu'à ce jour, s'il a même été à peine indiqué par les historiens de cette science, serait ce parce qu'il accorda peu de faveur aux hypothèses spéculatives, parce qu'il n'accrut point le nombre des théories rationnelles enfantées par l'antiquité? Pour nous, qui considérons aussi comme une doctrine légitime la philosophie de l'expérience, qui jugeons éminemment utile d'observer les doctrines philosophiques dans leur rapport avec les applications et avec le progrès des sciences positives, nous essayerons ici de réparer par un aperçu sommaire un oubli aussi universel et aussi injuste.

Galien avait approfondi, en Philosophie comme en Médecine, les systèmes de toutes les écoles, sans s'asservir à aucune d'elles : il professe pour Platon une haute estime, il le commente souvent; mais, souvent aussi il le réforme, il adopte la logique d'Aristote, et commente sa théorie des sophismes; il suit quelquefois les traces des Stoïciens. Jusqu'à lui, cette partie de la Psychologie qui embrasse les rapports des opérations de l'âme avec le jeu des organes qui ont été affectés à son service, était demeurée dans l'enfance. L'état d'imperfection dans lequel étaient encore les connaissances physiologiques et anatomiques n'avait pas permis de concevoir des idées justes sur cette partie mystérieuse et délicate de la constitution humaine; on confondait les nerfs avec les muscles; tour à tour on supposait au principe intelligent une action immédiate, ou l'on matérialisait ce même principe en le confondant avec ses instrumens; les hypothèses les plus absurdes avaient été, à l'envi, prodiguées pour expliquer ce mystère. Galien, le premier, a essayé de le pénétrer en prenant l'observation pour guide; il a réfuté avec un soin particulier les hypothèses de Platon sur la distinction des trois parties de l'âme, et de leurs trois séjours séparés en diverses parties du corps. Il a développé la théorie dont le principe avait été déjà posé par Erasistrate, et qui distingue le principe pensant, de la vie organique ou animale; il a considéré ce dernier comme un instrument intermédiaire destiné à fournir au premier ses moyens d'action; il a éclairé par ses recherches toutes les opérations des sens.

Galien avait écrit un traité sur *l'art de la démonstration;* il ne nous est point parvenu;

mais nous pouvons, en partie, y suppléer à l'aide de ceux qui nous restent, quoiqu'il n'y traite ce sujet que par occasion. Il s'élève incessamment contre le vice des méthodes anciennes qui cherchent dans la dialectique les propositions fécondes pour la science, et qui abusent des notions générales, en les substituant à la lumière des faits; « de là une foule de questions oiseuses; de là l'intempérance des recherches sur les choses inconnues (1). »

Galien, le premier, a donc reconnu et mis au jour le vice fondamental de la logique des anciens, considérée comme instrument d'invention.

En définissant avec netteté la synthèse et l'analyse, il montre les inconvéniens attachés à l'emploi exclusif de l'une ou de l'autre de ces deux méthodes, et la nécessité de les combiner sagement pour leur donner une véritable utilité (2).

Galien distingue quatre genres de démonstrations : « Le premier mérite seul véritable-

---

(1) *De cujusque animi peccatorum cogn. atque medelá*, ch. 3. — *De Hipp. decretis*, II, cap. 3; IX, cap. 1.

(2) *De Hipp. et Plat.*, décret IX, cap. 5 et 5.

» ment ce titre ; seul il est *productif pour la*
» *science ;* seul il saisit la réalité ; seul il pé-
» nètre dans la substance des choses ; le se-
» cond, celui qu'emploient les dialecticiens,
» ne sut véritablement qu'exercer l'esprit ; le
» troisième, qui se fonde sur les témoignages
» étrangers, fonde la simple probabilité ; le
» dernier, qu'on appuie sur les opinions com-
» munes, a plus de valeur apparente que de
» solidité réelle (1). »

« En quoi consistera donc le premier de ces quatre procédés, le seul véritablement utile et légitime ? Quelle est la source de la vérité ? quel est le principe de l'invention ? Il y a, répond Galien, une faculté de juger commune à tous les hommes ; elle est un don de la nature ; c'est le sens commun, la faculté de connaître ; elle s'exerce par les sens sur les objets extérieurs ; la croyance à ces jugemens n'est point le produit de l'art ; elle est naturellement attachée aux perceptions sensibles. Elle s'exerce par l'entendement sur les choses intelligibles, c'est-à-dire en prononçant sur ce qui est conséquent ou contradictoire, sur la com-

---

(1) *De Hipp. et Plat.*, décret II, 3.

position et la division, sur les ressemblances et les différences. Les sens sont donc le *criterium* des objets simples et qui se montrent d'eux-mêmes, l'entendement, des choses rationnelles et complexes. Mais, ces deux ordres de connaissances ne sont point isolés, indépendans l'un de l'autre ; il faut s'exercer d'abord aux choses particulières, pour atteindre ensuite aux généralités, imiter pour les déductions la forme des démonstrations mathématiques, recourir ensuite, pour vérifier les résultats, aux épreuves de l'expérience. L'observation donne les signes, l'entendement donne les vérités abstraites : l'observation est l'origine de l'invention ; elle conduit à découvrir les principes de la science. L'entendement seul fonde et établit ces principes. Les sens, source de toute instruction, se corrigent eux-mêmes par les répétitions de l'expérience. La nature a fourni la matière ; le jugement est l'instrument qui les met en œuvre (1). »

---

(1) *De Optim. Sect.*, cap. 2. — *De Optimo docendi genere.* — *De cujusque animi prec. cogn. atque med.*, cap. 3, 6, 8. — *De Hipp. et Plat.*, décret. VII, 8 ; IX, I ; 8.

« L'évidence est donc la source de toute lumière ; s'il n'y a plus d'évidence, il n'y a plus d'exercice pour l'entendement ; l'entendement est pour l'âme ce que l'œil est pour le corps. Percevoir, c'est comprendre, c'est connaître, c'est connaître avec certitude. Il faut donc, comme dit Hippocrate, commencer par les choses essentielles et fondamentales, par celles qui sont les plus faciles, qui sont à la portée de tous. Les jugemens naturels sont les fondemens de toute science, et Platon lui-même dans ses dialogues rend hommage à ce principe, le prend pour règle (1). »

« La plupart des erreurs proviennent des assimilations précipitées. » Galien revient souvent à cette observation ; il la développe par de nombreux exemples. La recherche de la vérité consiste donc essentiellement, suivant lui, dans une investigation attentive et scrupuleuse, dans une comparaison exacte, qui enseignent à apprécier les justes analogies qui rapprochent les objets, les différences réelles qui les distinguent. Il donne de cette

---

(1) *De Hipp. et Plat.*, décret. IX, 1.

méthode un bel et éloquent exemple, en montrant comment elle conduit le médecin à admirer les œuvres de l'auteur de toutes choses, et à reconnaître en particulier sa providence dans les constitutions du corps humain (1).

« Si les discordes ne peuvent se terminer en philosophie, dit Galien, il ne faut pas s'en étonner, puisqu'on s'obstine à discuter sur des choses dont on ne peut juger avec le secours d'une expérience évidente. Le véritable éclectisme n'a pas besoin du secours des académiciens; il s'obtient par l'observation et non par la dispute (2). »

Galien a combattu le Scepticisme de Favorin; il a réfuté la logique de Chrysippe. Il a développé la philosophie d'Hippocrate, comme sa doctrine sur l'art de guérir; comme ce grand créateur des sciences naturelles, il pressentit Bacon; ou plutôt, il eût été pour son siècle ce que Galilée et Bacon furent pour le leur, si les esprits avaient été mieux disposés à le comprendre, si l'âge suivant eût été plus capable de recueillir son héritage.

Galien a aussi embrassé la philosophie mo-

---

(1) *Ibid.*, liv. IX, 8.
(2) *Ibid.*, *ibid.*, 6.

rale, et indiqué les moyens de connaître et de guérir les maladies de l'âme, les passions (1). On a donné sous son nom une histoire de la Philosophie, qui ne paraît point être son ouvrage ; mais ses nombreux écrits renferment pour cette histoire une foule de documens précieux ; on voit que toutes les doctrines de l'antiquité lui étaient familières, qu'il les avait examinées, discutées, et qu'il en avait tiré ce qui lui semblait pouvoir servir aux progrès de la science. Galien fut le plus grand des philosophes de cette époque; seul il ajouta des perfectionnemens notables aux anciennes doctrines; il n'eut point de successeur.

On le voit, les philosophes les plus distingués qui aient illustré l'empire Romain sous les Césars, se réunissent presque tous dans le beau siècle des Antonins; mais ce beau siècle recueillit les derniers rayons de la science et du génie. Dès lors les anciennes doctrines grecques cessèrent d'être enseignées dans leur pureté, ou d'être l'objet d'un choix judicieux.

Il est digne d'attention que ceux de ces progrès qui furent obtenus dans l'étude des sciences naturelles pendant cette période, se

---

(1) *De Dignoscendis curandisque animi morbis.*

lient, comme ceux qui avaient signalé la précédente, à une même doctrine philosophique.

Si nous avons dû considérer Alexandrie et Rome comme formant, au commencement de cette période, deux foyers distincts et séparés, successivement donnés à la science, nous devons les confondre dans un même tableau, lorsque Alexandrie a passé sous les lois de Rome; ou plutôt Rome alors reçut indirectement, par Alexandrie, une seconde communication des lumières qu'elle avait empruntées à la Grèce; au troisième siècle, ces deux branches se confondirent même presque entièrement en une seule, pour se sous-diviser plus tard en deux autres, lorsque Athènes fut redevenue le théâtre d'une école nouvelle. (*Voyez* ci-après, chapitre 21.) Mais, quoique favorisée en tant de manières par sa situation centrale, Rome elle-même, eut une part moins marquée à la culture des connaissances humaines que les autres parties de l'Empire romain; et l'on ne voit pas sans surprise que, jusqu'à la fin, la plupart des hommes qui professaient avec distinction, à Rome, la philosophie et les sciences, étaient étrangers à cette ville; presque tous étaient encore des Grecs. (J).

NOTES

DU DIX-HUITIÈME CHAPITRE.

(A) Lorsqu'on se reporte aux descriptions qui nous ont été laissées des monumens élevés par les premiers rois de Rome, aux traditions qui ont subsisté relativement à la législation de Numa, on est porté à croire que Rome, à son berceau, ne fut point étrangère à la sagesse et aux arts des anciens Étrusques. Cependant, cette époque de l'histoire est encore couverte d'épais nuages, et dès que des documens positifs nous permettent de nous former des idées positives sur les mœurs des Romains, nous n'apercevons plus de vestiges de ces traditions antiques.

Dans les livres *de la République* nouvellement retrouvés, Cicéron, après avoir rapporté la tradition qui suppose que Numa avait été le disciple de Pythagore ou avait été pythagoricien, réfute lui-même cette erreur, et en montre l'anachronisme par le rapprochement des dates, tel que Brucker l'avait fait dans le siècle dernier; il fixe à la quatrième année du règne de Tarquin-le-Superbe l'époque à laquelle Pythagore vint dans la grande Grèce. Cette date est précieuse. Elle confirme d'ailleurs que l'école de Pythagore ne s'est point étendue jusqu'à Rome. (*De Republica*, II., 14).

(B) Cicéron, dans tous ses écrits philosophiques, nous offre les tableaux les plus intéressans et les plus variés de ce mouvement des esprits qui se manifestait alors à Rome, et qui portait les hommes les plus distingués à venir s'instruire dans la doctrine des Grecs. On aime à voir ces grands hommes, dont les noms ont été consacrés par l'histoire, se délasser des victoires, se préparer aux affaires publiques dans le commerce des philosophes, dans ces entretiens qui roulaient sur l'étude de la sagesse, et se présenter avec respect aux écoles de Socrate, de Platon, d'Aristote, de Zénon. Cicéron, en avouant sans détour que les Romains devaient aux Grecs toutes leurs connaissances, ajoute cependant qu'ils ont perfectionné eux-mêmes tout ce qu'ils ont reçu de ceux-ci. Il ne pouvait refuser cette réserve à la fierté nationale.

(C) M. Michaud jeune a bien voulu nous communiquer les feuilles de cet important traité, retrouvé en partie par M. Angelo Majo, et qui s'imprime en ce moment chez lui. L'impossibilité où nous étions de retarder l'impression de cet ouvrage, ne nous a permis de consulter que les deux premiers livres, les autres n'étant point encore parvenus à Paris.

(D) Gautier de Sibert a inséré successivement cinq mémoires sur la philosophie de Cicéron, dans le recueil de l'académie des Inscriptions. C'est une exposition fidèle des opinions de l'orateur romain ; mais le savant académicien n'a peut-être point pénétré autant qu'on l'eût désiré l'esprit et le but des travaux de Cicéron, marqué d'une manière assez nette les traits essentiels qui les caractérisent, et surtout fait ressortir avec assez de soin les rapports qu'ils ont avec la marche générale de la philosophie chez les Romains, ce qui est cependant le point de vue le plus intéressant pour considérer ce sujet.

(E) La morale des Stoïciens était fondée sur ce principe : *Agir conformément à la nature;* et cependant l'exagération qu'ils y portaient tendait à démentir la voix de la nature. On peut voir en particulier, par les maximes 21 et 23 du manuel d'Epictète, qu'ils rangeaient au nombre des préjugés les affections les plus légitimes du cœur. «Aucun de ces malheurs ne me concerne, mais plutôt ce corps vil, ou mon bien, ou ma » réputation, ou mes enfans, ou ma femme; mais pour » moi-même, il n'y a rien qui ne m'annonce du bonheur. »

Il paraît que la logique de Chrysippe et ses opinions dogmatiques avaient dès lors perdu un peu de leur crédit parmi les Stoïciens. (*Ibid.*, maxime 74.)

L'abbé Garnier a inséré dans le tome XLVIII du Recueil de l'académie des Inscriptions, un mémoire qui tend à détruire l'opinion généralement reçue, qui attribuait le célèbre tableau de Cébès à Cébès le Thébain, et à faire reconnaître pour son auteur Cébès de Cyrique, qui appartient à l'époque que nous traitons dans ce chapitre. Il montre avec beaucoup de sagacité que cet ouvrage porte évidemment l'empreinte de la doctrine stoïcienne.

(F) « Platon compare à une table de cire l'organe du corps humain dans lequel s'opère la mémoire et la sensation.

» Lorsque l'âme a composé dans la pensée son opinion du résultat de la sensation et de la mémoire, et qu'elle contemple les objets de son opération comme les vraies causes dont elle est l'effet, Platon appelle cela *délinéation, dessin*, et quelquefois *imagination, fantaisie*.

» Il appelle *pensée* la conversation de l'âme avec elle-même.

» Il appelle *discours* ce qui émane d'elle par la bouche et par le moyen de la voix.

» L'intelligence est l'action de l'entendement qui contemple les choses intelligibles du premier ordre. Il paraît qu'on peut la considérer sous un double rapport : le premier, dans cet état de l'âme, lorsqu'elle contemplait les choses intelligibles, avant d'être renfermée dans le corps ; le second, dans cet état de l'âme depuis qu'elle y est renfermée.

» Dans cette primitive situation de l'âme avant son union avec le corps, c'était proprement l'intelligence ; mais depuis cette union, ce qu'on appelait auparavant *intelligence* n'est plus qu'une *connaissance naturelle*, une espèce d'intelligence de l'âme déjà soumise au corps.

» Lors donc que nous disons que l'intelligence est le principe de la raison scientifique, nous n'entendons pas cette dernière intelligence dont nous venons de parler, mais celle qui existait dans l'âme avant son union avec le corps, qui s'appelait alors, comme nous l'avons dit, *intelligence*, et qui maintenant se nomme *connaissance naturelle*. Platon la désigne sous le nom de *science simple*, d'*aile de l'ame*, et quelquefois sous celui de *mémoire*.

» De toutes ces connaissances simples résulte la raison naturelle, qui produit la science, et qui est l'ouvrage de la nature.

» Puisqu'il existe une raison scientifique et une raison doxastique, puisque l'intelligence et la sensibilité existent aussi, il existe donc des choses qui en sont l'objet, et ce sont les choses intelligibles et les choses sensibles. Dans la classe des choses intelligibles, ce sont les idées qui tiennent le premier rang; le second est pour les formes relatives à la matière, considérées dans un sens abstrait. L'intelligence a donc deux branches, selon qu'elle a pour objet ou les idées ou les formes.

» D'un autre côté, les choses sensibles étant de deux ordres, savoir les qualités, comme la couleur, la blancheur; l'accident, comme la chose blanche, la chose colorée; et, outre cela, le concret, comme le feu, le miel: de même, la sensibilité est du premier ou du second ordre, selon qu'elle s'exerce sur ces différens objets.

» L'intelligence, en s'occupant à juger la première classe des choses intelligibles, se sert de la raison scientifique, et cela par une opération collective et sans détails.

» Les choses intelligibles de la seconde classe sont immédiatement jugées par la raison scientifique aidée de l'intelligence.

» Le premier, le second ordre des choses sensibles sont jugés par la sensibilité avec le secours de la raison doxastique, et c'est cette même raison doxastique qui juge les choses concrètes à l'aide de la sensibilité.

» La première partie du monde intelligible étant composée de choses intelligibles, et la première partie du monde sensible étant composée de choses concrètes, l'intelligence juge le monde intellectuel par le secours de la raison, c'est-à-dire qu'elle ne le fait pas sans employer la raison; et la raison doxastique juge le monde sensible, mais non sans s'aider de la sensibilité.

» Pour ce qui est de la contemplation et de l'action, la droite raison ne juge pas de la même manière les choses de leur ressort respectif. Dans les premières, elle cherche à discerner ce qui est vrai de ce qui ne l'est pas; dans les autres, elle considère les actions dans un sens intrinsèque, dans leurs rapports avec celui qui agit et avec autrui.

» Par l'idée naturelle que nous avons du *beau* et du *bon*, par l'usage que nous faisons de la raison, en la ramenant aux idées naturelles, comme à une mesure, à une règle déterminée, nous jugeons si les choses sont d'une manière ou d'une autre. » (Alcinoüs, *Introd. à la phil. de Platon*, ch. 4.)

(G). Voici comment Alcinoüs expose le système de Platon sur les *idées*, et cherche à l'appuyer sur des preuves :

» Après avoir parlé de la matière, Platon passe aux autres principes. Le premier est un principe prototypique, c'est-à-dire celui des idées et de Dieu, le père et l'auteur de tout.

» L'idée est par rapport à Dieu son *intelligence*, νόησις αὐτοῦ; par rapport à nous *le premier objet de l'entendement* νοη τόν πρῶτον; par rapport à la matière, *mesure*, μέτρον; par rapport au monde sensible, *le type* ou le *modèle*, παράδειγμα; par rapport à elle-même, lorsqu'elle se considère, *l'essence*, οὐσία. »

» En général, tout ce qui se fait avec intention doit avoir une fin, comme lorsque quelqu'un fait quelque chose. Par exemple, lorsque je fais mon image, il faut que le modèle ait été précédemment conçu, et si le modèle n'existe point au dehors, chaque ouvrier, ayant en soi son modèle, en imprime l'image à la matière.

» Platon définit l'idée, le modèle de ce qui est naturellement éternel. La plupart des Platoniciens ne regardent pas comme idée les modèles que se forment les artistes, tel que celui d'un bouclier, d'une lyre; ils ne l'appliquent pas non plus aux choses qui sont contre la nature, telles que la fièvre, la colère; ni aux choses qui n'existent que partiellement, comme Socrate, Platon; ni aux choses de peu d'importance, comme une ordure, un fétu; ni aux choses qui se rapportent à d'autres, comme le plus grand, l'extrême : ils pensent que les idées n'appartiennent qu'aux opérations éternelles et innées de l'intelligence de Dieu.

» L'existence des idées, Platon l'établit ainsi : Que Dieu soit esprit ou qu'il soit intelligence, il a des pensées, et ces pensées sont éternelles et immuables. De cela suit l'existence des idées ; car si la matière est sans mesure par rapport à elle-même, elle doit être mesurée par quelque chose de plus excellent qu'elle et d'immatériel. L'antécédent est vrai ; le conséquent l'est donc aussi : les idées sont donc quelque chose d'immatériel qui a la faculté de mesurer.

» De plus, si le monde tel qu'il est n'existe point par lui-même, non-seulement il a été fait de quelque chose, mais encore par quelque chose ; et non-seulement cela, mais encore il a été fait pour une certaine fin. Or, la fin pour laquelle il a été fait, qu'est-ce autre chose qu'une idée ? Les idées existent donc.

» D'un autre côté, si l'esprit est une chose différente d'une pensée vraie, si l'intelligence est une chose différente de l'objet de ses opérations, si cela est, ce qui est susceptible d'intelligence est donc différent de ce qui en est l'objet. Il y a donc un premier ordre de choses intelligibles et un premier ordre de choses sensibles : il existe donc des idées. L'esprit et la vérité sont des choses différentes : il existe donc des idées. » (*Ibid.*, ch. 9.)

(H). « Cette faculté de l'âme qui trouve le savoir étant implantée dans son essence, enlacée dans sa nature, innée avec elle, qu'est-elle autre chose que les notions de la vérité, mises dans un mouvement, dans une activité, dans un ordre, auquel on donne le nom de *science....*? Je pense que chacune des choses qui existent ou qui ont existé, et avec lesquelles l'âme a eu quelques relations, se lient, s'enchaînent avec elle, de manière que l'idée de l'une traîne à sa suite l'idée de l'autre, ou sous le rapport du temps, comme dans la succession du jour et de la nuit, de la jeunesse et de la vieillesse, de l'hiver et du printemps; ou sous le rapport des affections. C'est ainsi que la beauté produit l'amour, l'injure la colère, la prospérité la volupté, et l'infortune la douleur.... De la même manière que si les sens étaient placés dans le vestibule de l'âme, aussitôt qu'ils ont commencé à recevoir quelque impression, et qu'ils l'ont transmise à l'entendement, celui-ci, en la recevant, promène ses yeux, passe en revue les autres objets qui ont avec celui dont l'impression le frappe quelque relation, quelque affinité, ou sous un rapport de temps, ou sous un rapport de manière d'être, ou sous un rapport politique, ou sous un rapport de localité, ou sous un rapport d'autorité, ou sous un rapport de talens. Car, de même que celui qui donne un coup à l'extrémité inférieure d'une lance longue et déliée fait passer l'impression de ce coup dans toute la longueur de la lance, jusqu'au fer tranchant qui la termine, et que celui qui ébranle le bout de plusieurs cordages tendus dans une grande longueur transmet l'ébranlement d'un bout à l'autre, de manière que toute la longueur s'en ressent; de même l'entendement n'a besoin que d'une légère vibration pour s'étendre à tout ce qui constitue les rapports d'une même chose. » (*Ibid.*, Dissertation XVIe.)

(I) « L'âme de l'homme est intelligente. Elle exerce cette faculté par le moyen de deux organes, l'un simple appelé *l'entendement* ; l'autre complexe, composé de diverses parties destinées à diverses fonctions, qu'on appelle les *sens*. Différens par leur essence, ces deux organes sont de moitié dans toutes leurs opérations, et le rapport qui existe entre eux existe aussi entre les choses dont il sont les instrumens : car ce qui est *intelligible* diffère de ce qui est *sensible*, autant que l'entendement diffère des *sens*. L'un, *le sensible*, est plus aisé à connaître par le contact immédiat où l'on est sans cesse avec lui. L'autre, *l'intelligible*, avec lequel un semblable rapport n'existe pas, n'en est que plus facile à saisir par sa nature même ; car les animaux, les plantes, les pierres, les sons, les saveurs, les odeurs, les formes, les couleurs, objets dont nous sommes habituellement environnés, et dont les sensations se confondent dans tous les momens de notre existence, font impression sur l'âme, et lui persuadent de penser qu'il n'y a rien au-delà. Les choses intelligibles, au contraire, étrangères à un tel contact, à de pareilles impressions, sont destinées à se contempler elles-mêmes par le moyen de l'entendement. Mais ce dernier, implanté dans l'âme, est tourmenté, agité, troublé par les *sens*, qui ne lui laissent pas un instant de relâche ; de manière qu'il ne voit pas les objets qui lui sont appropriés ; et, dans ce désordre, il se persuade qu'il doit être de l'avis des *sens*, et dire comme eux que, hors ce qu'on voit, ce qu'on entend, ce qu'on flaire, ce qu'on goûte et ce qu'on touche, il n'y a plus rien. » (Maxime de Tyr, *Dissertation* XVIIe.)

(J) Paganino Gaudenzio a écrit un traité en latin sur l'origine et les progrès de la philosophie chez les Latins (Pise, 1643, in-4°); mais il est demeuré extrêmement au-dessous d'un si grand sujet. Il manquait lui-même des vues philosophiques nécessaires pour la concevoir dans son véritable esprit. Blessig a été plus heureux dans sa dissertation (*De Origine philosophiæ apud Romanos*, Strasbourg, 1770, in-4°.) Voyez aussi Meiners (*Histoire de la Décadence des mœurs et de la Constitution des Romains*. Leipsick, 1782, in-8°.)

Le recueil de l'académie des Inscriptions renferme une suite de mémoires précieux sur les philosophes indiqués dans ce chapitre. : Burigny, sur Publicus Nigidius Frigulus (tome XXIX), sur Sextius (tome XXXI), sur Musonius (*ibid.*), sur Plutarque (tome V, X, XIV); l'abbé Serin sur Athénodon (tome XIII); Capparonnier sur Pérégrin (tome XXVIII).

Indépendamment des cinq mémoires de Gauthier de Sibert sur la philosophie de Cicéron, et de celui de Burigny (tome XXVII), ce sujet a exercé un grand nombre d'érudits. Facciolati (*Vita Ciceronis litteraria*, Paris, 1760); Midleton (*Vie de Cicéron*); Hulsemann (*De Indole philosophicâ M. Tullii Ciceronis*, etc. Luxembourg, 1799, in-4°); Meiners (*Oratio de philosophiâ, Ciceronis*, etc., dans ses mélanges, tome I*er*); Briegle (*Progr. de Philos. Ciceronis*, Cobourg, 1781); le même (*De Cicerone cum Epicuro disputante*, ibid., 1779); Adam Bursius (*Dialectica Ciceronis*, Zamosck, 1604); Jason de Nores (*Brevis et distincta Instit. in Ciceronis philosophiâ*, etc. Pavie, 1597); Waldin (*Oratio de phil. Ciceronis platonicâ*, Iéna, 1753), etc., etc.

CHAPITRE XIX.

Derniers développemens du Scepticisme.

SOMMAIRE.

La moyenne académie s'éteint ou se confond avec le Pyrrhonisme. — Ænesidème ; — Ses écrits. — Discussion sur la théorie de la causalité. — Critique des hypothèses rationnelles sur la nature des causes. — Doutes sur les principes des connaissances. — Ænesidème admet le système d'Héraclite. — Comment il le lie au Scepticisme.

Aristoclès réfute Timon et Ænesidème. — Sept raisonnemens employés contre les Pyrrhoniens.

Autres Sceptiques : Agrippa ; ses cinq *tropes*. — Phavorin. — Deux nouveaux tropes ajoutés au code Pyrrhonien.

Sextus l'Empirique. — Caractère et utilité de ses écrits. — Il admet la subjectivité des perceptions ; — Du vrai ; — Si le vrai existe. — S'il y a des *criterium* pour le faire reconnaître. — Des trois espèces de *criterium*. — Scepticisme universel. — Des idées religieuses ; de la morale. — Vices de l'argumentation de Sextus.

Des sectes médicales chez les anciens. — Pourquoi la plupart des Sceptiques sont sortis du rang des médecins.

Le Scepticisme cesse de se montrer en philosophie.

De tous les philosophes qui ont passé successivement sous nos yeux, dans les deux chapitres précédens, il n'en est qu'un seul qui ait porté de nouvelles lumières dans la théorie des principes de la connaissance humaine, ou qui même ait paru en faire un objet sérieux de ses recherches; c'est Galien. Les successeurs de Pyrrhon furent d'ailleurs les seuls qui, pendant cet intervalle, se livrèrent à l'investigation de ces grands problèmes, et c'est pour ce motif que nous avons réservé leurs travaux pour en faire maintenant l'objet d'un chapitre particulier. Un examen plus approfondi de leurs idées sur ce sujet semble être réclamé et par l'importance de ces questions et par leur rapport intime avec le but que nous nous proposons dans cet ouvrage.

La moyenne académie avait promptement succombé sous les efforts du Portique; Philon, Antiochus, en fondant la nouvelle académie, avaient dû transiger avec les vainqueurs; les efforts de Cicéron pour ressusciter l'académie d'Arcésilas et de Carnéade ne paraissent pas avoir produit de résultat durable. Cette philosophie qui flottait entre le doute absolu et le dogmatisme convenait peu à la disposition des esprits; les hommes qui se livraient sérieusement aux

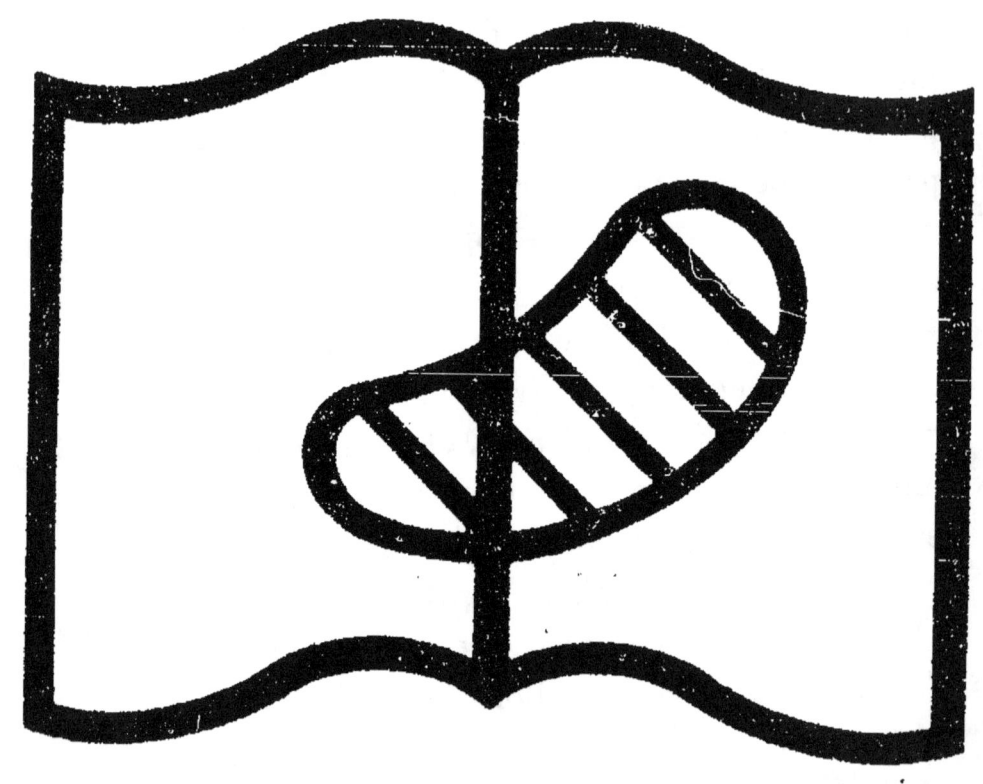

Original illisible

NF Z 43-120-10

études philosophiques avaient besoin d'alimens plus substantiels et d'opinions plus prononcées. D'ailleurs, les disciples des Académiciens, profitant de la liberté que leur laissaient leurs maîtres, de choisir ce qui leur paraissait le plus conforme à la vérité, suivant le témoignage de Galien, venaient se ranger sous les enseignes des autres écoles.

Ce furent donc principalement les Sceptiques qui continuèrent à exercer une critique générale contre les systèmes dogmatiques, et cette censure les conduisit à faire subir de nouvelles et plus sévères épreuves aux principes fondamentaux de la science.

Ænesidème donna le premier avec éclat un nouveau développement aux doutes de Pyrrhon (1). Il était contemporain de Cicéron; il naquit en Crète, vécut et enseigna à Alexandrie. Sextus l'Empirique nous assure à diverses reprises que, si Ænesidème embrassa et professa le Scepticisme, ce fut pour en faire une préparation et une introduction au système d'Héra-

---

(1) Sextus l'Empir., *Pyrrhon. Hypot.*, liv. I. §. 222.

clite (1). Avant de discuter l'explication que donne Sextus de cette singulière corrélation, et de chercher nous-mêmes une explication plausible, il convient de réunir les fragmens qui nous sont parvenus sur les idées propres à ce philosophe. Ses écrits se sont perdus; nous ne possédons que quelques citations éparses dans Sextus, dans Diogène Laërce et dans la *Bibliothèque* de Photius.

Des huit livres qui composent l'ouvrage d'Ænesidême, le premier avait pour objet de marquer la différence qui sépare les Académiciens et les Pyrrhoniens. Si l'on en croit Photius (2), il faisait consister cette différence en ce que les Académiciens étaient, au fond, de véritables dogmatiques : « Ils admettent, disent-» ils, certaines propositions comme des vérités » indubitables, d'autres comme absolument » fausses. Les Pyrrhoniens, au contraire, dou-» tent de tout universellement; non-seulement » ils n'adoptent aucun dogme; mais ils se gar-» dent même d'affirmer soit que les choses

---

(1) Sextus l'Empir. *Pyrrhon. hypotyp.* liv. 1., §. 210. *Contra Logicos*, I, 349., *Contra Physicos.*, I, 587, II, 216.

(2) Photius. *Bibl.* p. 542, 546, 548.

III.

» puissent être généralement connues, soit
» qu'elles demeurent généralement incompré-
» hensibles; ils n'acceptent pas plus la vrai-
» semblance ou l'invraisemblance que la réalité
» ou la non-réalité; ils ne décident rien, pas
» même cela qu'ils ne décident rien. Les Aca-
» miciens, au contraire, tombent en contra-
» diction avec eux-mêmes, en élevant et détrui-
» sant tour à tour, en affirmant que les choses
» sont compréhensibles en elles-mêmes. »

Dans le second livre, Ænesidême traitait de la vérité, de la cause, de l'action, des accidens, du mouvement, de la production, de la destruction, et prétendait montrer notre ignorance sur tous ces points. Dans le troisième, il traitait en particulier du mouvement, de la sensation (1), s'attachait à faire voir que nos sensations sont en contradiction entre elles. Le quatrième attaquait la théorie des signes, c'est-à-dire, des déductions qui concluent des choses sensibles à celles qui sont au-dessus des sens. Le cinquième combattait la théorie de la causalité; le sixième, les notions du bon et du mal en morale; le huitième, celles qui concernent le but et la destination de l'homme.

---

(1) Photius., Code *Bibl.* 212.

Sextus l'Empirique nous a conservé une suite de raisonnemens qu'Ænesidême opposait à la théorie de la causalité. Il en rapporte huit dans ses *Hypotyposes Pyrrhoniennes.* Le premier s'applique lorsque le genre de la cause assignée à un effet appartient à des choses non évidentes, et ne peut être ainsi soumis à l'épreuve de l'expérience; le second est dirigé contre ceux qui, lorsqu'il s'offre plusieurs moyens d'expliquer un effet, se bornent à en adopter exclusivement un seul; le troisième, contre ceux qui rendent raison des effets qui ont lieu avec ordre, par des causes qui n'expliquent aucun ordre; le quatrième, contre ceux qui, en admettant les faits apparens tels qu'ils s'opèrent, croient pouvoir en conclure comment s'opèrent les faits qui ne se montrent point aux sens, quoiqu'il se puisse cependant que ces derniers aient lieu ou de la même manière, ou d'une manière différente que les premiers; le cinquième, contre ceux qui, après avoir admis par hypothèse certains élemens constitutifs de l'univers, n'en démontrent point les causes par des principes communs et reconnus; le sixième, contre ceux qui, s'emparant avidement de tout ce qui peut s'expliquer par leurs hypothèses, passent sous silence ce qui y serait contraire, quoique également probable; le septième, contre ceux qui admettent des explications qui répugnent non-seulement aux phénomènes, mais encore à leurs propres suppositions; le huitième enfin, contre ceux qui, lorsque les phénomènes et les points mis en question paraissent également douteux, veulent cependant expliquer les seconds par les premiers. Ænesidême ajoutait que souvent, en voulant rendre compte des causes, on s'égare en réunissant à la fois plusieurs de ces modes erronés d'investigation (1).

Jusqu'ici Ænesidême paraît faire plutôt la critique des systèmes de quelques philosophes, qu'établir des maximes générales contre toute théorie de la causalité. Il fait évidemment allusion à plusieurs des systèmes de l'antiquité, et il s'exprime de telle sorte, qu'en blâmant la manière dont on a procédé, il semble indiquer celle dont on devrait procéder pour atteindre à de meilleurs résultats. Mais, dans le premier de ses livres *contre les physiciens*, Sextus lui prête d'autres raisonnemens qui auraient des conséquences plus absolues. En

---

(1) Pyrrhon. *Hypotyp.*, I. 180. à 185.

voici le résumé : « Un corps ne peut être une cause à l'égard d'un autre corps ; car, il agirait, ou par lui-même, ou à l'aide d'un second, comme intermédiaire ; par lui-même, il ne peut produire que ce qui est déjà dans sa propre nature ; à l'aide d'un second, il ne le pourrait pas davantage ; car, il faudrait pour cela que deux ne fissent qu'un, et cette production d'ailleurs s'étendrait à l'infini, ce qui est absurde. Ce qui est incorporel ne peut davantage être cause d'un autre être incorporel ; par la même raison que des êtres ne peuvent produire plus que ce qu'ils renferment en eux-mêmes ; d'ailleurs, ce qui est incorporel, ne pouvant être en contact, ne peut ni agir, ni éprouver d'action. Un corps ne peut être cause d'un être incorporel et réciproquement ; car l'un ne contient point la nature de l'autre ; il ne peut sortir de chacun que ce qui y était déjà contenu. Ce qui est en repos ne peut être la cause de ce qui est également en repos, ni ce qui est en mouvement, de ce qui se meut ; car, chacun des deux phénomènes étant absolument semblable, on n'est pas plus fondé à attribuer la propriété de cause à l'un qu'à l'autre. Nous ne saurions l'attribuer davantage à un corps en repos, à l'égard de celui qui se meut, ni réciproquement ; car, on ne peut dire que le contraire est la cause de son contraire, que le froid, par exemple, produit le chaud, ou que le chaud produit le froid. Les choses qui coexistent simultanément ne peuvent être causes l'une de l'autre; car chacune d'elles aurait un droit égal à exercer cette prérogative. Une chose antérieure ne peut être la cause d'une autre qui survient plus tard ; car la cause ne peut exister sans que son effet existe, puisque ce dernier doit y être contenu, et qu'ensemble, d'ailleurs, ils constituent un rapport dont les termes se correspondent ; il serait plus absurde encore de dire que la cause puisse être postérieure à son effet. Admettrons-nous une cause parfaite, absolue, qui opère par sa propre énergie et sans aucune matière étrangère ? alors, agissant par sa nature, et jouissant toujours de sa vertu, elle devrait produire incessamment son effet et ne pas se montrer active en certains cas, oisive en d'autres. Supposerons-nous, avec quelques dogmatiques, que la cause a besoin d'une matière étrangère sur laquelle elle s'exerce, en sorte que l'une produise l'effet et l'autre le reçoive? alors, l'expression *causalité* n'exprime qu'un rapport combiné de deux termes, et la propriété de cause ne peut pas plus être attribuée à l'un qu'à l'autre, puisque l'un ne saurait se passer de l'autre. Supposerons-nous qu'une cause opère par une seule et unique force ? alors elle ne pourrait produire qu'un seul effet toujours et entièrement semblable à lui-même. Dirons-nous qu'elle opère en vertu de plusieurs forces combinées et réunies? alors, toutes ces forces réunies devraient à la fois agir sur toutes choses et produire encore un même effet sur chacune. Or, toutes ces conséquences sont démenties par l'expérience. La cause est-elle séparée de la matière sur laquelle elle agit ? elle ne pourra opérer, puisqu'elle sera privée de la condition sur laquelle elle s'exerce. Est-elle réunie à cette matière ? l'un et l'autre à la fois sera alors effet et cause ; il y aura action et réaction réciproque. Le contact et la compénétration sont également inhabiles à expliquer une action véritable. Si quelque chose éprouve un effet, ce ne peut-être que par addition, par soustraction, ou par altération. Or, ces trois opérations sont également impossibles. (1) » Nous supprimons toutes les subti-

---

(1) Id. *Adversus Physic.* I. 219. à 320.

lités à l'aide desquelles Ænesidême essaye d'établir ces paradoxes; on peut les apprécier par celles qu'il accumule à l'appui des propositions précédentes, et que nous avons essayé, autant qu'il était possible, de réduire à leur substance. Nous nous bornerons à faire observer que le disciple de Pyrrhon emploie constamment, dans sa manière de raisonner, des faits empruntés à l'expérience, ou des déductions mathématiques, opposant les unes et les autres aux hypothèses imaginées pour expliquer la causalité, prêtant ainsi à ces deux ordres de vérités une autorité reconnue. Nous remarquerons encore qu'il raisonne toujours dans la supposition que la théorie de la causalité expliquerait la nature même de l'action ou du rapport réel qui existe entre la cause et son effet, et qu'ainsi son argumentation pourrait bien être dirigée seulement contre ce qu'une théorie de ce genre a naturellement de téméraire. Ænesidême aurait attaqué ainsi le vice fondamental de la physique des anciens, et son doute aurait paru absolu, parce que ce vice était universel. Les anciens, en effet, ne s'occupaient point de reconnaître l'enchaînement des causes, d'après la succession régulière des phénomènes, telle qu'elle est donnée par l'expérience; ils prétendaient pénétrer le mystère, saisir le *nexus* qui unit la cause à son effet, et le découvrir par des méthodes rationnelles. C'est pourquoi ils confondaient la physique avec la métaphysique, et nous avons vu qu'Aristote lui-même n'a pas su échapper à ce reproche.

Nous retrouvons encore dans Sextus le résumé du traité d'Ænesidême sur les signes. « Si les signes, disait-il, se montraient en effet à l'observateur, ils se montreraient semblables à tous les hommes disposés de la même manière; mais il n'en est point ainsi (1). » Ailleurs, il paraît refuser à la fois sa confiance au témoignage des sens et à l'autorité de la raison (2). « La vérité, dit-il, ne peut résider dans les choses sensibles; car, les notions générales dérivées des sens ne sont que les qualités communes aux objets particuliers; les sens ne peuvent les apercevoir, parce que, dépourvus de raison, ils ne peuvent embrasser ces relations communes; ils ne peuvent saisir davantage les propriétés particulières, puisque la vérité ne peut

---

(1) *Adv. logic.*, II. 234.
(2) *Ibid.*, *ibid.*, 40 suiv.

être perçue que par la raison. La raison elle-même ne peut être plus heureuse; car, il faudrait qu'elle prononçât de la même manière chez tous les hommes, ce qui n'est pas; on n'a donc que la lutte des opinions privées et diverses. La vérité ne saurait se trouver également dans l'accord des sens et de la raison, puisque le témoignage des uns est constamment opposé à l'autorité de l'autre. Si les perceptions sensibles étaient vraies, poursuit-il, elles seraient toutes également vraies, puisqu'elles sont également sensibles ; or, une portion d'entre elles est nécessairement vraie, l'autre fausse; il en est de même des propositions rationnelles qui roulent sur les choses intelligibles (1). » Notre Sceptique, en admettant ainsi qu'une partie des perceptions et des propositions rationnelles sont nécessairement vraies, paraît tomber en contradiction avec lui-même. Il n'est guère plus favorable aux notions morales. « Tous les hommes, dit-il, donnant le nom de bien à ce qui leur est agréable, quel qu'il soit, en portent par là même des jugemens opposés (2). »

---

(1) *Ibid.*, *ibid.* 47.
(2) *Id.*, *Adv. Ethic.* 42.

Voici cependant Ænesidême qui revient à des opinions plus affirmatives, le voici qui arrive au système d'Héraclite, et qui en adopte certaines idées. « Ænesidême, Héraclite et Epicure, quoique différant dans les applications spéciales, ont cependant un sentiment commun sur les sens, dit encore Sextus (1). » Des phénomènes sensibles, les uns, suivant Ænesidême, se montrent généralement à tous; d'autres seulement à quelques-uns; les premiers sont vrais, les seconds, faux. Ænesidême, d'après Héraclite, et en accord avec lui, plaçait la pensée hors de la substance du corps, et concevait les sens comme autant de canaux qui servent à recevoir les connaissances (2). Il considérait le temps comme une substance réelle et matérielle (3). Il adoptait l'opinion d'Héraclite sur l'univers, prétendant avec lui que le tout était distinct de ses parties, et cependant identique avec elles, car l'essence est commune à l'un et aux autres (4). Il embrassait aussi les idées de

---

(1) *Adv. logic.*, II. 8.
(2) *Id., ibid.*, I.
(3) *Id.*, Pyrrhon. *Hyp.* I. 137.; *Adv. physic.* II. 216.
(4) *Id. Adv. physic.* I. 337.

ce philosophe sur l'air, comme principe des choses (1). Il distinguait deux mouvemens, l'un intérieur qui produit les altérations des corps, l'autre extérieur qui n'en opère que le déplacement (2).

Comment concilier ces propositions dogmatiques avec le Scepticisme absolu? Quel serait le lien du Scepticisme avec le système d'Héraclite? Sextus, sans adopter à cet egard les vues d'Ænesidême, essaye de nous les expliquer. « Avant d'admettre que les mêmes objets sont soumis à des accidens contraires, il faut établir qu'à l'occasion des mêmes objets, nous sommes frappés par des apparences contraires : or, la première de ces deux propositions est le fondement du système d'Héraclite; la seconde, celui du Scepticisme (3). » Rappelons-nous qu'Héraclite lui-même avait considéré le doute comme la préparation à la vraie philosophie (4). Si nous nous reportons à la doctrine d'Héraclite telle que nous l'avons exposée (5), nous trouverons

---

(1) *Id. Ibid.*, 233.
(2) *Id.*, *Adv. physic.* II. 38.
(3) *Id.*, Pyrrhon. *Hyp.*, I. 29.
(4) Diogène Laërce, IX, §. 8.
(5) Tome 1ᵉʳ, ch. VI, pag. 480 et suiv.

de nouvelles et frappantes analogies entre ses points principaux et les fragmens qui nous restent du Sceptique Alexandrin. Son Scepticisme tendait essentiellement à justifier cette mobilité de toutes choses qui formait la vue dominante du système d'Héraclite et cet idéalisme qui en était la suite naturelle (A).

Ainsi, Ænesidême aurait rempli, relativement à la doctrine d'Héraclite, un rôle semblable à celui d'Arcésilas et de Carnéade relativement à l'enseignement de Platon.

Si le Portique entreprit et soutint une lutte persévérante contre le Scepticisme, ses disciples ne furent cependant point les seuls à servir cette cause. Parmi les Péripatéticiens qui se proposèrent le même but, on distingue Aristoclès de Messène, dont Alexandre d'Alphrodisée fut le disciple. Aristoclès ne s'était point borné à commenter Aristote; il avait écrit une histoire de la philosophie dont quelques fragmens nous ont été conservés par Eusèbe. L'un d'entre eux a pour objet de réfuter le Scepticisme de Timon et celui d'Ænesidême. Il emploie pour le combattre sept considérations principales.

« 1°. On peut demander aux Pyrrhoniens si ceux qui mettent une différence entre le vrai et le faux, sont dans l'erreur. Il ne peuvent manquer de déclarer l'affirmative, en se réservant le privilége de n'être point dans l'erreur, ceux qui soutiennent le contraire. Dès lors ils distinguent l'erreur de la vérité, et se condamnent eux-mêmes.

« 2°. S'il n'y a aucune différence entre les choses, comme le soutiennent les Pyrrhoniens, eux-mêmes ne différant point des autres hommes, que devient donc alors leur prétendue sagesse, leur supériorité sur les autres philosophes ?

« 3°. Si tout est indifférent, s'il n'y a aucune différence entre les choses, il n'y aura point de différence aussi entre ces deux choses : différer et ne pas différer, penser et ne pas penser. Alors pourquoi ces *oui* et ces *non*? Pourquoi les Sceptiques viennent-ils nous inquiéter, nous interdire ou nous prescrire des opinions? Ils disent ne rien savoir, et blâment les autres, comme s'ils étaient plus éclairés.

« 4°. Celui qui avance une chose l'expose clairement, ou la laisse dans l'obscurité. Dans le second cas, il n'y a pas lieu à disputer avec lui; dans le premier, il faut qu'il admette un principe, ou qu'il remonte à l'infini. S'il se perd dans l'infini, nous devons l'abandonner encore; car, c'est une région qui nous est inconnue.

S'il admet un principe, il nous donne gain de cause. »

« 5°. On peut demander encore aux Pyrrhoniens d'où ils savent que tout est incertain? Ils doivent cependant savoir ce que c'est que le certain avant de prononcer, que tout est incertain; car toute notion négative suppose nécessairement une notion positive antérieure. Lorsqu'Ænesidême dans son *Hypotypose* a présenté ses neuf tropes ou méthodes pour demontrer l'incertitude des choses, la connaissait-il ou ne la connaissait-il pas lui-même? Il prétend cependant qu'il y a une différence entre les animaux, entre les hommes; entre les états, entre les genres de vie, les lois, les mœurs; il prétend que les sens sont faibles; il oppose de nombreux obstacles aux connaissances : l'éloignement, la grandeur des objets, leur mobilité; il s'appuie sur ce que les jeunes gens et les vieillards, les hommes endormis ou éveillés, sains ou malades, ont autant de manières diverses de sentir, et en conclut que nous ne percevons par les sens aucun objet dans sa pureté réelle, tel qu'il est en lui-même, mais seulement confondu dans un mélange et d'une manière relative. Lorsqu'il expose avec tant d'art toutes ces objections et d'autres encore, on peut à bon droit lui demander si c'est là le langage d'un homme qui ne sait rien. Il est vrai que les Pyrrhoniens, dans ce genre de dissertations, emploient seulement une sorte d'inductions, pour expliquer les propriétés de certaines apparences. Toutefois, ils ne peuvent en faire usage, sans donner leur assentiment à certaines propositions.

« 6°. Le Pyrrhonisme est sans but, ou son but, s'il en a un, ne peut être que funeste. Quelle utilité peut-on espérer de ces satires dans lesquelles il dénigre tous les hommes? Quelle utilité se promet Ænesidême de ses brillantes déclamations? Si, du moins, ils se proposaient de rendre les hommes meilleurs, et s'ils ne frappaient que pour guérir les folies! Mais, si le Pyrrhonisme triomphait généralement, tout commerce entre les hommes ne serait-il pas détruit? y aurait-il encore un citoyen, un juge, un instituteur, un ami, un homme même? A quels vices ne se livreraient pas ceux qui ne distinguent point le bien du mal? En vain dit-on qu'on les arrêterait par l'autorité des lois et les peines qu'elles infligent; quel obstacle opposeraient-elles à ceux qui se déclarent impassibles?

« 7°. Ils prétendent se diriger d'après la

nature et les usages. Mais, s'ils ne peuvent prononcer sur rien, comment sauront-ils précisément ce qui doit résulter de la nature et des usages? L'homme ne peut demeurer sans opinion; l'être sensible ne peut s'empêcher de sentir; sentir, c'est apprendre à connaître quelque chose; les Sceptiques eux-mêmes se confient à leurs sens. Quand nous souffrons ou jouissons, ne savons-nous pas que nous éprouvons de la douleur ou du plaisir? La mémoire, la réminiscence supposent la faculté de percevoir. Les notions du sens commun, les arts, les sciences, toute la vie humaine supposent aussi l'exercice de cette faculté.

» Le Pyrrhonisme se détruit donc lui-même. Il est contraire à la nature comme aux lois (1). »

On voit que les sept raisonnemens d'Aristoclès se réduisent réellement à deux : la contradiction dans laquelle tombe le Sceptique absolu; les funestes conséquences du Scepticisme pour la pratique. (B.)

Parmi les successeurs d'Ænesidême, nous distinguerons Agrippa, qui fut l'auteur des

---

(1) Euseb., *Præp. Evang.*, 4, XVI; 18, XV.

cinq nouveaux *lieux* ou *tropes* ajoutés au code de Pyrrhon (1). Le premier était déduit de la dissidence des philosophes, de la contradiction qui s'est élevée entre leurs écoles; le second, de la rétrogradation à l'infini que nécessiterait le besoin d'appuyer chaque preuve sur une preuve nouvelle; le troisième, *de la relativité*, c'est-à-dire, de ce que les qualités qui nous paraissent résider dans les objets, ne sont cependant que nos propres manières d'être, et ne nous révèlent point la nature des choses; le quatrième, de l'abus des suppositions gratuites, admises comme des principes; le cinquième, enfin, de ce que Sextus appelle le *dialelle*, ou de l'emploi du *cercle vicieux*, pour emprunter le langage de la Logique moderne, lorsque, pour démontrer une chose mise en question, on recourt à une seconde, et venant ensuite à justifier celle-ci, on revient à la première pour lui emprunter le même secours (2). On voit que ces *tropes* étaient une sorte de nomenclature pour enregistrer et classer les sources des erreurs humaines.

On a rangé ordinairement au nombre des

---

(1) Diogène Laërce, IX, 88.
(2) Sextus l'Empir., *Pyrrhon. Hyp.* I, 164 à 178.

Platoniciens le premier philosophe connu qu'ayent produit les Gaules, Phavorin ou Favorin; mais, privés de ses écrits, réduits à juger par leur titre seul de l'esprit de sa doctrine, nous ne pouvons reconnaître en lui qu'un Sceptique, et même en le considérant comme attaché à l'Académie moyenne, il n'en prend pas moins sa place parmi les commentateurs de Pyrrhon. Il avait écrit sur la *Vision compréhensive*; sur la *Proposition académique*; mais il avait aussi développé les dix *tropes* pyrrhoniens (1); Philostrate dit que ce traité était son meilleur ouvrage (2). Aulu-Gelle assure qu'il avait exposé ce sujet avec beaucoup de sagacité et avec une dialectique très-exercée (3). Galien a cru devoir diriger expressément contre Phavorin l'écrit qu'il a composé contre le Scepticisme, de manière que nous connaissons en quelque sorte Phavorin par la réfutation que ce dernier philosophe en a faite. « Quelques écrivains récens, dit Galien, et dans leur nombre est Phavorin, portent jusqu'à un tel point la suspension du doute, qu'ils

---

(1) Diogène Laërce, IX, 87.
(2) *Vitæ sophist.* pag. 495, éd. de Paris.
(3) Aulu-Gelle, XI, I.

nient même l'existence du soleil. Une seule chose lui paraît probable, c'est qu'on ne peut rien savoir avec certitude. » Galien cite encore quelques autres traités de lui dans le même esprit ; cependant, il ajoute que, dans celui qui porte le nom de *Plutarque*, Phavorin avait paru accorder que l'on peut parvenir à quelque connaissance certaine des choses (1).

Le code Pyrrhonien reçut encore l'addition de deux derniers tropes, dont nous ignorons les auteurs, ce qui compléta cet arsenal du doute jusqu'à Sextus l'Empirique. « Rien ne peut être compris par soi-même ; la preuve en est dans cette controverse interminable qui s'est élevée au sujet des choses sensibles et intelligibles, entre les hommes livrés à l'étude de la science de la nature, lorsqu'ils refusent tour à tour l'autorité et aux sens et à la raison ; puisqu'ainsi tout prête sujet à contradiction, rien ne peut recevoir la sanction de la certitude. » Voilà le premier trope ; voici le second : « On ne peut non plus comprendre une chose par le moyen d'une autre ; car quelle lumière pourrait apporter celle-ci ? D'après ce

---

(1) *De opt. docendi gen. contra Favorinum.*

qu'on vient de dire, elle ne pourrait être comprise par elle-même; elle devrait donc à son tour s'expliquer par une troisième; on remontrait ainsi de proche en proche, rencontrant toujours la même difficulté, sans jamais pouvoir la résoudre (1). » On voit que ce dernier trope se confond avec le second de ceux déjà ajoutés par Agrippa, ou plutôt avec l'argument le plus ancien et le plus ordinaire des Sceptiques. Ils appliquaient essentiellement ce dernier genre de raisonnement à la théorie de la causalité, ou, pour parler leur langage, à la théorie des signes.

Nous passerons sous silence les Sceptiques dont nous ne connaissons que les noms, et nous arriverons à celui qui, dans toute l'antiquité, paraît avoir porté ce système au plus haut degré de perfection, qui semble avoir épuisé le sujet, et qui termine ainsi la série des successeurs de Pyrrhon.

« A peine connaissait-on dans nos écoles le
» nom de Sextus Empiricus, dit Bayle (2). Les
» moyens de l'*époque* qu'il a proposée si sub-
» tilement n'y étaient pas moins inconnus que

---

(1) Sextus l'Empir. — *Pyrrhon. Hyp.* I, 178.
(2) *Diction.*, art. *Pyrrhon.*

» la terre australe, lorsque Gassendi en a donné
» un abrégé qui nous a ouvert les yeux. » On
ne peut assez s'étonner d'un oubli aussi général
et aussi prolongé. Les ouvrages de Sextus
ne sont pas seulement le traité le plus complet du Scepticisme, ou plutôt le seul complet
que les anciens nous aient laissé ; ils sont
certainement aussi ceux qui renferment les
documens les plus nombreux, les plus variés,
les plus précieux, sur la philosophie entière
de l'antiquité. Cet homme extraordinaire avait
étudié toutes les doctrines, les avait examinées,
discutées, rapprochées et comparées entre elles.
Son exactitude et sa fidélité inspirent la confiance
pour son témoignage ; sa pénétration et sa sagacité
le dirigent sur les points essentiels de chaque
système. Quoique souvent diffus et sujet à se
répéter, il exprime quelquefois d'un seul trait
l'esprit d'une doctrine entière ; quoique s'abandonnant trop souvent à des argumentations
subtiles, il est d'une clarté rare chez ce genre
d'écrivains. Il procède avec une singulière
méthode. Enfin, et ceci donne encore un
mérite particulier à ses travaux, il les rapporte
constammment aux grandes questions qui ont
pour objet le principe des connaissances humaines, trouvant à la fois, dans ce point de

vue, le moyen de les caractériser, de les classer de les juger. Quelle immense et vaste galerie de toutes les opinions qui se sont succédées pendant un grand nombre de siècles, dans les régions les plus éclairées de la terre! Quelle revue des productions de tout genre qui ont successivement enrichi les sciences et les arts! Quelle critique universelle, inépuisable de tous les travaux de l'esprit humain! Ce ne sont point les épigrammes de Lucien; c'est Lucien sérieux, armé de logique et d'érudition. On croit voir en lui le Bayle de l'antiquité. Rien n'échappe à la sévérité de ses arrêts. Il censure les grammairiens sur leur manière d'enseigner et conteste l'utilité de cet enseignement; il étend les mêmes censures aux rhéteurs, aux professeurs de cet art musical si estimé des anciens et qu'ils associaient presque à la morale (1). En blâmant la manière dont ces connaissances ont été exposées, en opposant continuellement les dogmatiques entre eux, et faisant ressortir leurs nombreuses contradictions, il nous fait connaître

---

(1) *Adv. grammat.* — *Adv. rhetoric.* — *Adv. musicos*, etc.

comment elles avaient été traitées jusqu'alors, et ses reproches semblent souvent provoquer de meilleures méthodes. Le Scepticisme semble être un cadre qu'il a choisi pour embrasser l'histoire encyclopédique des connaissances humaines.

On ne connaît point la patrie de cet illustre médecin, et l'on n'a point de donnée précise sur l'époque à laquelle il vécut; quelques savans ont pensé qu'il était le même que ce Sextus de Chéronée, neveu de Plutarque, et l'un des instituteurs de Marc-Aurèle; mais cette supposition est inadmissible. Sextus cite au nombre des Sceptiques qui l'ont précédé, Ménodote qui vivait sous le règne de cet empereur; on ne peut donc le placer lui-même avant la fin du même règne; d'un autre côté, il est antérieur à Diogène Laërce qui l'a mentionné à son tour.

Sextus avoue que le Scepticisme avait atteint son plus haut degré de perfection et formait un système complet, par la suite des travaux exécutés avant lui, et notamment depuis Ænesidême; il ne prétend point y avoir rien ajouté, et on ne le voit jamais occupé de faire valoir ses propres recherches. Il a donné le nom d'*Hypotyposes pyrrhoniennes* au traité dans lequel il a méthodiquement exposé l'ensemble de ce système. Mais, indépendamment de ce qu'il y a réuni les observations d'un grand nombre de Sceptiques qui, sans lui, nous seraient restées inconnues, il les a commentées, éclairées par de nombreux développemens.

Nous avons eu souvent occasion de remarquer que le Scepticisme des anciens n'était, à plusieurs égards, qu'une sorte d'Idéalisme ; qu'ils contestaient essentiellement les principes sur lesquels repose la réalité des connaissances, plutôt que l'existence des vérités subjectives. Un passage curieux de Sextus fera ressortir cette analogie. « On reproche aux Sceptiques, dit-il, de rejeter les phénomènes ; mais, on ne saisit point en cela notre véritable pensée ; nous ne rejetons nullement les impressions faites sur nos sens, qui obtiennent un assentiment involontaire ; c'est en cela que consistent les phénomènes ou les apparences. Lorsque nous demandons s'il existe réellement un sujet conforme à cette apparence, nous reconnaissons sans doute que cette apparence se montre ; nos questions et nos doutes ne portent donc pas sur le phénomène, mais bien sur ce qu'on attribue à la réalité. Nous accordons que le miel paraît doux, parce que nous recevons par les sens la perception d'une saveur douce ; mais nous doutons qu'il y ait en effet une qualité, une propriété semblable dans les objets, autant que la raison et l'intelligence peuvent la concevoir et la connaître. Lorsque nous élevons des questions sur les perceptions sensibles, ce n'est pas que nous voulions renverser cet ordre de phénomènes ; nous nous bornons à critiquer la témérité des Dogmatiques. Car, si les écarts de la raison sont tels qu'elle nous égare sur les choses mêmes qui se montrent à nos yeux, comment ne la tiendrions-nous pas pour suspecte dans les choses incertaines ? Il y a deux sortes de *criterium*, ou d'instrumens pour la faculté de juger : l'un en vertu duquel nous nous croyons autorisés à prononcer qu'une chose existe ou n'existe pas ; c'est celui des Dogmatiques ; l'autre qui sert à régler les actions, qui s'appuie sur les perceptions sensibles, sur la confiance et l'adhésion que nous leur accordons sans le vouloir, et qui s'applique à la vie commune ; c'est celui qu'admettent les Sceptiques (1). »

Sextus se distingue donc essentiellement des autres Sceptiques, en ce qu'il a reconnu et avoué, d'une manière plus expresse, que nous

---

(1) *Pyrrhon. hypotyp.*, I, 19 à 23.

avons la conscience de nos propres sensations, se bornant à leur refuser toute valeur objective. On a vu que les objections d'Aristoclès contre les Sceptiques se fondaient principalement sur leur hésitation à admettre au moins ces perceptions subjectives ; peut-être auront-elles fait sentir à Sextus que telle était la partie la plus vulnérable du Scepticisme, et l'auront-elles déterminé à se mettre à couvert sur ce point, en s'exprimant d'une manière plus positive.

Ailleurs, il semble condamner non pas précisément le témoignage des sens et l'autorité de la raison, mais les hypothèses imaginées pour justifier l'un et l'autre : « Nous n'examinons point comment les choses sensibles tombent sous les sens, ni comment les choses intelligibles perçues par l'entendement sont en effet perçues par lui; nous recevons les unes et les autres simplement et d'une manière absolue, comme en quelque sorte indéfinissables (1). »

Les divers traités que Sextus a dirigés contre les professeurs des sciences, contre les géomètres, contre les arithméticiens, contre les astronomes, contre les logiciens, contre les

---

(1) *Pyrron. Hypotyp.*, **I**, 8.

physiciens, contre les moralistes, et que l'on comprend ordinairement sous le titre commun *Adversus Mathematicos*, à raison de celui qui y occupe le premier rang, ne sont qu'un commentaire des *Hypotyposes pyrrhoniennes*. Bornons-nous à en résumer rapidement la substance en ce qui concerne les questions fondamentales de la philosophie.

« Y a-t-il quelque chose de vrai ? Y a-t-il un » critérium de la vérité ? » Ces deux questions font l'objet du second livre *Contre les Logiciens*; elles sont examinées aussi dans les chapitres III à IX du second livre des *Hypotyposes pyrrhoniennes*; mais, Sextus traite de la seconde avant la première. Après les avoir séparées, il les réunit et les confond cependant de nouveau ; l'une et l'autre sont discutées, moins d'après une étude approfondie des facultés humaines, qui eût pu conduire à d'intéressantes recherches, que d'après les argumens d'une dialectique souvent subtile et captieuse.

C'est ainsi, par exemple, qu'il argumente pour prouver qu'il n'y a rien de vrai : « Celui qui prétend qu'il y a quelque chose de vrai, s'il l'affirme sans démonstration, n'obtiendra aucun crédit; s'il veut le démontrer, supposera la question, puisqu'il faudra avant tout que sa démonstration soit vraie elle-même. Dira-t-on que la proposition la plus générale est vraie, ou qu'elle est fausse, ou qu'elle est vraie et fausse tout à la fois ? Si elle est fausse, tout sera faux ; si elle est vraie et fausse, chaque chose particulière sera vraie et fausse en même temps ; si elle est vraie, cette proposition sera donc vraie aussi : *il n'y a rien de vrai*, puisqu'elle est contenue dans la proposition la plus générale, celle qui embrasse toute proposition possible. S'il y a quelque chose de vrai, c'est ou ce qui est apparent, ou ce qui est obscur, ou ce qui est mélangé de l'un et l'autre. Or, on ne peut le dire de ce qui est apparent ; car, alors tout ce qui est apparent serait vrai ; cependant, il est apparent pour plusieurs qu'il n'y a rien de vrai ; on peut bien moins le dire encore des deux autres.

» On distingue, dit Sextus, trois sortes de *criterium*, c'est-à-dire, d'instrumens pour distinguer le vrai du faux : le premier appartient à celui qui juge, c'est-à-dire, à l'homme ; le second au moyen qu'il emploie pour juger, c'est-à-dire, aux sens ou à l'intelligence ; le troisième à l'action par laquelle l'esprit s'applique aux objets, ce qu'on appelle les *criterium à quo, per quod, secundum quod*. Les controverses des philosophes sur ces *criterium* eux-mêmes suffiraient pour prouver qu'il n'en existe point ; car il faudrait un *criterium* nouveau et supérieur pour décider en prononçant.

» Je rejette le premier, dit Sextus, parce qu'il me semble que l'homme tel que le représentent les Dogmatiques ne peut être conçu ni compris. » Sextus accumule ici des arguties vraiment puériles que nous épargnerons au lecteur. « En admettant même, poursuit-il, que l'homme puisse tomber sous l'intelligence, on ne saurait admettre que nous puissions le connaître ; car, l'homme est composé d'une âme et d'un corps. Or, le corps ne peut être compris, car nous n'apercevons que ses accidens ; d'ailleurs le corps est composé de trois dimensions, et nous n'apercevons que sa surface ; si nous connaissions le corps, nous apercevrions qu'une barre d'argent doré n'est que de l'argent. L'âme ne peut pas être connue davantage ; car les sens ne peuvent l'apercevoir, et supposer qu'elle soit connue par l'intelligence même, c'est rouler dans un cercle vicieux.

» Je rejette également, continue-t-il, le second *criterium*. D'abord, accepterions-nous le témoignage des sens ? Mais, quelle autorité pourrait le garantir si nous n'en reconnaissions point d'autres que ce témoignage lui-même ?

Accordons cependant aux sens la faculté de percevoir ; ils ne pourront prononcer sur les choses extérieures, car ils sont entièrement passifs ; ils ne perçoivent que leurs propres modifications, ils sont diversement affectés par les mêmes objets ; rien n'est incertain, mobile et contradictoire comme les impressions qu'ils en reçoivent. D'ailleurs, ils ne saisissent que les accidens des objets, et non le lien qui unit ces accidens entre eux et à l'objet lui-même. Transporterons-nous ce privilége à l'entendement ? Mais, l'entendement n'a aucune action, directe, immédiate sur les objets. Comment connaîtrait-il les autres objets, lorsqu'il ne peut se connaître lui-même ? Voyez d'ailleurs quel contraste entre les entendemens humains ! Qui prononcera entre eux ? Auquel adjuger la préférence ? Enfin, transporterons-nous, avec quelques philosophes, cette prérogative aux sens et à l'entendement réunis, en sorte que les premiers servent d'introduction aux opérations du second ? Mais, la matière donnée par ceux-là est confuse, incohérente ; les opérations de celui-ci sont pleines d'incertitudes. Les perceptions sensibles n'ayant par elles-mêmes aucune similitude avec les objets extérieurs, quel instrument emploierait la raison pour les comparer ? comment cet instrument atteindrait-il le second terme de la comparaison, terme qui nous est inconnu ? L'entendement se trouvera toujours borné à opérer, à prononcer sur la matière que les sens lui ont livré, sans pouvoir fonder un rapport légitime avec la réalité.

» Je rejette enfin le troisième *criterium* qui consisterait dans la perception ou la *vision*. On comprend sous ce nom l'impression produite dans la partie principale de l'âme. Mais, toutes les explications qu'on a imaginées pour en rendre compte ne sont que des hypothèses arbitraires et inintelligibles. Cette opération, fût-elle même comprise, ne pourrait faire connaître les objets réels. Car, elle ne s'applique point aux choses extérieures par elle-même, mais par le ministère des sens ou de l'entendement, instrumens dont nous avons démontré l'impuissance. L'impression reçue diffère de l'objet qui l'a produite ; elle ne peut donc le connaître : elle ne représente qu'elle-même. C'est un portrait, une image dont rien ne garantit la fidélité ; il manque un moyen quelconque pour apprécier la similitude. Comme on reconnaît d'ailleurs qu'il y a des perceptions qui nous égarent, il faudrait un guide pour nous enseigner à discerner celles qui méritent notre confiance. »

Sextus n'admet pas davantage la probabilité des Académiciens, que la certitude des Dogmatiques. « Cette probabilité, dit-il, ne peut conduire à la découverte de la vérité ; car, lorsqu'on croit l'avoir obtenue, en parcourant les divers contours, les différens aspects des objets, on ne peut s'assurer qu'on a fait une investigation complète, et qu'on n'a négligé aucun des élémens nécessaires. » On ne peut refuser à cette objection le mérite d'avoir pénétré dans la théorie de la probabilité, plus avant que les Académiciens eux-mêmes.

Nous avons cru devoir rapporter ici un résumé fidèle de cette argumentation, pour faire apprécier le mérite des armes que Sextus oppose le plus souvent aux Dogmatiques. C'est dans le même esprit qu'il traite de la *démonstration*, du *raisonnement*, de l'*induction*, du *genre* et de l'*espèce*, etc.

Il ajoute peu de choses à l'argumentation d'Ænesidême contre la causalité. « La notion de la cause, dit-il, n'exprime qu'un rapport ; or, tout rapport n'est qu'une simple conception de l'esprit (1) ». Mais, il se borne à indiquer

(1) *Adv. phys.*

cet aperçu, qui dans l'intérêt de sa cause eût mérité quelque développement.

« On distingue, dit-il, deux espèces de signes; les uns simplement *commémoratifs*; les autres *indicateurs*. Nous admettons les premiers, qui ne sont qu'un secours pour la mémoire; nous rejetons les seconds, qui seraient un guide pour le jugement. » Mais, encore ici, il se borne à reproduire ses dilemmes et ses subtilités accoutumées.

Nous chercherons en vain un mérite plus solide dans les doutes opposés aux principes sur lesquels reposent la géométrie et le calcul. On y retrouve plutôt l'imitation de l'école de Mégare, qu'une discussion véritablement sérieuse. (D)

La question la plus importante de la philosophie, celle de l'existence de Dieu, avait été le sujet le plus essentiel des méditations des philosophes depuis Socrate; elle a attiré aussi toute l'attention de notre Sceptique. Rejettera-t-il aussi cette auguste vérité? « Peut-être, dit-il, le Sceptique sera-t-il plus ferme et plus constant dans cette matière, que les disciples des autres écoles. Car, il reconnaît l'existence des Dieux, conformément aux institutions et aux usages de sa patrie; il n'omet rien de ce qui peut concerner leur adoration et le culte de piété qui leur est dû. Seulement il ne se permet point de soumettre un tel sujet aux investigations philosophiques (1). »

Après avoir mis ainsi, ou cru mettre en sûreté les intérêts religieux, il reprend sa méthode accoutumée. Il fait apparaître et ceux qui ont rendu hommage à ces hautes vérités, et ceux qui ont refusé de les reconnaître. Il expose, avec une fidélité scrupuleuse et dans le plus grand détail, les preuves apportées par les premiers, et les objections présentées par les seconds; il oppose ces deux tableaux l'un à l'autre; c'est la discussion la plus complète sur ce sujet que nous trouvions dans les livres des anciens. Mais, au lieu de soumettre ensuite ces deux ordres de raisonnemens contraires à une révision commune, à un examen définitif, il se contente fort légèrement de les supposer également plausibles; il donne sa propre hésitation comme un principe de solution; il conclut au doute par cela seul que les opinions se sont contredites; il abandonne toute recherche ultérieure comme impossible, parce

---

(1) *Adv. phys.* I, 49.

qu'il désespère d'y réussir, ou plutôt parce qu'il néglige de l'entreprendre (1) (E).

Sextus, enfin, entre dans les régions de la morale. Ici, on espère du moins quelques investigations sur la nature de l'homme, sa destination, sur la loi naturelle. Cet espoir n'est point rempli. Lorsque Sextus a épuisé les recherches de son infatigable érudition, lorsqu'il est rendu à lui-même, et qu'il s'agit de discuter le mérite des doctrines, on dirait qu'il s'exerce à un vain jeu de l'esprit (F). Après avoir relevé tant de contradictions dans les autres philosophes, il tombe lui-même dans les contradictions les plus fréquentes et les plus manifestes. Il n'aurait pas agi autrement s'il se fût proposé uniquement pour but de prouver les abus de la Dialectique, et de les prouver par son propre exemple. Mais, il paraît qu'il était de fort bonne foi; sa raison avait fléchi sous le poids du recueil immense que son érudition avait formé, s'était, si l'on peut dire ainsi, égarée dans le labyrinthe des discussions, semblable à un voyageur qui croi-

---

(1) *Adv. phys.* 61 à 190.

rait que la route n'a point de terme, parce qu'il a lui-même succombé à la fatigue (G).

Le surnom d'Empirique lui venait, comme on le sait, de la secte médicale à laquelle il était attaché. Galien a exposé avec son exactitude accoutumée ce qui caractérisait et distinguait entre elles la secte méthodique et la secte empirique. La première donnait exclusivement ses théories rationnelles pour flambeau à l'art de guérir; la seconde se guidait exclusivement par l'expérience et l'observation déduite de la pratique; Galien a très-bien fait voir comment ces deux manières de procéder sont vicieuses quand elles sont isolées, et doivent être combinées par le médecin éclairé. Il est assez curieux de remarquer que Sextus assigna une consanguinité naturelle au Scepticisme, non avec cette école empirique dont il suivait la bannière, mais avec l'école méthodique. « Plusieurs pensent, dit-il, que la secte empirique se confond avec la philosophie sceptique; mais, quoique cette secte affirme que les choses inaccessibles à l'observation ne peuvent être connues, nous ne la reconnaissons point pour sceptique. Cette dénomination convient beaucoup mieux à la secte méthodique. Cette dernière ne s'attache pas à découvrir les causes des maladies, elle se borne à déterminer les caractères généraux des maladies ; elle se laisse conduire, comme le Scepticisme, par les impressions passives (1) ». En général, la plupart des sceptiques de ce temps sortirent du rang des médecins ; cette circonstance s'explique, à ce qu'il nous semble, d'une manière naturelle. La médecine était, parmi les anciens, presque la seule science qui vînt habituellement se terminer à un art, et subir par là l'épreuve rigide des applications. La pratique était pour elle ce que l'art d'expérimenter est chez les modernes. Elle offrait donc un théâtre sur lequel pouvait être vérifié le mérite des méthodes scientifiques jusqu'alors adoptées ; elle en devait faire reconnaître le vice fondamental ; elle devait mettre en évidence la témérité des hypothèses si arbitrairement conçues, et la vanité de cette métaphysique spéculative imposée comme une loi suprême à l'étude de la nature. Si l'industrie manufacturière n'eût pas été, chez les anciens, abandonnée aux esclaves, si on eût tenté de la mettre en corrélation avec les sciences physiques, celles-ci eussent éprouvé le bienfait d'une épreuve

---

(1) *Pyrrhon. hypot.*, lib. I, cap. 34.

semblable, et l'on eût pu tenter une réforme générale. Mais, l'exemple isolé de l'art médical fut perdu pour la direction commune du système des connaissances humaines.

Les écrits de Sextus furent, avec ceux de Lucien, les derniers efforts essayés pour ramener, par une censure hardie, la raison humaine à des voies plus prudentes. Pendant qu'un petit nombre de penseurs scrutaient encore avec soin le secret des opérations de l'esprit humain, et remontaient aux titres primitifs en vertu desquels peuvent s'exercer ses droits sur le domaine de la science, de nouvelles spéculations avaient pris naissance; elles prenaient un essor plus hardi que jamais; toutes les recherches relatives aux principes des connaissances devenaient inutiles, importunes mêmes, et bientôt l'esprit dominant du siècle, se portant à un autre extrême, devait faire non-seulement oublier et négliger les opinions des Sceptiques, mais faire dédaigner l'examen des questions que les censures des Sceptiques tendaient à faire mieux approfondir.

NOTES

DU DIX-NEUVIÈME CHAPITRE.

(A) Cette alliance du Scepticisme avec le système d'Héraclite paraît inadmissible à Tennemann (Hist. de la phil. tome V, page 34 et 35); il suppose qu'Ænesidême aura adopté l'un après l'autre, en changeant d'opinion par de plus mûres réflexions. Il n'y a cependant pas plus lieu de s'étonner de voir le Scepticisme employé par Ænesidême pour introduire à la doctrine d'Héraclite, que de le voir employé par la nouvelle Académie pour introduire à la doctrine de Platon. On n'est embarrassé que de choisir entre ces deux suppositions : ou c'était une sorte de scepticisme d'épreuve, pour préparer à l'adoption de la doctrine préférée, par la critique des autres systèmes accrédités ; ou c'était le résultat de l'affinité naturelle qui existe entre le Scepticisme et l'Idéalisme. Nous avons souvent remarqué que les Sceptiques anciens n'étaient réellement au fond que des Idéalistes ; ils se bornaient à refuser une valeur extérieure et objective aux perceptions. Or, telle était aussi la tendance du système d'Héraclite.

(B) Nous avons cru devoir rapporter ici la substance des raisonnemens d'Aristoclès, parce que c'est le seul exemple qui nous soit connu de l'argumentation des Péripatéticiens contre les Sceptiques, et parce que cet exemple d'ailleurs paraît avoir échappé à tous les historiens de la philosophie, si nous en exceptons Staudlin dans son *Histoire du Scepticisme.*

(C) On peut voir cette longue argumentation dans le 2.me livre *contre les logiciens* (§ 158 à 176) ; elle se borne en substance à dire « qu'un signe ne doit sa propriété qu'à un rapport. Or, un rapport ne peut être saisi que lorsqu'on connaît ses deux termes. Si donc l'objet signifié est lui-même inconnu, comment le signe pourra-t-il le faire reconnaître ? »

(D) Sextus essaie de répondre aux reproches des adversaires des Sceptiques, reproches qu'Aristoclès avait rendus plus pressans et reproduits sous toutes les formes. « On nous accuse de contradiction, dit-il, en ce que nous affirmons cependant, tout en professant un doute absolu, que ce doute lui-même est légitime. Mais, nous n'avons point l'usage de rejeter ce qui est communément adopté; nous ne rejetons que ce qui est incroyable, et nous employons les mêmes efforts pour obtenir une garantie à ce qui est digne de confiance. Ainsi, nos objections n'ont point pour objet de détruire tout *criterium* de la vérité; nous voulons seulement faire reconnaître que l'autorité des *criterium* n'est pas absolument inébranlable. D'ailleurs, nous ne donnons pas même notre assentiment aux propositions négatives puisque nous jugeons que les raisonnemens qu'on leur oppose ont une force égale à ceux qui les justifient. Les dogmatiques prétendent qu'un *criterium* peut se juger lui-même; nous prétendons au contraire qu'il a besoin de recourir à un juge supérieur (*Adv. log.* I, §. 40 à 445.)

« Il est nécessaire, disent les Dogmatiques, d'admettre d'abord les phénomènes, parce qu'il n'est rien qui soit plus digne de foi; tout raisonnement qui cherche à les attaquer se détruit lui-même, puisqu'il leur oppose des affirmations qui ne peuvent à leur tour reposer sur une autre base; » — à quoi Sextus répond : « Ce n'est point par des affirmations que nous cherchons à attaquer la confiance réclamée pour les phénomènes. Si les choses qui se montrent avec l'apparence de l'évidence aux sens ou à la raison, étaient d'accord entre elles, nous consentirions peut-être à les admettre. Mais, nous les trouvons en contradiction : les apparences sensibles ne s'accordent point, les apparences rationnelles ne se concilient pas davantage; celles de la première espèce sont en opposition avec celles de la seconde. Nous voyons donc une sorte de lutte et de combat dans lequel nous sommes inhabiles à prononcer. » (*Ibid.*, liv. 2., §. 360 et suiv.)

(E) Les preuves que présentaient les anciens philosophes en faveur de l'existence de la Divinité, telles que Sextus les expose, peuvent se rapporter à quatre classes :

1°. Témoignages humains :

Le consentement unanime des peuples ; la constance

de cette croyance qui survit à toutes les erreurs; l'autorité des esprits les plus distingués, celle des hommes qui ont approfondi la science de la nature, des sages; cette croyance d'ailleurs ne repose sur aucune des causes qui ont accrédité les préjugés ou les fables.

2°. L'ordre du monde :

La matière est par elle-même immobile, impuissante et dépourvue de toute qualité. Tout ce qui porte l'empreinte de la raison ne peut être émané que d'une cause raisonnable. Le monde est un tout et forme un système unique. Le monde renferme des intelligences; donc une intelligence seule a pu en être l'auteur. Preuves déduites par Socrate, Platon, Zénon. Exposition de la régularité et de l'harmonie qui règnent dans les phénomènes de l'univers.

3°. Funestes conséquences de l'athéisme :

Il détruit toute religion, toute moralité, toute sagesse, toute justice. — Sextus, d'après les Stoïciens, s'appuie aussi sur la divination, admise comme un fait.

A ces preuves Sextus oppose que les hommes, s'ils s'accordent dans la croyance à la Divinité, se la représentent sous les plus fausses et les plus grossières images. Il fait ressortir les conséquences absurdes de l'opinion des Stoïciens qui assimilaient la Divinité aux êtres animés. Il prétend établir qu'on ne peut admettre la Divinité comme un être infini, un être immatériel; il montre qu'on ne peut la concevoir comme un être matériel et fini. — De ce que les vertus humaines ne peuvent lui convenir, il conclut qu'il faudrait donc lui refuser la moralité. Il retombe dans ses dilemmes ordinaires et dans une argumentation qui ne mérite guère d'être citée ; il emprunte les argumens de Carnéade.

Il termine en supposant que les raisonnemens opposés se balancent et par conséquent se détruisent. « D'ailleurs, dit-il, si l'on veut adopter sur ce sujet une opinion universelle, on embrassera des contradictions, puisque ceux mêmes qui admettent cette croyance se contredisent dans leurs définitions. Si l'on donne la préférence à l'opinion de quelques-uns, quel sera le motif de préférer ? » (*Adv. phys.* I, 192.)

(F) donnons un seul exemple de ces subtilités :
« S'il y a un bien qui puisse être l'objet légitime pour le choix de la volonté, ce sera ce choix lui-même, ou bien il sera placé hors de ce choix. La première hypothèse est inadmissible ; car, elle nous ferait remonter à l'infini. Dans la seconde hypothèse, cet objet sera hors de nous, ou en nous. S'il est hors de nous, ou il exercera sur nous quelque influence, ou il n'en exercera aucune ; dans le premier cas, il n'y a aucun motif pour le choisir ; dans le second, c'est l'impression même que nous en recevons qui sera l'objet de notre choix. Si, au contraire, on suppose que cet objet soit en nous, il sera corporel ou spirituel. La première explication ne peut être reçue ; car la matière, étrangère à l'âme, ne peut en être connue ; toute connaissance réside dans l'âme ; d'ailleurs, si la matière parvenait même jusqu'à affecter notre âme, ce n'est point en tant qu'elle est un corps qu'elle pourrait devenir l'objet de nos désirs, mais en tant qu'elle nous affecte d'une manière agréable. La seconde explication est également inadmissible ; car les

hommes, différant dans les idées qu'ils se forment, ne sont point d'accord sur les vrais biens intellectuels ; cependant ce qui est bien par sa nature doit être tel pour tous les hommes. Il n'y a donc rien qui soit un bien par sa propre nature. (*Adv. Ethic.* 81 à 95.)

(G) La belle édition que Fabricius a donnée à Leipsick, en 1718, des ouvrages de Sextus, reçoit un prix éminent des savantes notes qu'il y a jointes et qui forment, avec le texte, l'un des recueils les plus curieux et les plus complets de sources pour l'histoire de la philosophie ancienne.

Un usage commence à s'introduire parmi quelques érudits de nos jours, celui de supprimer ce genre de notes en publiant les textes des anciens. On pouvait éviter les prétentions qu'avaient pu montrer les érudits du 17me siècle en portant à l'excès le luxe des annotations, sans se jeter dans l'exagération contraire ; ce qu'il importe ici de consulter avant tout, c'est l'intérêt de la jeunesse studieuse. Quel peut être le motif qui porte aussi quelques érudits, en publiant aujourd'hui des textes grecs inédits, à ne plus les accompagner de traductions latines ? Ces deux innovations nous arrivent de l'Allemagne. Nous ne pensons point qu'elles soient dans l'intérêt des lumières. Pourquoi publie-t-on, si ce n'est pour faire connaître et pour rendre l'étude des sources plus accessible ?

CHAPITRE XX.

Origine des doctrines mystiques. — Premier mélange des traditions orientales avec la philosophie grecque. — Docteurs juifs. — Gnostiques.

SOMMAIRE.

Alliance des traditions orientales avec la philosophie grecque. — Opinions diverses sur l'origine historique des nouvelles doctrines qui en résultèrent ; — Réalité des traditions venues de l'Orient. — Doutes sur l'étendue des emprunts que leur avaient faits les philosophes grecs. — Oracles attribués à Zoroastre.

Causes morales qui ont préparé cette alliance. — Double tendance ; — De la philosophie vers les religions positives ; — Des religions positives vers la philosophie ; — Effets qui durent en résulter. — Dangers auxquels elle peut s'exposer.

Les Juifs, premiers instrumens de ce rapprochement. — Docteurs juifs : Aristobule, Philon ; — Théosophie de Philon ; — Notions qu'il emprunte aux Grecs.

Gnostiques, — Sectes diverses : — Origine commune.

Ophites ; — Gnostiques opposés aux Juifs.

Gnostiques juifs ; Valentin ; sa Théosophie.

Caractères communs aux Gnostiques. — Origine de la Cabale.

Les antiques traditions de l'Asie dont nous avons présenté un aperçu rapide dans le troisième chapitre de cet ouvrage, n'étaient que des germes épars, des notions isolées, sans liaison entre elles, sans développement, données et reçues sous la forme des dogmes, voilées sous des allégories, enveloppées de mystères ; elles ne constituaient point une science. Elles présentent les formes d'une religion positive, et non le caractère d'une philosophie raisonnée. Le moment est venu où elles vont entrer dans le domaine de la philosophie proprement dite, devenir le foyer de systèmes nouveaux, se coordonner avec les doctrines qui avaient atteint un grand degré de maturité.

Ce grand phénomène donne lieu à deux questions du plus grand intérêt, l'une sur l'enchaînement des faits historiques, l'autre sur le concours des causes morales.

1°. L'origine des systèmes connus sous le nom d'*Ecclectisme*, de *Philosophie Alexandrine*, de *nouveau Platonisme*, est l'un des problèmes les plus difficiles et les plus importans de l'histoire de l'esprit humain. Nous n'aspirons point à le résoudre dans toute son étendue : trop de nuages couvrent encore les questions qui s'y rattachent, et nous nous hâtons de déclarer que nous sentons trop aussi l'insuffisance de nos forces ; nous ne présentons donc ici qu'avec une juste timidité les résultats auxquels nous nous sommes trouvés conduits par nos propres recherches; ce sujet d'ailleurs exigerait à lui seul un ouvrage fort étendu pour être convenablement traité.

Quelques savans modernes, entre autres Tiedemann et Meiners, ont révoqué en doute l'existence des doctrines orientales qui, d'après l'opinion généralement reçue, s'accréditèrent à Alexandrie avant la naissance du Christianisme, doctrines dont le caractère essentiel et propre, comme nous l'avons déjà remarqué (1), était une sorte d'idéalisme mystique, fondé sur la contemplation immédiate ou l'extase (A). Ils ont supposé que le développement de la philosophie platonicienne avait suffi pour donner aux idées des Eclectiques la direction

---

(1) Tom. I, chap. III, pag. 240 et suiv.

qu'elles suivirent après cette époque. Mais, les immenses conquêtes qu'a faites depuis quelques années la littérature orientale, ont jeté une lumière trop abondante sur la religion et les opinions des nations de l'Asie, pour que ces doutes puissent aujourd'hui se maintenir. Le résultat des découvertes nouvellement faites se trouve dans un accord trop parfait avec les anciennes notions qu'on s'en était formées d'après l'emprunt que firent à ces doctrines les philosophes alexandrins, pour que le fait de cet emprunt ne soit pas désormais hors de toute contestation.

D'un autre côté, le Juif Aristobule (1) avait imaginé de prétendre que la philosophie des Grecs, que leur poésie elle-même avaient leur source dans les livres sacrés des Hébreux et dans les ouvrages de leurs docteurs ; cette opinion, reproduite après lui par St.-Clément d'Alexandrie, a trouvé des partisans dans les temps modernes, chez Humphry Hodius, Richard Simon, Jean Van Dale, et plus récemment encore dans le savant Eichorn (2). On a sur-

―――――――――

(1) Voy. la savante dissertation de Valkenaër (*Diatribe de Aristobulo judæo*, Amsterd. 1806.)

(2) *Biblioth. orient.* d'Eichorn, tom. V., sect. 2. pag. 233.

tout cru reconnaître dans Platon les traces d'emprunts faits aux doctrines religieuses des Hébreux, et cette opinion a trouvé de nombreux apologistes, parmi lesquels s'est rangé le savant Dacier lui-même. Mais, cette hypothèse n'a pu résister à l'examen d'une saine critique; il a été reconnu qu'elle s'appuyait sur des allégations démenties par l'histoire ; et le parallèle attentif des doctrines a fait évanouir ces prétendues assimilations trop légèrement admises. Le savant Brucker a répandu, sur ce qui concerne en particulier l'application de cette hypothèse à Platon, une lumière qui ne laisse rien à désirer (1).

Une hypothèse plus récente, qui se présente avec plus de faveur, soit par le nom des hommes qui l'ont adoptée, soit par les probabilités dont ils s'appuient, ferait dériver la philosophie grecque elle-même des antiques traditions de l'Asie et des mystères de la Thrace; Zoroastre, Hermès, Orphée, auraient été les véritables instituteurs des Pythagore, des Platon. Les philosophes grecs, admis à la participation de cette sagesse primitive, n'auraient fait que la dépouiller du voile des fictions, la revêtir des

---

(1) *Hist. crit. phil.*, tome I, pag. 636 et suiv.

formes scientifiques, en lui donnant un développement méthodique. Ainsi, lorsque les doctrines platoniciennes prirent à Alexandrie un nouveau caractère, elles n'auraient fait en quelque sorte que remonter à leur source ; elles auraient été commentées dans le même esprit qui présida à leur création. Ainsi, dans cette hypothèse, séduisante du moins par sa beauté, la sagesse primitive, qui se produisit d'abord au berceau de la civilisation, se serait écoulée en Grèce par les canaux que lui auraient ouverts les fondateurs de l'école d'Italie et de l'Académie, s'y serait déployée comme un fleuve majestueux, accru par les méditations d'une suite d'illustres génies; elle serait revenue à Alexandrie se réunir de nouveau aux autres branches dans lesquelles elle avait continué de se perpétuer telle qu'elle était à son origine, et se rajeunir en quelque sorte par cette réunion; de manière qu'il n'y aurait eu réellement qu'une seule et même philosophie répandue en des contrées diverses, et modifiée suivant l'influence des temps et des lieux. Cette hypothèse n'est au reste que la reproduction de celles qui furent mises au jour par les nouveaux platoniciens eux-mêmes, ou plutôt par les plus récens d'entre eux; car, ni Plotin, ni Porphyre ne paraissent encore en concevoir l'idée d'une manière formelle. Quelque brillante qu'elle soit, elle ne nous paraît point encore appuyée sur un ensemble de monumens historiques qui permette de l'adopter dans toute son étendue, ou du moins de déterminer avec précision la juste valeur qu'on peut lui assigner. Les documens authentiques qui nous sont parvenus sur les traditions primitives de l'Orient ne nous fournissent point de données assez complètes pour caractériser avec certitude tous les élémens dont se composait cette sagesse primitive ; la critique historique a contesté par des motifs très-plausibles l'authenticité des oracles de Zoroastre, des poëmes orphiques, des livres hermétiques (B), des écrits attribués aux premiers disciples de Pythagore. D'ailleurs, dans le nombre déjà trop limité de données positives que nous avons sur les doctrines orientales, il en est qui évidemment ne se retrouvent point dans les doctrines philosophiques des Grecs, telles, par exemple, que celles qui se rapportent au principe du mal, à la création intermédiaire, au développement graduel de l'essence divine, etc. Ainsi, quoiqu'il soit hors de doute, à nos yeux, qu'une portion des traditions de l'Asie ait passé chez les Grecs, d'abord par les allégories mythologiques que les poëtes ont admises, reproduites, mais altérées; ensuite à l'aide des initiations mystérieuses; enfin, et d'une manière plus directe, par l'intermédiaire des philosophes eux-mêmes, qui, comme Pythagore et Platon, ont recueilli les traditions dans leurs voyages; il nous paraît impossible de déterminer d'une manière précise, certaine et rigoureuse, tous les élémens qui, dans les doctrines grecques, peuvent être rapportées à cette origine, ou du moins, l'étendue des développemens que ces germes primitifs avaient pu avoir déjà reçus avant leur transplantation dans la Grèce. Alors même que nous admettrions le fait, nous ne pourrions en apprécier l'exacte valeur et toutes les conséquences.

On sait que l'époque à laquelle se forma le mélange des traditions de l'Asie avec les doctrines philosophiques des Grecs est celle à laquelle la fabrication des écrits apocryphes a eu le plus d'activité, et plusieurs circonstances expliquent naturellement ce qui dut alors favoriser ce genre d'industrie (C). Mais, alors même que la critique aurait assigné précisément à cette époque la fabrication de certains documens, tels que les oracles de Zoroastre et les livres hermétiques par exemple, opinion qui nous paraît réunir du moins le plus haut degré de probabilité, ces documens n'en seraient pas moins fort curieux et assez instructifs par eux-mêmes ; car, les Alexandrins n'ayant jamais prétendu à l'originalité, et ce mérite ne pouvant être réclamé pour eux, tout ce qui, dans ces documens, ne se trouve pas appartenir aux doctrines des écoles grecques atteste du moins l'existence de germes qui lui correspondent dans les traditions orientales. Les oracles attribués à Zoroastre, qui ont été recueillis par Fr. Patricius, et dont une partie avait été transmise par Plethon et Psellus, renferment évidemment des notions conformes à celles de la philosophie platonicienne, telle que nous la puisons à sa source même, dans les écrits de son auteur (1); elles renferment également des traces du système de Pythagore; mais, les unes et les autres s'y trouvent combinées à des traditions qui ont manifestement aussi une autre origine, telles que celles du principe secondaire, auteur de la création, et de l'échelle graduée suivant laquelle se produisit successivement la géné-

---

(1) Voy. dans Stanley, pag. 1178 et suiv., les chap. 3., 4 et 6 des oracles de Zoroastre.

ration des natures, en descendant des plus parfaites aux plus imparfaites (1). Dans leur ensemble, ces fragmens peuvent être considérés comme une sorte de type, ou, si l'on aime mieux, comme un symbole ou un résumé des dogmes communs aux nouveaux Ecclectiques des premiers siècles de notre ère. En admettant donc que les oracles de Zoroastre, les écrits d'Hermès Trismégiste et quelques-uns des fragmens attribués à Orphée, ne soient, comme nous le pensons, qu'une production des nouveaux Platoniciens, et encore, en partie, de ceux-là même qui sont postérieurs à Plotin et à Porphyre lesquels ne paraissent point les avoir connus, ou qui ne les ont point jugés dignes de considération, ces monumens offrent cependant encore un genre particulier d'intérêt et de curiosité, en ce qu'ils expriment et représentent d'une manière sensible le Syncrétisme des idées philosophiques et des traditions théologiques, tel qu'il s'opéra à cette époque. En cessant de s'offrir à nous, comme la source antique de la doctrine que produisit ce Syncrétisme, ils nous en offrent du moins le résumé, le symbole;

---

(1) *Ibid.*, chap. 1, 2, 5, etc., les notes de Clerc à la suite.

ils nous le présentent sous les formes principales que cette doctrine adopta, formes distinctes entre elles, mais cependant unies par une consanguinité manifeste.

2°. Le concours des causes morales qui produisit ce singulier phénomène de l'histoire de l'esprit humain est plus facile à déterminer.

De même que, dans l'enfance de la société humaine, à la suite de cette première impulsion qui précipite l'esprit humain vers les objets sensibles, s'opère une sorte de réaction produite par les premiers retours de la reflexion, et qui ramène la raison à un ordre de choses supérieur, qui la porte à soulever les voiles du monde moral (1), de même aussi, dans un degré supérieur de civilisation, à la suite de ces investigations scientifiques qui se sont dirigées avec ardeur sur l'immense théâtre de la nature extérieure, se manifeste et se déploie un besoin actif et puissant de remonter vers cette autre nature à laquelle appartient la partie la plus noble de nous-mêmes. C'est qu'il y a dans l'homme un principe essentiellement religieux, qui peut être distrait,

---

(1) Voy. tome I de cet ouvrage, pag. 246 et suiv.

mais non éteint, qui se développe en raison du développement de ses facultés, qui tend à se mettre en rapport avec les progrès qu'elles obtiennent. C'est que l'effet naturel des connaissances acquises et du perfectionnement intellectuel est de révéler encore davantage à l'homme des intérêts supérieurs aux intérêts matériels et terrestres. En découvrant toute la dignité de sa nature et les nobles prérogatives de sa raison, il éprouve plus impérieusement le besoin de connaître les hautes destinées qui lui appartiennent. Plus son âme grandit, plus elle aspire aux cieux; plus son esprit s'éclaire, mieux il reconnaît sa vraie patrie; plus il se perfectionne, et plus il sollicite d'augustes et d'intimes rapports avec la source éternelle et infinie du vrai, du bon et du beau.

Si donc le sentiment religieux est comme une sorte d'instinct de la nature humaine, il est aussi le besoin impérieux, quoique raisonné, d'une haute philosophie. Seulement, dans ses inspirations, il ne suit pas le progrès des connaissances, par une concordance régulière et soutenue; il paraît s'assoupir, se réveiller tour à tour, et lorsqu'il se réveille, il prend un essor d'autant plus marqué qu'il a plus tardé à se satisfaire; il rompt un moment l'équilibre, produit une sorte d'explosion et entraîne tout à sa suite.

Sans doute, les doctrines philosophiques, ces libres créations de l'esprit humain, dans la variété des directions qui s'offrent à elles, ne manifestent pas toutes la même tendance, ou ne la manifestent pas au même degré. Il en est qui s'imposent plus ou moins de réserve et de défiance; il en est qui s'exercent à critiquer les entreprises de la raison elle-même; il en est qui se terminent aux causes prochaines; il en est même qui semblent faire un pacte avec les faiblesses humaines, avec les mœurs du siècle, et qui se chargent de leur apologie, au lieu d'en tenter la réforme. Mais, au milieu de ces diverses carrières, il en est toujours une ouverte à la vraie sagesse, et lorsque les esprits y sont ramenés, lorsque des génies éminens y sont entrés, elle les conduit infailliblement à ce terme de toute sagesse véritable. C'est ainsi que nous avons vu tour à tour le sentiment religieux se déployer chez Anaxagore, Pythagore, Socrate, Platon, Aristote et Zénon.

A mesure que les lumières philosophiques se répandent par les progrès de la civilisation, cette circonstance concourt encore à confirmer la tendance dont nous parlons; car, elles ont besoin de ce patronage des idées religieuses pour obtenir un accueil plus favorable de la généralité des hommes.

Cela posé, on conçoit que les philosophes d'un esprit supérieur auront dû, dans l'antiquité, se créer un système d'idées religieuses indépendant non-seulement des superstitions vulgaires, mais même des traditions reçues et du culte extérieur; quelques-uns auront pu se trouver satisfaits de la simplicité des notions sublimes auxquelles leurs méditations les avaient élevés; mais, l'esprit humain, en général, a trop besoin de s'appuyer sur des signes, l'esprit religieux lui-même a trop besoin de se reposer sur des formes positives, pour qu'on n'ait pas cherché à rallier les idées philosophiques aux dogmes d'une religion établie : c'est ainsi que nous avons vu les Stoïciens diriger tous leurs efforts à expliquer et légitimer la religion mythologique des Grecs et des Romains.

Cependant, cette mythologie était trop grossière, trop sensuelle, pour remplir l'attente d'une philosophie éclairée, et les vœux d'un sentiment sérieusement religieux. Cicéron, qui professe une si haute estime pour la morale du Portique, nous montre assez combien le Portique était impuissant pour élever les fables homériques au rang d'une religion raisonnable. On appelait donc de toutes parts avec ardeur des dogmes religieux qui se prêtassent mieux à une alliance intime avec la philosophie.

Maintenant, et pendant que telle était la disposition toujours croissante des hommes éclairés par les études philosophiques, les progrès généraux de la civilisation, en propageant les lumières dans toutes les classes de la société, faisaient naître une tendance correspondante dans le sein des cultes établis. Les religions positives éprouvaient le besoin de se mettre en rapport avec les développemens de la raison. Ce besoin devait se faire sentir plus vivement dans les religions qui, se concentrant moins exclusivement dans les cérémonies et les pratiques extérieures, pénétraient plus avant dans le cœur de l'homme, se liaient par un rapport plus étroit à sa moralité; elles venaient donc en quelque sorte au-devant de la philosophie pendant que la philosophie s'avançait au-devant d'elles.

A cette époque, une agitation intérieure et remarquable semblait de toutes parts se manifester dans l'esprit humain, pendant que la puissance de Rome, désormais portée aux confins de l'univers, contenait aussi l'univers, sous le long règne d'Auguste, dans une paix long-temps inconnue. Aux longues tourmentes, aux convulsions des guerres et des conquêtes, avait succédé une sorte de mouvement moral, vague, indéfini, qui s'annonçait surtout par le goût pour le merveilleux. Le luxe, la servitude et la corruption des mœurs, portés au plus haut degré, inspiraient aussi aux hommes vertueux le besoin de se réfugier dans les moralités les plus élevées et les plus austères, et de se séparer d'un siècle aussi dégradé. On a remarqué que les siècles corrompus sont ceux dans lesquels se déploient avec plus d'énergie toutes les idées mystiques; c'est qu'alors la moralité s'isole en quelque sorte du théâtre du monde.

Une dernière circonstance concourut encore plus tard à fortifier et féconder cette tendance réciproque de la religion et de la philosophie l'une vers l'autre. Dans le cours de cette grande lutte qui s'éleva entre le Christianisme naissant et le Paganisme dans sa décadence, les sectateurs de chacun des deux cultes voulurent à la fois emprunter les armes de la philosophie pour servir les intérêts de leur cause, et s'efforcèrent par conséquent de les approprier à leur usage.

De cette double tendance, graduellement accrue et manifestée, de cette rencontre résulte donc l'alliance que nous allons voir s'opérer. Et l'on comprend déjà pourquoi cette alliance, vainement tentée par les Stoïciens, avec la mythologie homérique, put s'établir sur d'autres bases.

Les cultes religieux auxquels la philosophie vint se rallier furent : 1° les Traditions mystérieuses de l'Inde, de la Perse, de la Chaldée, de l'Egypte, de la Thrace ; 2° les Dogmes des diverses sectes qui, depuis le retour de Babylone, s'étaient formées chez les Juifs ; 3° le Christianisme, mais plus tard (alliance que nous réservons pour le chapitre XXII°).

Du côté de la philosophie, voici les doctrines qui vinrent y prendre part : 1° les systèmes mystérieux de Pythagore, tels qu'ils furent conçus ou supposés à la résurrection de cette école ; 2° la théologie de Platon, son système sur le monde intelligible, et ce que nous avons présumé appartenir à sa doctrine ésotérique ; 3° la métaphysique d'Aristote. Ainsi, non-seulement toute espèce de Scepticisme critique en fut banni ; non-seulement Epicure n'y prit aucune part ; mais, toutes les portions des doctrines philosophiques qui reconnaissaient l'autorité de l'expérience, toutes celles qui avaient pour but l'étude et l'observation des lois de la nature furent atteintes d'une défaveur marquée ; et, avec elles, la Psychologie expérimentale, et la logique qui en avait été déduite.

Une affinité réciproque, une secrète sympathie attirait comme on voit ces dogmes et ces doctrines les uns vers les autres ; elle décida la direction qui fut suivie.

Par une singulière concordance, les dogmes religieux de l'Orient avaient avec les doctrines philosophiques de Pythagore et de Platon, quelques analogies frappantes ; ils y rencontraient des notions semblables sur la nature divine, sur les rapports de l'homme avec la Divinité ; ils y retrouvaient les maximes les plus propres à favoriser ces dispositions contemplatives qui leur étaient si étroitement liées.

Enfin, pendant que les diverses écoles philosophiques tendaient à se réunir et à se combiner entre elles, par l'effet des circonstances que nous avons exposées dans les deux chapitres précédens ; les cultes divers, jusqu'alors établis, tendaient également de leur côté à se combiner entre eux d'une manière semblable, à l'époque dont nous parlons, soit par l'effet du commerce plus étroit et plus fréquent qui s'établissait entre tous les peuples, soit par l'effet du système politique que Rome avait adopté, lorsque, parvenue au sommet de sa puissance, elle voulut adopter toutes les religions, comme elle avait asservi tous les peuples.

Ces considérations nous expliquent encore comment Alexandrie dut être le premier théâtre de l'alliance nouvelle qui s'opéra. Car, elle se trouvait être précisément le point de communication et de jonction entre ces deux grands mouvemens qui s'opéraient, entre les lumières philosophiques que la Grèce versait en abondance dans son sein, et les cultes religieux professés dans les autres portions de la terre.

Ces considérations, enfin, nous font pressentir quels caractères dut prendre cette alliance, quelles directions nouvelles durent en résulter pour la marche de l'esprit humain, et déjà on pourrait prévoir à l'avance toutes les doctrines qui en sont sorties.

Cette alliance, au reste, ne fut point partout et en tout la même, et des variétés qu'elle présenta dérive aussi la variété des effets.

Dans le pacte nouveau qui se forma entre les dogmes religieux et les dogmes philosophiques, la prééminence put appartenir ou à ceux-là ou à celles-ci, et dès lors l'élément qui prédomina imprima essentiellement son sceau à la combinaison ou à ses produits.

Suivant que les dogmes religieux adoptèrent avec plus ou moins de sagesse et de prudence les doctrines philosophiques, ils purent ou en recevoir un secours utile, ou être altérés par leur influence.

Suivant que les doctrines philosophiques s'associèrent à un culte superstitieux, ou à une religion pure, il dut arriver qu'elles s'égarèrent avec celui-là, qu'elles s'épurèrent elles-mêmes avec celle-ci.

D'ailleurs, et cette distinction est la plus importante de toutes, cette alliance pouvait s'établir sur des conditions plus ou moins conformes à la nature des choses : la religion et la philosophie pouvaient être appelées ou à se prêter des secours réciproques, ou à se confondre l'une dans l'autre. Mais, cette tendance mutuelle, si juste dans son principe, si noble dans son but, qui les ramenait l'une à l'autre, subit le plus souvent, dans l'exécution, l'influence d'une erreur semblable à celle qui avait égaré les anciens sur les rapports de la métaphysique avec la physique; la philosophie, qui ne devait être que l'auxiliaire du culte positif, fut identifiée avec lui; la philosophie, qui, considérée comme science, prête un si utile ministère aux idées religieuses, en fondant sur l'autorité de la raison les notions élémentaires de la religion et de la morale, en répandant d'abondantes lumières sur la connaissance pratique de l'homme, en prêtant des instrumens à l'art de la démonstration, au lieu de se contenter de ces belles fonctions, fut introduite dans le sanctuaire même de la théologie positive. Par là tout fut altéré à la fois. Des notions d'ordres divers, de différente origine, furent aveuglément assimilées; il fallut de deux choses l'une, ou que la science philosophique perdît l'indépendance de ses recherches, ou que le dogme positif fût livré aux spéculations arbitraires. C'est en cela que consiste essentiellement le Syncrétisme.

Or, partout où cette confusion eut lieu, où les deux ordres de notions essentiellement distinctes furent identifiés, ce double effet se manifesta à la fois, quoique dans des proportions différentes. D'une part, les doctrines philosophiques perdirent leur ancienne indépendance et renoncèrent désormais à se légitimer elles-mêmes par les seules sanctions de la raison, se trouvant enveloppées d'un genre de sanction qui ne se prêtait plus à la discussion et à l'examen. D'un autre côté, les dogmes religieux, quoique revêtus en apparence d'une forme scientifique, éprouvèrent des altérations essentielles.

Malheureusement, ainsi que nous l'avons remarqué tout à l'heure, la première association se forma entre ces traditions mystérieuses de l'Orient, de l'Egypte, déjà chargées de superstitions, et cette portion des doctrines philosophiques qui prêtait une autorité absolue aux spéculations purement rationnelles, qui tendait à s'évaporer, à se volatiliser, si l'on nous permet cette expression, dans les régions de l'idéalisme. L'exaltation fut le principe de cette alliance, la théurgie en fut le fruit.

Dès lors, aussi, en l'absence de toute censure, de tout contrôle, après la suppression de toutes limites, l'esprit humain, lancé dans les spéculations mystiques, ne dut s'arrêter qu'après avoir épuisé en quelque sorte la sphère des combinaisons qu'elles peuvent produire, après avoir parcouru les régions incommensurables d'un monde idéal.

Nous réservons, ainsi que nous l'avons dit, pour le chapitre XXII°, l'alliance qui s'opéra entre le Christianisme et la philosophie grecque. Jetons d'abord un coup d'œil sur celle dans laquelle les traditions religieuses de l'Orient jouèrent un rôle prédominant. Il est nécessaire de remonter un moment jusqu'aux docteurs Juifs, parce qu'ils paraissent avoir été les premiers médiateurs de ce rapprochement (E).

Les Juifs, pendant la captivité de Babylone, avaient pris connaissance des traditions religieuses des Perses ; et déjà, après le retour à Jérusalem, l'influence de ces communications se fit sentir. On en voit, entre autres, un effet sensible, lors du schisme qui s'opéra sous Esdras ; car, on aperçoit chez les Samaritains le mélange d'opinions étrangères aux anciens dogmes religieux de leur nation. Une autre colonie vivait en Égypte ; là, le commerce avec les Grecs s'établit à la suite des travaux qui donnèrent le jour à la traduction des Septante sous la direction de Démétrius de Phalère. Eusèbe nous entretient de discussions qui eurent lieu sur le sens allégorique renfermé dans les livres sacrés et d'une secte qui se forma parmi les Juifs, du temps d'Aristobule, secte composée d'hommes éclairés qui adoptèrent une philosophie supérieure aux idées vulgaires (1). Pendant qu'à Jérusalem les Pharisiens et les Sadducéens se divisaient entre eux, les premiers commentant le

---

(1) *Præp. Evang.*, liv. VIII, ch. 9 et 10.

texte de la loi par la tradition, les seconds s'attachant au sens littéral, les Esséniens et les Thérapeutes s'exerçaient en secret à une vie contemplative, à une morale austère, à une sagesse qui leur a mérité les éloges des historiens, qui les a fait ranger par quelques-uns au nombre des philosophes, qui leur a valu l'honneur d'être comptés par d'autres parmi les chrétiens. « Leur doctrine, transmise sous la forme d'une initiation secrète, dit Philon, contenait des recherches philosophiques sur l'existence de Dieu, sur la génération de l'univers, et sur la morale; ils supposaient qu'une sorte d'inspiration divine était nécessaire pour atteindre à ces vérités; ils enveloppaient cette doctrine sous le voile des allégories et des symboles. » Porphyre, dans son Traité *sur l'abstinence*, où il en fait un tableau si remarquable, les représente aussi comme des philosophes. Suivant Mosheim, leurs opinions étaient déjà empreintes de l'esprit du mysticisme oriental.

Porphyre, d'après Théophraste, range au nombre des philosophes, les Juifs établis en Syrie. « Ils ne s'entretiennent, dit-il, que de
» la Divinité, examinent le cours des astres pen-
» dant la nuit, et recourent à Dieu par leurs
» prières; ils brûlent leurs victimes pendant la

» nuit, pour que le soleil ne soit point témoin » de leurs mystères (1). » Ainsi concouraient tout ensemble et les dispositions qui devaient préparer les associations de doctrines, et les occasions qui devaient servir à les opérer.

On sait qu'Aristobule fut le premier qui tenta non-seulement d'allier, mais même d'identifier en quelque sorte les traditions des livres sacrés avec la philosophie et la littérature des Grecs; il alla jusqu'à supposer des vers sous les noms d'Orphée, de Linus, d'Hésiode et d'Homère (2). Pour donner faveur à son système, il interprétait les livres sacrés par les doctrines grecques; il expliquait l'origine de ces doctrines et celle de la mythologie même, par les lois et l'enseignement de Moïse. Nous n'avons plus ses écrits; mais nous possédons plusieurs traités de Philon, qui continua après lui ce genre d'interprétations, et qu'on suppose avoir été l'interprète des opinions des Esséniens. Un de ces traités (*La vie contemplative*), indique déjà, par son titre, l'esprit de la philosophie entière de

---

(1) Porphyre *de abstinentia*, liv. II, § 26. — liv. IV, § 11.

(2) Valkenaër, *diat. de Aristob.* etc. § III, XXXVIII.

Philon. Philon nous raconte lui-même avec quelle ardeur il se livra à l'étude de la philosophie, descendant de la contemplation des phénomènes célestes au spectacle de ceux qui se déploient sur la terre, et considérant les seconds dans les premiers comme dans une sorte de miroir (1). Ses écrits sont sans doute un monument très-curieux de cette alliance nouvelle. Philon a surtout pris Platon pour son guide, et toute sa doctrine en porte l'empreinte; mais (et cette remarque détermine le caractère dominant, général, distinctif, de tous les Théosophes qui dérivent de la même origine, appartiennent à la même famille), pendant que les philosophes grecs s'élevaient à la notion de la Divinité par une échelle graduée, construite par les mains de la science, composée soit des témoignages fournis par l'étude de la nature et par la réflexion, soit des déductions de la raison, chez Philon, au contraire, les idées suivent une marche inverse; la philosophie sort de la religion, au lieu d'y conduire. La Théodicée préside à toutes les notions relatives soit à l'homme, soit à la nature, les règle, les dispose, les soumet et

---

(1) *De spec. legib.*, pag. 769.

les assimile à ses propres dogmes; non que, suivant Philon, la contemplation de l'ordre de l'univers ne puisse aussi nous porter à la Divinité; mais, ce n'est encore qu'une simple préparation à la vraie science qui doit immédiatement s'obtenir par la contemplation de Dieu même. Philon distingue avec Platon le monde intelligible et le monde sensible; il admet, d'après Platon, le monde *idéal* et la région des *idées*, comme le type d'après lequel la Divinité a formé l'univers (1). Mais, Platon avait conçu les *idées* comme contemporaines de Dieu même; il ne les avait point personnifiées; il avait assigné le siége de leur existence dans l'entendement divin; Philon les personnifie, en compose son premier verbe ou *logos*, qu'il considére comme le fils de Dieu, comme le produit de son action suprême. Le second *verbe*, suivant Philon, est la *parole*, λογος προφέρικος, la notion des propriétés ou des vertus divines, en tant qu'elles opèrent réellement sur le monde sensible. Chacune de ces vertus divines fut envoyée comme messagère pour exécuter ce grand ouvrage (2). En prétendant expliquer

---

(1) Philon, *Opp.*, pag. 1, 3, 5.
(2) *Id. de profugis*, pag. 465, etc.

le grand mystère de la création, Philon associe, par une sorte d'hyménée, au suprême auteur, qu'il désigne sous le nom *de Père*, la sagesse qu'il nomme la *Mère des êtres*. On découvre dans ces deux dernières idées quelques-uns des vestiges des traditions orientales. On les retrouve encore dans la distinction de l'homme céleste et de l'homme terrestre, dans l'hypothèse de cet homme primitif, qui a servi de type à l'humanité mortelle, hypothèse qui se rapproche bien plus de la notion de Zoroastre que de celle de Platon.

Philon distingue les deux âmes, l'une raisonnable, l'autre privée de raison; il attribue à la première trois facultés, l'entendement, la sensation, la parole; il laisse à la seconde les passions et les affections sensuelles. «L'entendement est non-seulement un esprit divin; c'est une portion inséparable de la nature même de la divinité. Il a aussi son *verbe*, analogue à celui de Dieu; semblable à la cire, il contient en lui virtuellement toutes les formes. L'âme a préexisté au corps; elle est libre. Dieu a donné à l'homme la prudence pour gouverner la raison, le courage pour gouverner les passions, la tempérance pour réprimer la sensualité. Tantôt, revêtue des sens, l'âme n'aperçoit que les choses sensibles; tantôt, s'élançant par un essor spontané, se dégageant des organes matériels, elle s'élève à la vue des choses intelligibles. C'est à cette délivrance des chaînes du corps que le sage aspire; cette lutte contre les sens est son exercice. C'est par la contemplation de l'essence divine que l'homme obtient toutes les lumières et parvient à toutes les vertus(1). »

Pythagore, Aristote, Zénon, furent mis aussi à contribution par le philosophe Juif. Il emprunta au premier les nombres mystérieux, au second les notions de *puissance*, *d'action*, *l'entéléchie*; au troisième, la distinction des facultés de l'âme. Du reste, il défigura toutes ces doctrines par l'abus du langage allégorique.

Josèphe, dans une entreprise semblable à celle de Philon, semble se proposer essentiellement un autre but, un but plus politique que philosophique; il donne une couleur poétique à l'histoire de sa nation.

Pendant que ces érudits Juifs essayaient ainsi

---

(1) *Quod det. potiori infidel. soleat.*, 155, 170. — *De confus. ling.*, pag. 321, 339. — *De leg. alleg.*, pag. 49, 53, 59, 74. — *De profugis*, pag. 460. — *De somnis*, pag. 585, etc.

de conquérir la littérature grecque, d'autres avaient donné une préférence presque exclusive aux traditions de l'Asie, et s'occupaient moins de revêtir les dogmes religieux des formes philosophiques, que de leur prêter le développement le plus étendu dans la sphère des idées mystiques.

Une histoire des Gnostiques, traitée philosophiquement, s'il était possible de dégager des nuages qui les couvrent l'origine et l'ensemble des opinions qui appartenaient à ces sectes, pourrait offrir un grand intérêt pour l'histoire générale de l'esprit humain. Elle nous conduirait au berceau de ces diverses familles de Théosophes, qui, sous des noms divers, plus heureuses que les écoles philosophiques, ont pu traverser les ténèbres mêmes du moyen âge, se sont reproduites à diverses époques, et se sont continuées jusqu'à nos jours. Toutefois, comme les Gnostiques n'appuyaient leurs spéculations sur aucun principe rationnel, il nous suffira d'indiquer ici la part qu'ils ont prise à ce mélange général des doctrines, qui s'opéra vers le commencement de l'ère nouvelle.

Quelques sectes gnostiques, en adoptant divers dogmes orientaux, restèrent plus ou moins fidèles à ceux des Juifs; d'autres s'en écartèrent d'une manière plus ou moins ouverte. Quelques-unes se déclarèrent les ennemies du Christianisme naissant; d'autres lui furent plus funestes, en essayant de l'envahir; elles y portèrent le germe des hérésies qui affligèrent les premiers siècles de l'Eglise. Mais, elles avaient en commun un certain caractère, un certain esprit, certaines opinions qui attestent et la même source et la même tendance.

Tout révèle en effet l'origine de ces sectes. Saint Clément d'Alexandrie, d'après Théodote, donne à leur doctrine le nom de *philosophie orientale;* Porphyre l'appelle *l'ancienne philosophie;* Eunapius lui donne le titre de *chaldaïque*. Simon, auquel les pères de l'Eglise font remonter, par Ménandre, la première propagation de ces idées théosogiques, fut appelé *le magicien*, dénomination qui, comme on sait, désignait alors un disciple des Mages, un homme initié aux secrètes traditions de l'Asie; il se montra parmi les Samaritains, qui déjà avaient accueilli un mélange de dogmes orientaux. Déjà il existait à Alexandrie, du temps de Philon, quelques Juifs livrés à une théosophie exaltée, qui, n'admettant dans la religion que des dogmes généraux et purement spirituels, regardaient les dogmes et les pratiques de la religion positive comme de simples formes extérieures à l'usage du seul vulgaire. Philon les combattit, et dirigea contre eux l'un de ses écrits (1). Cependant, il admit lui-même, comme nous l'avons déjà indiqué, plusieurs des idées qui passèrent dans le symbole des Gnostiques (2) La plupart des chefs des diverses sectes gnostiques, Basilide, Valentin, Carpocrate, habitèrent à Alexandrie; ils y arrivaient de la Perse ou de la Syrie.

Les Ophites sont, parmi les nombreuses variétés de ces Théosophes, ceux qui ont d'abord adopté le plus exclusivement les traditions orientales qu'Euphratès leur avait apportées de la Perse (3), avant la naissance du Christianisme. « Le premier principe est, à leurs yeux, la lumière primordiale, source de toute lumière. Il occupe le sommet du système des êtres; » c'est le célèbre *Bythos* des Gnostiques. « Le chaos, la région des ténèbres, occupe les profonds abîmes. Un hymen mystérieux et fécond unit l'esprit suprême, l'âme céleste, mère de tous

---

(1) *Demig. Abrah.* pag. 402.
(2) Voy. Neander. (*Développement gén. du système des Gnostiques*, introduct. pag. 8.
(3) Voy. Mosheim. *Histoire des hérésies*, pag. 106.

les êtres, au principe de la lumière. Une suite d'émanations transmet de degrés en degrés une vie toujours moins parfaite. L'*idée* émane du Père universel ; le second homme, l'homme mortel, est formé sur le type de l'homme idéal ou céleste. Les sept puissances principales sont personnifiées dans sept anges ou intelligences supérieures, qui correspondent aux sept planètes et les animent. Une lutte terrible, une rivalité constante entre les deux premiers principes trouble et agite incessamment toute la région des êtres intermédiaires.» Telle est à peu près la substance de cette Théosophie, et ses traits principaux se retrouvent, sous des formes diverses, dans les divers systèmes des Gnostiques.

Ceux d'entre eux qui s'éloignèrent des doctrines hébraïques, qui cherchèrent à s'emparer du Christianisme naissant, voulurent y transporter les mêmes idées empruntées aux traditions de l'Orient ; de ce mélange adultère naquirent les hérésies signalées par les premiers Pères de l'Eglise. C'est ainsi que, dans Saturnin, on retrouve le dualisme fondamental ; « à la région de la lumière préside le Dieu caché, inconnu dans son essence, source de tout bien ; l'essence intellectuelle se développe graduellement ; les sept esprits concourent comme messagers à la création du monde visible. » L'idée des deux principes, la guerre de la lumière contre les ténèbres se déploie tout entière, associée à l'hypothèse des deux âmes, dans le système du persan Manès ou Mani, l'auteur du Manichéisme; l'on rencontre encore avec surprise, au 4° siècle, en Espagne, dans Priscillien, un disciple des Gnostiques, qui avait recueilli les traditions des mages. Quoique la plupart de ces Gnostiques eussent emprunté bien plus aux dogmes orientaux qu'aux systèmes philosophiques des Grecs, quelques-uns d'entre eux cependant, tels que Carpocrate et son fils Epiphane, avaient fondé leur Théosophie sur une notion principale puisée dans la doctrine de Platon, celle de l'absolue unité. Saint Clément l'appelle le fondateur de la *Gnose monadique*. Pythagore, Platon, Aristote suivaient à ses yeux la même doctrine que tous les vrais adorateurs de Dieu. On croirait apercevoir en lui un déiste pur. Marcion avait appelé à son secours la dialectique des Stoïciens.

Les mêmes élémens se retrouvent encore chez les Elkaïtes et les Gnostiques attachés au judaïsme, dans Basilide, que saint Epiphane considère comme un Pythagoricien, dans Valentin et ses nombreux disciples. Le système des émanations et celui des deux principes, forment les deux bases de leur doctrine ; l'échelle des natures plus ou moins parfaites, en compose, si l'on peut dire ainsi, l'architecture : les sept génies célestes en sont les moteurs : seulement ils employent cette Théodicée à l'interprétation des Livres sacrés et la mettent en rapport avec elle. C'est dans Valentin surtout qu'on peut suivre tous les développemens de ces combinaisons mystiques : ces caractères du principe des êtres, inaccessible par sa nature à toute intelligence ; ces puissances, ces vertus, attributs personnifiés de l'essence divine; ces natures éternelles, immuables, célestes, nommées pour cette raison les *Æones*, unies entre elles par une essence commune, quoique séparées par certaines limites ; ce *pleroma*, sorte d'effusion de la vie divine ; ces syzigies, ces générations mystérieuses et successives; cette nature singulière, inaccessible, de l'auteur suprême et inconnu, ce νους ou *monogène*, auteur prochain de toute existence, le Brama des Hindous, le *seir Anpin* de la cabale ; cette raison éternelle qui se déploie dans tout l'univers et acquiert la conscience d'elle-même ; la naissance mystérieuse de ce *Demiourgos* né de la sagesse, alors dans son assoupissement elle était comme isolée de la vie divine, et celle de cet homme primitif, l'*Adam Cadmon* de la cabale, produit par l'union de la parole et de la vie; enfin ces sept génies supérieurs qui rappellent les sept Amschafpand's des Perses (1).

La *Gnose*, suivant ses adeptes, consistait essentiellement dans « la connaissance du Dieu » véritable et éternel, communiquée aux ser- » viteurs de l'architecte du monde. » Mais, elle serait plus exactement définie « une théorie des » opérations de l'auteur de toutes choses, dans » la région de l'univers idéal ou intelligible, » et des rapports de cette région invisible avec » celle du monde visible et terrestre. » L'hypothèse des deux âmes, l'une intellectuelle, l'autre sensible, était commune à toutes ces sectes. On est frappé de la correspondance qui existe entre l'objet de cette théorie et celui des théogonies imaginées ou reproduites par les premiers poètes de la Grèce; on est frappé de voir que les Gnostiques se proposaient de résoudre par d'autres moyens le même problème

---

(1) Voy. Tertullien : *Adv. volent.* — Epiphane, *Hæres.*, ch. V., 31.

dont les premiers philosophes grecs avaient tenté la solution dans leurs Cosmogonies. Pendant que les Gnostiques juifs rapportaient tout aux livres sacrés, les Gnostiques opposés aux Juifs rapportaient tout à Zoroastre. Ceux-ci cherchaient à faire prévaloir Zoroastre sur Platon; ils réclamaient pour le premier le mérite de la découverte. Il ne faudrait donc pas s'étonner qu'ils aient été les auteurs des écrits apocryphes composés pour justifier cette prétention de leur secte. « J'ai apporté plusieurs argumens, dit Porphyre (1), pour faire voir que le livre attribué à Zoroastre était supposé depuis peu et fait par ceux de cette secte (les Gnostiques), qui voulaient persuader que leurs dogmes avaient été enseignés par l'ancien Zoroastre. »

Lorsqu'on examine attentivement cette doctrine ésotérique des Juifs, qui s'est transmise jusqu'à nous, sous le nom de *Cabale*, on ne peut méconnaître sa parfaite homogénéité avec celle des Gnostiques hébraïsans. Car, on y rencontre encore sous d'autres termes les mêmes notions élémentaires, en exceptant toutefois

---

(1) *Vita Plotini*, §. 16.

l'hypothèse des deux principes, sources du bien et du mal. Deux traités, *Jezerah*, par le Rabbin Rabbin, et *Sohar*, par *Schimeir Ben-Jochaï*, renfermèrent l'essence de cette doctrine que le *Rabbin Irira* revêtit ensuite, dans sa *Porte des Cieux*, d'une forme plus régulière. On ne manqua point de donner aux livres de la Cabale une origine céleste; ils avaient été confiés à l'homme au moment de la création; les anges plusieurs fois les avaient rapportés sur la terre, où ils s'étaient égarés. Mais, on retrouve à chaque ligne Zoroastre, Pythagore, Platon, Aristote, grossièrement défigurés. Toutes les notions des philosophes grecs sont personnalisées, rapportées à la Théosophie gnostique. « L'homme n'est qu'un instrument passif de la Divinité; la science vient de cette source, la raison doit se détacher non-seulement des sens, mais d'elle-même; l'*Ascétique*, celui qui s'élève à Dieu, est seul en possession de la lumière (1). Tout est dans l'extase. »

La Théurgie naquit donc naturellement de ce nouvel ordre d'idées, et s'accrédita par l'autorité qu'il avait reçue des formes philoso-

---

(1) *Irira, Porta Cœlorum*, Diss. II. et X.

phiques sous lesquelles il cherchait à se produire. Avec elle, les pratiques de la divination, de la mantique, tous les genres de superstition, prirent un nouvel essor; on se crut en communication habituelle avec les génies d'un ordre supérieur; on crut pouvoir emprunter leur puissance, et toutes les fables des prétendus thaumaturges furent aussi généralement que facilement accréditées : triste, mais inévitable conséquence de ces téméraires doctrines!

Quelle digue eût pu arrêter ce torrent de conceptions arbitraires qui se répandait dans une région inaccessible à la raison humaine? Les Gnostiques avaient posé en principe que l'esprit de l'homme peut entrer en communication directe avec les natures célestes; dès lors tous les efforts de la sagesse devaient consister à se dégager des notions terrestres, de l'empire des sens, pour se concentrer dans l'extase; ils se croyaient en possession d'une révélation perpétuelle, individuelle. Une telle doctrine n'avait pas besoin de se légitimer par les secours de la logique : elle se justifiait par elle-même; elle en méprisait les critiques, comme elle en dédaignait les secours.

NOTES

DU VINGTIÈME CHAPITRE.

(A) Nous avons indiqué dans le troisième chapitre de cet ouvrage (tome I, page 248 et suiv.) quel était l'esprit de cette philosophie orientale, si toutefois on peut donner le nom de philosophie à une doctrine qui se présentait exclusivement sous la forme du dogme et qui ne cherchait point à se légitimer elle-même aux yeux de la raison. Ses traits caractéristiques peuvent être à peu près déterminés, en la considérant comme composée de sept élémens essentiels :

1°. Dieu conçu comme la lumière primitive ;

2°. Deux principes, l'un du bien, l'autre du mal ;

3°. La substance divine se développant elle-même et l'émanation progressive ; sept canaux par lesquels elle s'écoule ;

4°. L'hyménée mystique ;

5°. Sept génies ou esprits supérieurs ; attributs personnifiés ;

6°. L'instrument de la création distinct du créateur, émané de lui, verbe, sagesse, homme primitif et céleste ;

7°. Région intellectuelle, communication directe de l'âme par l'extase avec l'intelligence suprême.

On peut y joindre encore les opinions sur la préexistence des âmes, sur la résurrection à la vie future, sur un terme fixé à la durée du monde. (Voy. *Histoire des arts et des sciences par une société de savans*, sixième partie, par Buhle, tome I, pag. 604 et suivantes. Gœttingue, 1800. en allemand.)

(B) Les Orphiques étaient certainement antérieures à Platon, puisqu'ils sont cités plusieurs fois dans ses écrits; il est probable qu'ils auront été composés vers les temps d'Alcibiade par quelqu'un de ces auteurs apocryphes qui se sont exercés à cette époque. Mais, déjà Platon et Aristote avaient élevé des doutes sur l'authenticité des poëmes orphiques connus de leur temps. (Platon, *de Republica*, livre 2, pag. 221, édition de Deux-Ponts : Aristote (*de Anima*, 1. 5.) Mais, depuis cette époque des additions manifestes vinrent encore les altérer. Aristobule en créa quelques-unes. (Lischenbach, *Epigenes*, pag. 140.—*Valkenaër, de Aristobulo Judæo*, § III.) Voyez sur ce sujet le résumé de Brucker (*Hist. crit. phil.*, tome I, pag. 382). Les nouveaux Platoniciens, qui professaient une si haute estime pour les oracles connus aujourd'hui sous le nom de Zoroastre, ne leur donnaient point cette dénomination et se bornaient à les appeler *sentences chaldaïques*; Plethon lui-même, qui les recueillit le premier, ne les considéra point comme l'ouvrage de Zoroastre, mais comme exprimant la doctrine de ce sage. (Voyez encore Brucker, *ibid.*, pag. 154.) Casaubon et Meiners ont porté jusqu'à l'évidence la démonstration de la supposition des livres hermétiques. (Casaubon, *de rebus sacris et ecl. exerc. ad C. Baronii proleg. in anal.* sect. X. — Meiners, *Recherches sur l'histoire religieuse des anciens peuples*, en allemand, pag. 223.; Voyez aussi Tennemann, *Histoire de la phil.*, tome 6., pag. 461 et suiv.)

Si l'on considère que du temps de Jamblique on lisait encore les hiéroglyphes égyptiens, et que les écrits attribués à Hermès Trismégiste ont été probablement composés vers cette époque, on sera tenté de supposer qu'ils pouvaient bien offrir quelque analogie avec les doctrines sacrées et mystérieuses de l'Egypte, et que leur auteur, quel qu'il soit, aura consulté ces monumens, ne fût-ce que pour accréditer son ouvrage.

(C) En se reportant aux observations que nous avons présentées dans le chapitre XVII (voyez ci-dessus pag. 120) sur l'esprit qui régnait dans l'école d'Alexandrie et sur celui qui dominait en général dans ce siècle, on comprend comment la manière la plus convenable d'accréditer alors les doctrines qu'on voulait faire prévaloir, devait être de supposer des écrits sous des noms déjà respectés, et surtout de les faire remonter à la plus haute antiquité. L'érudition en effet semblait présider alors aux destinées de la science; les commentaires, les paraphrases étaient l'objet essentiel des travaux des savans ; les traditions des sages étaient environnées d'une vénération générale ; on s'occupait plus de savoir et d'expliquer ce qu'ils avaient pensé que de penser d'après soi-même. D'ailleurs tout ce qui pouvait appartenir aux sources des doctrines orientales était reçu avec une sorte de culte, parce qu'il se liait aux dogmes, et le mystère qui avait enveloppé ces sources rendait spécieuses et probables les révélations qui étaient annoncées.

(D) Nous avons déjà cité, dans la note C du ch. XI de cet ouvrage (tome II, pag. 275), quelques fragmens des oracles de Zoroastre qui offrent une analogie frappante avec la doctrine de Platon. Voici un passage de ces fragmens qui semble appartenir à la philosophie de Pythagore :

« Dans l'unité, monde suprême, réside le père de toutes choses; elle engendre la dyade. Cette dyade siége auprès de l'unité suprême, et brille d'une lumière intellectuelle. La triade, dont l'unité est le principe, éclaire l'univers entier; la jouissance, la sagesse, la vérité la constituent. » (§ 1.)

La génération graduelle des êtres y est expliquée à la manière des Gnostiques; le développement de la puissance intellectuelle et suprême, l'intervention d'une puissance secondaire (νοὺς), la pensée du père engendrée de lui, à laquelle il confie la production de toutes choses, le monde intelligible servant de type au monde sensible et s'y réalisant comme dans son image, respirent les traditions orientales.

On retrouve la même triade dans le passage de la cosmogonie attribuée à Orphée, qu'Eusèbe a conservé dans sa chronique. « C'est une même nature, dit Eusèbe, sous trois noms; c'est, suivant Damascius, une divinité *trimorphone*. » On y retrouve cette essence de la Divinité qui contenait virtuellement en elle les germes de tous les êtres, qui les a moins produits que versés en quelque sorte de son sein, par une émanation progressive ; on y retrouve les hiérarchies de génies ; mais on n'y rencontre plus le *Demiourgos*, ni la lumière employée comme le symbole de l'intelligence, ni le feu comme symbole de la force. (Voyez *l'Argonautique*, le poëme, les hymnes, et le traité *sur les vertus des pierres*, publiées par Eschenbach.)

Le *Pimander* ou traité *de la puissance et de la sagesse divine* attribué à Mercure Trismégiste, expose dès le commencement, avec beaucoup de netteté, le principe sur lequel se fondaient toutes les spéculations mystiques : « Je méditais sur la nature des choses, j'élevais aux régions supérieures les plus hautes facultés de mon esprit, pendant que les sens de mon corps étaient assoupis; lorsque je crus apercevoir une personne d'une stature gigantesque qui m'appela par mon nom, et me dit: Qu'est-ce, Mercure, que tu désires entendre et voir? Qu'est-ce que tu désires apprendre et comprendre ? — Je répondis : Qui es-tu ? — Il me répondit : Je suis Pimander, *la pensée de la puissance divine* ; je te donnerai ce que tu voudras. — Je désire donc pénétrer la nature des choses, connaître Dieu. — A quoi il répliqua : Embrasse-moi par ton entendement, et je t'enseignerai toutes choses. »

(E) Le savant Tennemann a cru devoir écarter de son histoire de la philosophie tout ce qui concerne les doctrines des docteurs juifs, par des motifs qui ne nous paraissent pas suffisans (voyez l'introduction en tête du sixième volume); il a laissé ainsi subsister une lacune dans un ouvrage d'ailleurs si complet et traité avec tant de méthode. Il nous paraît indispensable de jeter un coup d'œil sur ces doctrines et celles des Gnostiques, pour saisir les anneaux de la chaîne qui, vers le commencement de notre ère, vint unir les traditions de l'Orient à la philosophie grecque. Cependant nous n'avons point cru, d'un autre côté, devoir suivre l'exemple de Brucker et de la plupart des autres historiens qui ont embrassé dans leurs ouvrages ce qu'ils appellent la philosophie des Hébreux, telle qu'elle résulterait des livres sacrés; il nous paraît que ces recherches sont étrangères à la philosophie considérée comme science, c'est-à-dire, comme renfermée dans la sphère des investigations de la raison, soumise à son examen, recevant d'elle sa sanction.

Le même motif, un sentiment de respect pour les livres sacrés, le devoir que nous nous sommes imposé d'écarter de cette histoire purement scientifique tout ce qui pourrait toucher aux controverses théologiques, nous a interdit également de suivre les savans de l'Allemagne dans leurs nouvelles recherches sur l'*Exégèze*, dans leurs recherches sur le caractère que prirent tous les livres postérieurs à Esdras, sur les analogies que ces livres présentent avec les traditions orientales, et sur la doctrine particulière qui se trouve exposée dans le livre *de la Sagesse*.

(F) Parmi les nombreux auteurs qui se sont exercés sur la philosophie des docteurs juifs et les doctrines des Gnostiques nous nous bornerons à indiquer ici; Bayle, dans ses articles *Manichéens*, *Marcionites*, etc. —

Mosheim : *Commentarii de rebus Christianorum ante Constant. M.* — le même : *Comment. de turbata per Platonicos recentiores Ecclesia;* dans ses dissert. sur l'hist. eccles. — Walsk, *Recitatio de philosophia orientali Gnosticorum*, etc. ; comment. — Beausobre, *Histoire du Manichéisme*, Amsterdam, 1734. — Meiners, *Histoire des hérésies*, et *Histoire des opinions pendant le premier siècle*, en allemand; — Deux dissertations du savant Heyne, l'une intitulée : *Progr. Demogorgon sive Demiurgus*, etc., Gottingen 1786; l'autre, *De genio secul. Ptolemæorum*, dans ses opuscules académiques, tome Ier.

Le professeur Neander de Berlin a publié en 1818 dans la même ville, sous le titre de *Développement général des principaux systèmes gnostiques* (in-8°), un ouvrage qui offre le mérite d'une érudition saine et abondante, mais qui contient les matériaux d'une histoire plutôt qu'il n'offre cette histoire même. Les rapprochemens qui s'offraient en foule, sont rarement saisis par l'écrivain, et il ne s'est point attaché à développer dans l'exposition du phénomène le plus singulier de l'histoire de l'esprit humain, l'enchaînement des effets et des causes.

CHAPITRE XXI.

Nouveaux Platoniciens (A)

SOMMAIRE.

Parallèle des Gnostiques et des nouveaux Platoniciens. — Analogies et différences des deux directions. — En quoi la doctrine des nouveaux Platoniciens se rattachait à celle de Platon ; — En quoi elle s'en éloignait. — Rapprochement de cette même doctrine avec celle de Pythagore.

Les nouveaux Pythagoriciens préludent au nouveau Platonisme. — Rôle que joue Aristote dans la création de ce système.

Précurseurs des nouveaux Platoniciens : Apulée, Plutarque. — Numénius.

Ammonius Saccas, premier et véritable auteur du nouveau Platonisme. — Longin. — Plotin ; sa vie. — Parallèle de Plotin et de Platon. — Les *Ennéades*. — Clef du système. — Unité primordiale, suprême, parfaite, absolue. — Comment tous les êtres en procèdent. — Le monde intelligible, principe réel et vie du monde sensible. — Les *idées*, substances et forces. — La matière ; privation. — L'âme humaine ; son origine, sa nature, ses fonctions, ses lois. — La raison, l'entendement. — L'âme est essentiellement active, non passive ; elle produit et ne reçoit pas. — La sensation, la mémoire également actives. — La connaissance n'est que l'intuition réfléchie ; — L'intelligence ne perçoit qu'elle-même. — Unité du système des connaissances. — La morale identifiée avec l'exercice logique de l'esprit. — Voies transcendantales pour s'élever aux connaissances pures.— Résumé. — En quoi Plotin a modifié les systèmes dont il s'est emparé.

École fondée par Plotin. — Porphyre; ses travaux sur Aristote. — Doctrine de Porphyre ; — Il maintient encore les droits de la raison ; — Ses doutes à l'égard des spéculations surnaturelles.

Traité sur *les mystères des Égyptiens*, attribué à Jamblique. — Les recherches de la raison subordonnées aux spéculations surnaturelles et à l'inspiration divine. — Analogie de la doctrine du traité des *Mystères* avec celle de Plotin. — Livres hermétiques. — Type du système surnaturel formé de l'incorporation de la philosophie dans la théologie mystique du Paganisme. — De quelques fragmens attribués à Orphée ; germes du même système.

Jamblique : nouvelle forme du nouveau Platonisme; apologie du mysticisme.

Destinées de l'école des nouveaux Platoniciens. — Succession de ses chefs.

Ecole d'Athènes ; — Elle reçoit le nouveau Platonisme. — Forme particulière dont cette doctrine y est revêtue. — Hiéroclès. — Ses commentaires sur les *Vers dorés* de Pythagore. — Plutarque, fils de Nestorius. — Syrianus.

Proclus. — Rôle important qu'il joue dans cette école.— Sa vie. — Direction qu'il a suivie. — Ses écrits. — Deux bases principales du nouveau Platonisme. — Interprétation donnée au *Nosce teipsum* ; — Les *idées* de Platon substantifiées. — Comment Proclus les met en évidence. — Comment tout le reste du système s'appuie sur elles. — L'*un* et le *multiple*. — Leurs rapports. — L'*essence*, l'*identité*, la *diversité*. — Trois unités, trois triades. — Unité suprême. —Procession des êtres : — Mixtion des *idées* ; — Hyménées des essences ; — Dualité ; — Causalité. — Théorie de la connaissance humaine : — Origine céleste de la connaissance ; — Germes de la connaissance préexistans dans l'esprit humain ; — Nature de la connaissance ; — Descente et ascension de l'âme ; — Cinq ordres de fonctions de l'âme ; — Cinq ordres de connaissances ; — Voies transcendantales et mystiques ; — *Foi* supérieure à la science ; — Magie, théurgie.

Successeurs de Proclus. — Damascius. — Dernière détermination de l'*unité absolue*. — Hypathia d'Alexandrie. —Culture des sciences positives.—Adversaires des nouveaux Platoniciens. — Aristote commenté par les nouveaux Platoniciens. — Écrits apocryphes prêtés à Aristote.

Résultats principaux, et influence exercée par les nouveaux Platoniciens.

―――――

PENDANT que les docteurs juifs et les Gnostiques empruntaient à la philosophie les notions propres à commenter les dogmes religieux, des philosophes sortis de l'école de Platon empruntaient aux traditions mystérieuses de l'Asie et de l'Egypte des vues à l'aide desquelles ils espéraient jeter un nouveau jour sur les doctrines de l'Académie ; et de même que les premiers, subordonnant toutes leurs combinaisons à l'intérêt de leurs antiques traditions, n'accordaient qu'une part secondaire aux spéculations rationnelles, les seconds, au contraire, essentiellement occupés du développement de ces mêmes spéculations, ne recouraient aux traditions mythologiques que pour compléter leur système philosophique. Ainsi, ce qui formait l'idée dominante chez les uns n'était qu'un accessoire chez les autres. Ceux-là expliquaient les livres sacrés ou Zoroastre, à l'aide de Platon; ceux-ci expliquaient Platon, à l'aide d'Orphée, de Zoroastre. Ainsi les points de départ étaient opposés, quoique les directions tendissent à se rencontrer réciproquement. Ainsi, des deux côtés, on n'admettait qu'une portion d'idées communes, celle qui se conciliait et se coordonnait avec le but principal, avec l'esprit essentiel de la doctrine.

De la différence des points de vue résultait nécessairement une différence marquée dans les opinions. Aussi les Gnostiques trouvèrent-ils des adversaires dans les nouveaux Platoniciens. « Il y avait dans ce temps-là, dit Porphyre, des chrétiens et des partisans de l'ancienne philosophie..... Ils portaient avec eux les livres mystiques de Zoroastre, de Zostrien, de Nicothée, d'Allogène, de Mésus et de plusieurs autres; ils trompaient plusieurs personnes et s'égaraient eux-mêmes en prétendant que Platon n'avait pas pénétré dans la profondeur de la substance intelligente. C'est pourquoi Plotin les réfuta dans ses conférences, et il écrivit contre eux un livre que nous avons intitulé : *Contre les Gnostiques.* (1) »

Ce livre forme le neuvième de la seconde Ennéade publiée par Porphyre sous le nom de Plotin. Son objet principal est de réfuter l'hypothèse des deux principes, et celle des émanations successives, de faire prévaloir la triade de Platon et de justifier les vues de la Providence dans le gouvernement de l'univers. Il marque avec précision les confins qui séparaient les systèmes gnostiques de la doctrine des nouveaux Platoniciens.

Au témoignage de Porphyre, Amélius, disciple de Plotin, avait écrit quarante traités contre Zostrien. Porphyre lui-même, dans sa lettre à Anébon, critique ou met en doute les principales superstitions que les systèmes gnostiques avaient enfantées.

S'il était nécessaire de prouver d'ailleurs la

---

(1) Porphyre, *Vita Plotini*, § 16.

haute estime que professaient ceux-ci pour les traditions mystiques de l'Asie et de l'Egypte, l'étude approfondie qu'ils s'attachaient à en faire, il suffirait de rappeler la *métamorphose* d'Apulée, et sa traduction de l'Asclépias attribuée à Hermès Trismégiste; le traité de Plutarque sur Isis et Osiris; les écrits de Porphyre et d'Iamblique sur les mystères des Egyptiens, des Chaldéens et des Assyriens, l'ouvrage perdu dans lequel Syrianus se proposait d'établir l'accord d'Orphée, de Zoroastre, de Pythagore et de Platon, celui que Proclus paraît avoir écrit à son tour sur le même sujet, et tant d'autres ouvrages dans lesquels les philosophes de cette école ont eux-mêmes rapproché les doctrines et professé leur consanguinité.

Les Théosophes, issus du mélange des traditions mystiques de l'Asie, avaient posé en maxime que l'intelligence suprême se manifeste directement à l'homme, et de cette manifestation ils faisaient découler toutes les lumières de la science (1). La doctrine de Platon conduisait la raison, par une échelle gra-

---

(1) *Voy.* Jamblique, *De mysteriis Ægyptiorum*, etc., §§ 1, 23, 25.

duée, à la contemplation de l'essence divine ; ses nouveaux disciples, prenant ce corollaire comme un principe, tentaient de lui donner tout son développement, et partaient de là pour s'élancer dans la région intellectuelle. Ainsi, ce qui était chez les premiers une sorte de révélation religieuse, était chez les seconds une inspiration philosophique. La doctrine ésotérique de Platon se confondait dans ses corollaires avec les principes de l'extase mystique (1) ; et, quoique sortis de sources différentes, ces deux systèmes s'assimilaient par leurs résultats.

La morale religieuse des mystiques avait essentiellement pour but de détacher l'homme de la dépendance des sens, de toute affection terrestre, de tout rapport avec le monde extérieur. La morale de Platon était éminemment désintéressée, repoussait les séductions de la volupté, faisait rechercher la vertu pour elle-même, comme le type du beau et du bon. Ici, la sympathie se retrouvait encore ; les maximes étaient au fond les mêmes ; il ne restait encore qu'à pousser plus loin la

---

(1) *Voyez* chap. XI de cet ouvrage ; tome II, pag. 246 et suiv.

doctrine de Platon, en la dirigeant aux préceptes ascétiques, en confondant la pratique de la vertu avec le culte de la Divinité, en lui donnant un plus haut degré d'exaltation.

De plus, les nouveaux Platoniciens transportèrent cette morale dans la théorie de la connaissance humaine, et la substituèrent en quelque sorte à la logique.

La doctrine de Platon aspirait tout entière à l'unité systématique; unité dans le but, unité dans le principe fondamental, unité dans le système des connaissances, comme dans le système des êtres. Les idées des Mystiques offraient le moyen de réaliser cette unité, de la porter dans ce double système au plus haut degré qu'il fût possible de concevoir.

L'*Être*, cette notion la plus générale que l'esprit humain puisse obtenir, avait été placée, instituée par Platon au sommet de l'échelle; les Mystiques la faisaient rayonner au foyer de la création.

Lorsque Socrate avait commenté la célèbre inscription du temple de Delphes, lorsqu'il avait rappelé la philosophie à *la connaissance de soi-même*, il n'avait encore conçu cette belle pensée que sous un rapport essentiellement pratique, particulièrement moral, sous l'acception qu'elle présente naturellement au philosophe. Déjà Platon l'avait saisie sous un autre point de vue, sous le point de vue transcendantal, c'est-à-dire, comme devant faire trouver le principe de toute connaissance réelle dans la notion de la substance, et celle-ci dans la conscience que l'être pensant a de lui-même. Les nouveaux Platoniciens, en portant plus avant une investigation que Platon avait ouverte plutôt qu'accomplie, se retrouvaient en présence des Mystiques, qui n'admettaient de réalité que dans l'intelligence.

On pourrait indiquer encore d'autres traits de consanguinité, ou plutôt d'autres causes d'attraction entre les deux systèmes. Il suffit de remarquer que l'un et l'autre faisaient jaillir de la contemplation directe la source des connaissances, donnaient l'essence divine pour objet à cette contemplation; qu'un idéalisme rationnel était la conséquence à laquelle se terminait la doctrine de Platon, et qu'un idéalisme mystique était le principe des conceptions des Théosophes.

Ceci nous explique pourquoi le fondateur de l'Académie joua le rôle principal dans cette nouvelle direction des idées. Mais, il est facile de concevoir aussi comment Pythagore et Aristote furent appelés à y concourir, quoiqu'à des titres différens, et dans des proportions différentes, et par quels points de contact ils vinrent s'unir à Platon pour achever cette grande et nouvelle combinaison.

Ces points de contact se rencontraient précisément dans la sphère d'idées par laquelle la doctrine de Platon communiquait avec les spéculations mystiques.

Ainsi, la tendance qui portait les nouveaux Platoniciens à se rapprocher des sources des dogmes orientaux, fut un motif puissant et déterminant qui les porta aussi à combiner les doctrines des trois principales écoles Grecques, en associant les élémens qui présentaient une affinité réciproque.

Aux analogies naturelles qui pouvaient exister entre les vues de Pythagore et celles de Platon, par suite du genre de valeurs qu'ils avaient donné tous deux aux relations et aux notions génériques, vint se joindre une hypothèse anciennement présentée par Speusippe et Xénocrate, reproduite ensuite par Modératus, lorsque le Pythagoréisme ressuscita sous l'empire romain, et qui tendait à faire considérer les nombres de Pythagore comme une sorte de formules, de symboles, ou de langue philosophique, employée à exprimer les idées métaphysiques et les diverses combinaisons qu'elles subissent ; hypothèse si généralement admise à l'époque dont nous parlons, que Sextus l'Empirique lui-même n'a pas hésité à l'adopter. Par ce moyen, on put interpréter Pythagore tout entier par les doctrines platoniciennes ; on ne faisait en quelque sorte que les traduire.

Il est digne de remarque que la résurrection de l'école de Pythagore, ou plutôt qu'un nouveau Pythagoréisme paraît avoir donné l'exemple ou le signal de l'alliance que les philosophes grecs contractèrent avec les Mystiques de l'Orient. Les traditions orales de l'école d'Italie s'étaient perdues depuis longtemps à la suite de la destruction de l'institut de Pythagore. On chercha à y suppléer par des interprétations ; les Mystiques qui se trouvaient alors en faveur, s'offrirent naturellement pour expliquer ou remplacer la doctrine secrète, et la tendance générale des esprits fit accueillir l'interprétation symbolique, et la génération des nombres devint l'image des rapports du monde idéal. Ainsi, le nouveau Pythagoréisme tendait la main

d'un côté au Mysticisme oriental, de l'autre, à la doctrine platonicienne. Modératus de Gades, le premier philosophe Ibérien qui paraisse sur la scène, et après lui, Nicomaque de Gérase, donnèrent le premier essai de ce genre de commentaires que nous retrouverons plus tard dans Jamblique. En dépouillant l'histoire d'Apollonius de Tyane de toutes les fables dont Philostrate l'a chargée, on reconnaît que cette alliance avait été le résultat comme le fruit de ses travaux; elle explique la haute admiration qu'il sut inspirer à des hommes éclairés, impartiaux, ou même prévenus contre lui; tout ce qu'on a raconté des prétendus prodiges de cet homme extraordinaire, s'explique d'ailleurs par les idées nouvelles alors pour l'Occident, qu'il avait puisées aux sources orientales, et par la valeur qu'on leur prêtait relativement à la divination et aux pratiques théurgiques. A peine d'ailleurs nous a-t-on transmis quelque aperçu de sa philosophie. Nous y trouvons toutefois une vue qui mérite d'être signalée. « Il n'existe qu'un
» seul être, qu'une seule substance, sub-
» stance primordiale à laquelle on peut donner
» le nom de Dieu, principe de tous les êtres,
» immuable dans son essence, modifiée seule-

» ment par l'action ou le repos, qui s'étend,
» se déploie, et par là produit ces révolutions
» qui deviennent visibles sur le théâtre de
» l'univers. Les objets particuliers ne sont
» que des êtres apparens et non réels. L'Etre
» unique est le sujet permanent de ces chan-
» gemens, et les apparences ne sont autres
» que sa propre manifestation (1). »

Nous avons eu occasion d'observer (2) combien Aristote se rapprochait de Platon, chaque fois qu'il traitait des vérités générales, absolues, nécessaires, et d'indiquer l'analogie qui existait entre les *formes* de l'un et les *idées* de l'autre. Il suffisait donc de séparer les deux Aristotes (car, il y avait en effet deux systèmes dans sa doctrine) et d'exclure celui qui, dans le domaine des connaissances positives, avait proclamé l'autorité de l'expérience, de s'attacher à celui qui, dans la région de la métaphysique, n'admettait que les axiomes universels, de lui emprunter les définitions de la substance, de l'essence, la notion de l'Entéléchie, pour établir entre son maître et lui cet accord qu'il avait mis tant de soin à

---

(1) Epist. Apollonii, VIII.
(2) Tome II, ch. XII, p. 306, 311, 325, 344, 352.

désavouer; l'Ontologie d'Aristote gravitait tout entière vers le nouveau Platonisme. Aussi avons-nous vu, dans les chapitres XVIII et XIX ci-dessus, que les Eclectiques furent naturellement conduits à ce rapprochement, avant même qu'ils fussent sollicités par les puissans motifs que suggéra aux nouveaux Platoniciens l'intérêt de leur cause.

En quoi consistaient précisément les emprunts que firent les nouveaux Platoniciens aux spéculations mystiques? En quoi ces emprunts altérèrent-ils la doctrine primitive de Platon? Quelle extension précise reçut-elle de leurs travaux?—Nous préférons, avant de présenter quelques aperçus sur ces importantes questions, mettre le lecteur à portée de les juger lui-même par une exposition rapide, mais aussi fidèle qu'il nous sera possible, des nombreux commentaires qui furent l'ouvrage de cette école.

On ne peut assigner précisément un rang, dans cette nouvelle école, ni à Apulée, ni à Plutarque, quoique l'un et l'autre Platoniciens, quoique tous deux occupés de rechercher et de reproduire les traditions mystérieuses de l'Asie. Car, ni l'un ni l'autre n'ont cherché à introduire entre ces élémens une coordination systématique. Ils ont raconté plutôt que construit; ils ont recueilli, et non médité.

Numénius et Ammonius surnommé Saccas ou le *Saccophore* commencèrent la fusion des élémens; Plotin l'acheva.

Plotin fût accusé de n'avoir fait que copier Numénius (1). Quoique Tryphon ait fait un livre tout exprès pour combattre cette opinion, quoique Longin l'ait expressément rejetée, quoique Porphyre la repousse avec chaleur, nous voyons cependant Porphyre convenir ailleurs que Plotin commentait la doctrine de Numénius, et nous retrouverons en effet dans le premier quelques opinions du second. Le but principal de Numénius paraît avoir été (2) de mettre en accord la doctrine de Pythagore avec celle de Platon. Sous ce rapport, du moins, il peut donc être rangé au nombre de ceux qui ont ouvert la voie au Platonisme nouveau, et il ne serait pas sans intérêt d'examiner comment il peut avoir concouru à sa naissance. Malheureusement, nous n'en avons que quelques fragmens conservés par Eusèbe.

---

(1) Porphyre. *Vita Plotini*, § 17.
(2) *Id.*, *ibid.*, § 14.

Eusèbe nous apprend que Numénius avait dirigé tous ses efforts à réunir Pythagore et Platon, en même temps qu'il cherchait une confirmation des doctrines philosophiques dans les dogmes religieux des Brames, des Indiens, des Mages et des Egyptiens (1); qu'il avait acquis dans l'étude de Pythagore et de Platon la conviction de cette maxime fondamentale du nouveau système, « que l'Etre véritable ne réside » point dans le monde sensible; » qu'il s'était attaché à faire ressortir la différence qui existe entre cet être apparent ou visible dont l'existence n'est qu'un changement perpétuel, par conséquent un passage du non-être à l'être, ou un retour de l'être au néant, et cet être réel et véritable qui seul est permanent, semblable à lui-même, qui ne peut se rencontrer que dans l'être parfait et en même temps incorporel, c'est-à-dire, dans la Divinité elle-même (2). »

En concevant la Divinité comme l'être parfait, et en même temps comme l'être absolu, comme une intelligence infinie et qui

---

(1) Eusèbe, *Præp. Evang.*, IX, §§ 6 et 7.
(2) *Id.. ibid.*, XI, §§ 10, 17, 19.

ne peut recevoir aucune limite, Numénius supposa que la Divinité, absorbée en quelque sorte dans sa propre contemplation, ne peut communiquer avec l'univers, agir sur lui, et par conséquent y exercer l'empire d'une cause, sans perdre sa simplicité, sans accepter des limites, sans se diviser, sans se dégrader en descendant à des objets inférieurs. Dès-lors, il admit une seconde intelligence à laquelle l'intelligence suprême a transmis les germes ou les semences renfermées dans son sein, qui, les versant sur les autres êtres intelligens, est devenue l'auteur et l'ordonnateur de l'univers, qui s'est trouvée placée ainsi comme un intermédiaire entre la Divinité et la création, émanant de la première, produisant la seconde, conservant des rapports avec tous deux et devenant leur lien mutuel. C'est le Demiourgos, le fils, la pensée (νους). Cette divinité secondaire en produit une troisième qui n'est en quelque sorte que son propre reflet; le second principe, lorsqu'il se contemple lui-même dans le premier, y voit sa vie intellectuelle qui consiste dans l'unité et le repos; mais, en dirigeant son regard au-dessous de lui, il devient la puissance ordonnatrice et motrice, il unit les parties du monde matériel par des rapports harmoniques (1). » Numénius, dans cette hypothèse des trois principes, a franchi les confins de la doctrine platonicienne, il s'est mis en communication avec les traditions orientales. Nous retrouverons bientôt les mêmes vues dans Plotin.

« Les corps n'ont donc rien de réel. La Divinité, le Demiourgos, et les intelligences qui en sont émanées composent seules l'univers réel, univers invisible, inaccessible aux sens. Les corps étant, de leur nature, changeans, divisibles et solubles à l'infini, et tendant sans cesse à se dissoudre, il est nécessaire qu'une force concentre, réunisse et retienne combinés les élémens qui les composent ; l'âme est cette force ; elle doit être elle-même incorporelle ; car, si elle était matérielle, elle serait elle-même composée de parties, et la même nécessité se reproduirait. »

Numénius vécut sous les Antonins ; Origène le met au-dessus de Platon lui-même (2). Il prétendait que Platon n'était que Moïse transformé en Athénien (3); suivant Théo-

---

(1) Eusèbe, *Præp. Evang.*, XV, § 17.
(2) *Contra Celsum*, IV, f. 204.
(3) St. Clément d'Alexandrie, *Stromat.*, I, f. 342.

doret, il avait puisé ses opinions non-seulement auprès des Égyptiens, mais encore auprès des Hébreux (1). On ne peut assez regretter les ouvrages qu'il avait écrits sur la doctrine ésotérique de Platon, sur la différence qui existait entre les Académiciens et les vrais Platoniciens (2), et l'histoire philosophique qu'il avait composée.

Ammonius Saccas fleurissait vers la fin du 2ᵉ siècle de notre ère ; il n'a rien écrit. Quoique appartenant à une condition pauvre, et livré à une vie laborieuse, il était passionné pour l'étude de la philosophie. Il avait lu, médité Platon et Aristote. Il avait conçu l'espoir de les réconcilier ; « il n'y a qu'une vérité, disait-il ; d'aussi » grands génies ne peuvent manquer de s'être » rencontrés en la cherchant ». Le point de réunion était indiqué, il se trouvait au sommet des spéculations rationnelles ; il se trouvait au foyer de la Théologie naturelle (3). » Il est probable qu'Ammonius fut conduit par l'analogie à en chercher le commentaire dans

---

(1) Liv. II, *Serm*. I.
(2) Eusèbe, *Præp. Evang.*, XIII, 5 ; XIV, 5.
(3) *Voy*. dans la Bibliothèque de Photius le fragment d'Hiéroclès, *de Providentia*.

une Théologie positive et traditionnelle. Porphyre suppose qu'il abandonna le Christianisme pour le Paganisme; Eusèbe, au contraire, qu'il abandonna celui-ci pour embrasser celui-là; mais, il suffit de voir quels furent les disciples, pour juger quelles avaient été les véritables opinions du maître (A). Il eut trois disciples, Hérennius, Plotin, et un Origène, confident de sa doctrine, qui peut-être n'est pas le même que celui qui occupe un rang dans l'histoire ecclésiastique. Ils s'étaient promis de tenir cette doctrine secrète; le premier viola l'engagement contracté, les deux autres suivirent son exemple. Plotin, dont nous avons toute la philosophie, est donc l'interprète d'Ammonius. « Plotin n'avait pu être satisfait » par les professeurs en philosophie dont il » avait suivi les leçons dans la capitale de » l'Egypte; il en revenait toujours triste et » chagrin. Un de ses amis le conduisit à Ammonius, et, dès qu'il l'eut entendu, il s'écria : » Voici celui que je cherchais (1). » En effet, il adopta et suivit sa méthode dans son propre enseignement.

---

(1) Porphyre, *Vita Plotini*, §§ 3, 14.

Nous ne connaissons rien d'Hérennius ; nous savons seulement par Origène qu'il écrivit un livre sur les démons ou génies supérieurs, et un autre sous ce titre : *Que le seul auteur est le Roi* (C).

Il fut aussi disciple d'Ammonius, cet illustre Longin, l'immortel auteur du traité sur le *sublime*, qui enseigna la littérature grecque à l'infortunée Zénobie, et qui périt victime de son dévouement à cette reine. Cependant, il se prononça contre l'irruption du Mysticisme dans la philosophie. Il avait un jugement trop sain et une raison trop exercée pour se laisser entraîner à la contagion qui s'emparait des esprits. Il professait une haute estime pour la personne et le talent de Plotin ; il avait ardemment désiré de connaître sa doctrine (1) ; toutefois, il la combattit dans un écrit intitulé *de la Fin*, dont Porphyre nous a conservé un fragment ; il combattit aussi Porphyre lui-même, dont il était l'ami, et réfuta spécialement leur opinion sur les *idées*. Le commentaire de cet écrit, qui nous a été conservé par Porphyre, présente un tableau fort curieux de

---

(1) Porphyre, *Vita Plotini*, §§ 19 et 20.

l'état de la philosophie à cette époque. Il rejetait d'ailleurs les hypothèses d'Epicure et de Chrysippe, qui tendaient à matérialiser les phénomènes de l'entendement. Il reconnaissait que ces phénomènes ne peuvent être le produit d'une simple action mécanique, d'une combinaison des atomes, et que les modifications de l'âme sont étrangères aux propriétés des corps (1).

Si, pendant que Longin rangeait Plotin au premier rang des sages, lui attribuait la gloire d'avoir expliqué les principes de Platon et de Pythagore plus clairement que ses prédécesseurs, Plotin refusait à Longin le titre de philosophe, il est permis de penser que Plotin ne portait un tel jugement que parce que Longin avait refusé de le suivre dans les régions spéculatives dont il avait exclusivement composé le domaine de la philosophie.

Porphyre nous a transmis une vie de Plotin qui est pleine d'intérêt. Nous trouvons réunis dans ce fondateur du nouveau Platonisme les vertus des Esséniens, l'enthousiasme des Gnostiques et l'élévation de Platon. Il porta au

---

(1) Eusèbe, *Præp. Evang.*, liv. XV, § 17.

plus haut degré le désintéressement, la bonté, la douceur, l'abnégation de lui-même. Les méditations religieuses étaient l'aliment ordinaire de son esprit. Il voulut étudier par lui-même la philosophie des Perses et celle des Indiens; dans cette vue, il accompagna l'empereur Gordien dans son expédition contre les Perses. Il savait la géométrie, l'arithmétique, la mécanique, l'optique, la musique, quoique, dit Porphyre, il eût peu l'ambition de travailler sur ces diverses sciences. Il a répandu dans ses livres, continue son biographe, plusieurs dogmes secrets des Stoïciens et des Péripatéticiens; il a fait aussi usage des ouvrages métaphysiques d'Aristote (1).

On voit que Plotin, en se proposant de rajeunir et de développer la philosophie de Platon, avait voulu puiser aux mêmes sources dont on supposait que le fondateur de l'Académie en avait tiré les élémens; on voit qu'il avait considéré aussi l'enseignement du Lycée et du Portique comme étant une dérivation de celui de Platon, comme pouvant en devenir le commentaire; qu'il avait eu pour but de rappeler à l'unité les doctrines philosophiques,

---

(1) Eusèbe, *Præp. Evang.*, §§ 3 et 14.

en leur donnant pour pivot principal celle du disciple de Socrate. Ainsi, cette philosophie, une à ses yeux, était comme un arbre majestueux dont les racines étaient cachées dans l'Orient, dont l'Académie avait été comme le tronc, dont le Lycée, le Portique étaient les branches. Cette vue était grande sans doute, elle exigeait des talens et des connaissances plus qu'ordinaires. Plotin semble avoir puisé à l'école de Platon la même inspiration que Platon avait puisée à l'école de Socrate. Mais, Platon n'est point étranger à l'ambition de la gloire ; Plotin veut éviter la gloire même qui lui serait acquise. Platon vit avec son siècle, quoique supérieur à ce siècle, embrasse dans son regard la société tout entière ; Plotin ne vit qu'avec lui-même ou dans l'avenir, semble n'avoir en vue que l'intérêt de la seule vérité. Platon commerce avec les hommes, et n'est point étranger aux intérêts publics, s'occupe des institutions sociales, et surtout des mœurs, vrai fondement des bonnes institutions ; Plotin se renferme dans la région de la contemplation spéculative, dédaigne toutes les applications, croit avoir assez fait pour la morale elle-même en la faisant découler de l'extase religieuse ; vous croyez entendre la voix d'un anachorète, vous ignoreriez le temps, le pays où il a vécu, si vous ne le saviez d'ailleurs. Platon commence toujours par s'adresser aux notions les plus familières, et s'élève par une marche insensible et graduée jusqu'aux théories; Plotin part du sommet des théories, et c'est en quelque sorte par hasard qu'il rencontre les choses humaines. Ce qu'il y a d'admirable dans Platon, c'est l'art avec lequel il lie, il enchaîne une longue suite d'idées pour arriver au but qu'il se propose; ce qui frappe dans Plotin, c'est la hardiesse avec laquelle il se place dès l'abord dans le but lui-même, et traite des choses les plus relevées et les plus abstraites comme si elles étaient des notions communes. Platon s'arrête et se tait lorsqu'il est arrivé au terme vers lequel il devait nous conduire; il laisse alors à son disciple le soin d'achever sa pensée; Plotin est ce disciple que Platon avait invoqué et qui achève en effet sa pensée, qui se charge d'expliquer ce que Platon lui-même n'avait pas osé déclarer et dire. Il commence précisément là où son maître a fini. Ce qui était dans Platon la plus haute des conséquences, devient pour Plotin le premier principe. Nous avons comparé la doctrine de Platon à une pyramide dont la base repose sur la terre, et qui vient toucher aux cieux. Nous pourrions comparer celle de Plotin à un faisceau lumineux qui descend de l'empirée et descend en s'épanouissant sur la terre. Platon est un guide qui conduit le faible mortel à une patrie supérieure; Plotin semble être un prophète qui, du sein de l'Empirée, révèle aux hommes les mystères de cette patrie qui déjà est son séjour.

En un mot, réunissez ces deux hommes, et vous avez, s'il est permis de dire ainsi, Platon complet; et cette doctrine ésotérique à peine indiquée, que nous tentions de présumer, se déploie et se manifeste tout entière.

Platon était un grand écrivain en même temps qu'un grand philosophe : une secrète poésie animait, ornait son langage. Plotin a toute la chaleur que l'exaltation religieuse peut donner; mais, il a souvent l'aridité et l'obscurité d'Aristote; il méprise les vains ornemens du style. Il se donnait à peine le soin d'écrire; ses idées s'échappaient comme par torrent, mais avec peu d'ordre, avec une extrême concision, et sous une forme à peine ébauchée. Porphyre, qui avait suivi ses conférences, qui était admis à sa confiance intime, qui avait reçu de lui la mission de mettre en ordre ses écrits, les a distribués dans les *Ennéades*, en y joignant quelques commentaires (D). Cet ouvrage, que nous avons entier, est l'un des monumens les plus importans et les plus curieux de la philosophie de l'antiquité, et le traité le plus complet, comme le plus abstrait, le plus étonnant, de métaphysique transcendantale, que cette philosophie ait léguée aux siècles suivans. Quoique Porphyre se soit proposé d'y classer les matières avec ordre, il n'est pas facile de le résumer; les objets n'y sont point liés par un enchaînement systématique. Les prémisses ne sont nulle part distinguées des corollaires; nulle part on ne trouve d'introduction; Plotin suppose constamment comme reconnus et admis les élémens de sa théorie; ce sont des dogmes qui se suffisent à eux-mêmes. Ce n'est point une démonstration, c'est une exposition. Essayons, en nous pénétrant de l'esprit de l'auteur, de reproduire cette exposition sous une forme sommaire, de manière à faire saisir comment cette vaste théorie pouvait se coordonner; essayons de lui rendre ici l'unité méthodique qu'on cherche en vain dans la rédaction de Porphyre. Sous une apparence de méthode, cette rédaction présente beaucoup de confusion et de désordre; mais, en pénétrant dans l'esprit de la philosophie, on peut, si nous ne nous trompons, démêler le nœud secret de son système; car, tout, dans ce système, aspire à l'unité, ou plutôt tout dérive de l'unité, et tel est précisément le caractère essentiel et propre de sa doctrine : il a cherché à satisfaire dans le plus haut degré qu'il fut possible, à ce besoin si ancien, si persévérant, si profond, si impérieux de l'esprit humain. Cette doctrine pourrait être définie, « la théorie de l'unité absolue, parfaite et primordiale, et des rapports gradués par lesquels la variété en procède. »

Reportons-nous à la théorie des *idées* de Platon. Supposons que ces notions génériques ne sont plus seulement les types, les exemplaires des êtres, mais les êtres eux-mêmes; que *l'idée*, son objet, la substance qui la conçoit, sont absolument identiques, qu'ainsi il n'y a rien de réel que l'intelligence et l'acte de sa propre intuition; et, de cette hypothèse, va découler le système entier de Plotin. L'unité absolue en sera le point de départ, par cela même qu'elle est le sommet de l'abstraction.

« L'unité est le principe nécessaire, la

source et le terme de toute réalité, ou plutôt la réalité elle-même, la réalité originelle et primitive ; rien de ce qui existe n'a de réalité qu'autant qu'il s'en rapproche et y participe. Elle est le lien universel ; elle renferme dans son sein les germes de toutes choses ; c'est ce Saturne enchaîné de la Mythologie, père du père des dieux (1) ». Nous pourrions ajouter aussi, c'est la Divinité suprême et encore inactive des traditions orientales et des Gnostiques. « *L'un* n'est point l'être, il n'est point l'intelligence, il est encore supérieur à l'un et à l'autre ; il est au-dessus de toute action, de toute situation déterminée, de toute connaissance. Car, de même que le composé est renfermé dans le simple, le simple est renfermé dans *l'un*, et il est impossible de s'arrêter pour trouver la raison des choses jusqu'à ce qu'on soit arrivé à cette unité absolue, qu'il faut ainsi concevoir, sans pouvoir la définir (2). Comment concevoir quelque

---

(1) Ennéade, I, liv. VIII, ch. 2, 3. — En. III, liv. VI, ch. 2. — En. V, liv. III, ch. 15 ; liv. IV, ch. 1. — En. VI, liv. IV et V.

(2) En. III, liv. VII. — En. V, liv. I, ch. 4, 5 ; liv. V, ch. 9 ; liv. VIII, ch. 13.

chose d'existant, si ce n'est par l'unité? Qu'est-ce que l'individu, l'animal, la plante, si ce n'est l'unité qui préside au multiple? Qu'est-ce que la collection même, une armée, une assemblée, un troupeau, si elle n'est rapportée à l'unité? L'unité rayonne ainsi dans les choses les plus complexes, en forme de lien (1). »

« Cet *un* nécessaire, absolu, immuable, infini, qui se suffit à lui-même, n'est point l'unité numérique, le point indivisible; c'est l'*un* universel dans sa parfaite simplicité; c'est le plus haut degré de la perfection, c'est le beau idéal, le seul vrai beau, c'est le *bon suprême*, le *bon* par excellence (πρῶτον αγαθον) (2). »

Comment de cette unité primitive dérive le système des êtres? « D'abord de son sein procède *l'intelligence suprême*, second principe, principe parfait, aussi, quoique subordonné; elle en procède sans action, et même sans volonté, sans que le premier principe en soit altéré ou modifié, elle en procède comme la lumière émane du soleil. L'intelligence est

---

(1) En. VI, liv. I, ch. 1.
(2) En. VII, liv. I, ch. I. — En. V, liv. V, ch. 13. — En. VI, liv. I, ch. 1.

l'image, le reflet de l'unité; c'est une auréole lumineuse qui investit l'unité; l'intelligence est tout ensemble l'objet conçu, le sujet qui conçoit, l'action même de concevoir, trois choses identiques entre elles, avec elle-même; elle se contemple incessamment; cette contemplation est son essence. »

« L'âme universelle est le troisième principe, subordonné aux deux autres; cette âme est la pensée, la parole, (λογος), une image de l'intelligence, l'exercice de son activité; car, l'intelligence n'agit que par la pensée; mais, cette pensée est encore indéterminée parce qu'elle est infinie. Toute cette procession ne s'opère point dans le temps; elle est de toute éternité, et les trois principes, quoique formant une hiérarchie dans l'ordre de la dignité, sont contemporains entre eux (1) ».

On reconnaît l'affinité de ces notions avec les trois principes des Gnostiques, avec les triades de Pythagore et de Platon (2).

Le monde intelligible, cette région conçue et indiquée par Platon, fondera maintenant la

---

(1) En. II, liv. IX, ch. 6. — En. VI, liv. I, ch. 6.
(2) *Voy*. l'annotation de Marsile Ficin sur le chap. 4 du liv. Ier de la cinquième Ennéade.

relation des trois principes avec le monde apparent, et servira non-seulement de type, mais de base à celui-ci, ou plutôt en constituera l'essence réelle et véritable. Plotin parcourt cette région éthérée comme si elle était son domaine propre ; il va nous la décrire comme s'il en était le géographe. « Les êtres naturels ne sont point de vrais êtres, ils ne sont que des miroirs de la réalité (1). Le monde intelligible n'admet ni altération, ni transformation ; il est identique avec la Divinité, il n'est que la Divinité même, en tant qu'elle se manifeste ; il est éternel et immuable comme elle. L'intelligible correspond à l'intelligence, comme à son objet. Le monde intelligible renferme seul les vraies essences ; le monde visible n'en offre que l'apparence. Le second est l'image, la peinture du premier ; le second est compris dans le premier, non comme dans son contenant, mais comme dans sa cause. Le monde intelligible domine sur le monde sensible, le pénètre, s'y répand de toutes parts par l'excellence et l'énergie de sa puissance. Le monde intelligible, c'est-à-dire *la plénitude des idées*, ne com-

---

(1) En. I, liv. III, ch. 2. — En. III, liv. VI.

porte aucune division; il y a en lui tout ensemble multiplicité et unité : il est la nature une, individuelle et commune de la multitude des *idées* (1). » Plotin, en s'emparant de la théorie des *idées* conçue par Platon, a donc été appelé à lui donner, et lui a donné en effet le plus vaste développement. « L'*idée* est une essence vive, intellectuelle, elle est tout à la fois et le *genre* et l'acte; les *idées* sont les formes suprêmes, primordiales, renfermées dans l'intelligence, imprimées primitivement à la nature (2). En s'y imprimant, elles lui donnent l'éclat de la beauté : car, tout ce qui ne dérive pas d'une *idée* est difforme (3). Le *bon* est la forme de la matière, l'âme est celle du corps, l'intelligence est celle de l'âme; le premier principe est la forme de l'intelligence et de toutes choses. Les formes séparées de la matière sont l'entendement lui-même, ou sont dans l'entendement,

---

(1) En. III, liv. VII, ch. 1. — En. V, liv. IV, ch. 1. — En. VI, liv. III, ch. 2 ; liv. IV, ch. 2, 3 ; liv. VII, ch. 3 ; liv. V, ch. 2 ; liv. VI, ch. 3.

(2) En. II, liv. IV, ch. 4, 13. — En V, liv. IV; liv. V, ch. 1. — En. VI, liv. I, ch. 3, 6, 7, 10, 13; liv. II, III.

(3) En. VI, liv. I, ch. 14 ; liv. VII, ch. 3.

non selon l'accident, mais suivant l'essence intelligible et intelligente tout ensemble. La forme intellectuelle par laquelle agit la Divinité est la nature de la Divinité elle-même : on voit donc dans la *raison formelle* d'une chose ce qu'elle est, ce qu'elle doit être (1). »

Remontez, en suivant l'échelle progressive des abstractions, des objets particuliers et par-là même complexes, aux notions plus simples et qui par-là même renferment sous elles des espèces, des genres plus ou moins étendus ; remarquez comment à chacun des degrés de cette échelle l'unité s'associe au multiple, en devient le pivot, vous concevrez comment Plotin a institué son système des *idées*, avec ces différences toutefois que Plotin redescend cette échelle au lieu de la monter, qu'il identifie l'*idée* avec l'objet, qu'il fait dériver le multiple de l'unité. L'idée primitive, la notion la plus générale, l'unité parfaite, s'épanouit en quelque sorte comme un faisceau de lumière (2). L'acte de l'essence première réfléchi sur lui-même est l'intelligence qui con-

---

(1) En. VI, liv. VII, ch. 25.
(2) En. VI, liv. II, ch. 8.

temple, dans sa propre substance, les *idées* comme les germes ou les types universels (1). Dans cette source réside *la plénitude des idées* (2). L'intelligence comprend toutes choses, comme le genre comprend les espèces: la vie primitive, la pensée suprême est la première des formes, parce qu'elle est la plus parfaite et la plus simple (3). La pensée divine agit sur la matière, par ses *idées*, non extérieurement comme l'art humain, mais d'une manière intime comme la nature, à l'instar d'un feu secret ; car, l'*idée* est une force ignée (4). »

Plotin emprunte aux hiéroglyphes égyptiens une comparaison assez curieuse, que nous trouvons reproduite dans le livre *sur les mystères des Egyptiens*, publié sous le nom de Jamblique. « Les sages, dit-il, parmi les Egyp-
» tiens, conduits par une sagesse consommée,
» ou par une sorte d'instinct naturel de la
» raison, en voulant nous expliquer les mys-
» tères de la sagesse, n'ont point voulu em-

---

(1) *Ibid.*, ch. 10, 22 ; liv. III, ch. 9, 10.
(2) En. VI, liv. VI, ch. 1 ; liv. IV, ch. 4, 5.
(3) En. V, liv. IX, ch. 6. — En. VI, liv. VII, ch. 13.
(4) En. VI, liv. V, ch. 8 ; liv. VII, ch. 1.

» ployer les figures de cet alphabet qui ne
» représente que le langage articulé; mais ils
» ont recouru à des figures qui peignent et
» imitent les choses, se réservant ensuite
» d'exposer ces choses telles qu'elles sont en
» elles-mêmes, dans les secrètes conférences
» des mystères. Car, la science et la sagesse
» consistent dans l'exemplaire, et non dans
» l'objet soumis à nos regards : cet exemplaire
» se réfléchit ensuite et se déploie dans le
» simulacre formé d'après son imitation : il
» révèle les causes qui régissent la disposition
» des choses (1). »

La pensée est aux yeux de Plotin la seule vie, le seul être, la seule substance, la seule puissance. Quelle énergie ne lui imprime-t-il pas? Toute force, toute action est à ses yeux nécessairement intellectuelle. Aussi le monde intelligible est-il, suivant lui, l'empire des esprits. « Ces esprits, ces génies immatériels distribués en hiérarchies, placés à chaque degré de l'échelle des êtres, impriment le mouvement, communiquent l'existence à toutes choses. Ils correspondent au système des *idées*.

---

(1) En. V, liv. VIII, ch. 3.

il y a donc une intelligence universelle qui n'a rien d'individuel, et de laquelle sont dérivées les intelligences individuelles : c'est un lien commun entre tous les êtres : celles-ci ressortent de celles-là comme les espèces de leur genre (1). Une vie incorporelle respire donc dans la matière, la domine, la définit : les phénomènes naturels sont les productions de cette vie agissant par des *raisons* ou causes *contemplatives*, infuses ou répandues en elle par la Divinité elle-même; la nature agit par les essences. De même que l'art de l'homme imite la nature, la nature imite Dieu, qui lui-même se dirige par la sagesse; de là vient qu'une sorte de sagesse se manifeste dans la nature (2). Il y a dans le monde quatre ordres divers : l'ordre intellectuel, l'ordre animal, l'ordre séminal, l'ordre sensible (3). Tout ce qui apparaît dans le monde sensible, existe

---

(1) En. V, liv. I, ch. 4. — En. VI, liv. IV, ch. 2 ; liv. V, 5, ch. 2 ; liv. VIII, ch. 3 ; liv. IX, ch. 4 ; liv. III, liv. II, ch. 18.

(2) En. III, liv. IV, ch. 1. — En. III, liv. VII. — En. IV, liv. IV, ch. 33, 39. — En. V, liv. VII, ch. 3 ; liv. VIII, ch. 5.

(3) En. III, liv. II, ch. 4.

réellement dans le monde intelligible : dans ce dernier il y a donc aussi un soleil, une terre, mus, vivans et animés; des eaux, un air, avec les animaux qui les habitent, jouissant d'une vie continuelle. La plante du monde sensible est une *idée* vivante ; l'essence de cette plante est une *unité* commune à toute l'espèce, la plante primordiale, le type d'après lequel toutes les plantes semblables ont été formées, la source à laquelle elles empruntent la vie. Cette *idée* qui anime la plante et la vivifie, est la cause de son développement, comme elle en est la règle; elle est le principe de la végétation : tout est intellectualisé (1). »

Plotin, lorsqu'il abaisse son regard sur nos cieux visibles et sur le cours des astres, les considère aussi du même point de vue. « Ce ciel est mu par une âme propre, raisonnable, intelligente, et la révolution des astres s'opère par un mouvement circulaire, attendu que l'âme et l'intelligence s'exercent aussi par une sorte de circuit autour de la Divinité, centre suprême (2).

---

(1) En. VI, liv. VII, ch. 11, 12.
(2) En. II, liv. II.

« La matière par elle-même n'est que privation, elle n'a point de qualités propres; les *raisons seminales* répandues dans son sein la fécondent (1). » Dans cette notion de la matière conçue comme l'absolue privation, on reconnaît l'une des idées propres au système cabalistique.

On voit quels doivent être dans ce système l'origine, le rang, la nature, les fonctions de l'âme humaine. « L'âme humaine tient le milieu entre les formes divines et les formes naturelles; elle émane de Dieu; elle préexistait à sa propre union avec le corps; en se séparant de lui, elle remonte à sa source. » Plotin examine quelles seront ses connaissances dans cet état futur. « Ici bas, elle n'est point dans le corps, mais présente au corps; elle s'unit à l'âme divine, par elle à la Divinité même dans laquelle elle puise toutes ses connaissances; car, la source la plus pure et la plus élevée des connaissances est dans la contemplation des formes divines. L'âme aperçoit par le premier principe, comme l'œil à

---

(1) En. II, liv. III, ch. 13, 14, 15; liv. IV, ch. 13, 14, 17; liv. VII, etc. — En. III, liv. II, ch. 16.

l'aide de la lumière (1). L'âme peut être admise à s'unir étroitement avec le principe de toute intelligence, et à puiser dans ce commerce une illumination sublime. » Porphyre raconte, dans la vie de Plotin (2), que ce philosophe obtint quatre fois dans sa vie la faveur de cette *communication intime avec l'Etre* suprême et incompréhensible, et que lui-même en a joui une fois aussi.

« L'esprit humain a d'ailleurs deux manières ordinaires d'agir et de connaître : l'une, par la participation à l'intelligence, l'autre, par les formes ; il jouit de la première, lorsqu'il est en quelque sorte rempli et illuminé par l'intelligence, lorsqu'il peut la voir et la sentir immédiatement ; il jouit de la seconde à l'aide de certains caractères ou de certaines lois qui ont été gravées en nous-mêmes. Car, Dieu a imprimé dans l'esprit humain les formes rationnelles des choses (3). Mais, la vraie connaissance est celle où l'objet connu est identique

---

(1) En. I, liv. I, ch. 1, 7, 8, 13. — En. IV, liv. IV, ch. I. — En. V, liv. III, ch. 9.

(2) *Vita Plotini*, § 23.

(3) En. IV, liv. VIII, ch. 4. — En. V, liv. III, ch. 4.

avec le sujet qui connaît (1). Telle est celle que notre entendement a de lui-même et en vertu de laquelle il s'impose des lois qui lui sont propres ; il conçoit en se repliant sur lui-même (2).

» Les facultés de l'âme sont de deux sortes : les unes, se dirigeant au-dessus d'elles, constituent la raison ; les autres, descendant à la région inférieure, forment la sensibilité et la végétation.

» La raison est placée comme intermédiaire entre l'entendement et les sens (3) ; elle agit, non à l'aide des organes du corps, mais par la seule force de l'intelligence. (4)

» L'entendement n'est jamais passif, il ne reçoit point les formes du dehors ; il n'est pas même passif dans la sensation, comme quelques philosophes le supposent. Dans la sensation, il n'est pas modifié par une impression qui lui parvient ; il agit au contraire et se porte

---

(1) En. III, liv. VIII.
(2) En. V, liv. III, ch. 4. — En. VI, liv. I, ch. 4.
(3) En. V, liv. III, ch. 2.
(4) En. II, liv. I, ch. 7.

lui-même au-dehors (1). La lumière, dit Plotin, ne vient pas de l'objet éclairé, mais du sujet lumineux. » Plotin avait fort bien remarqué l'erreur des Psychologues, qui considèrent la sensation comme une simple modification reçue; il avait très-bien distingué la modification reçue, de la perception qui constitue la connaissance; mais, il ne lui suffit point d'admettre la réaction, la simple coopération de l'entendement; il réserve presque exclusivement à celui-ci la production de ce phénomène. « Il faut, dit Plotin, pour percevoir les objets sensibles, que l'âme se trouve en quelque sorte contiguë aux objets, ou du moins qu'elle se mette en rapport avec eux par l'interposition continue d'instrumens qui lui soient déjà familiers. » Pour prouver que l'esprit ne reçoit point par la sensation l'impression ou l'image de l'objet, Plotin cite l'exemple de la vision; « car, l'esprit, dit-il, reporte à une certaine distance l'objet qu'il aperçoit; il lui attribue une grandeur fort différente de celle dont il peut avoir l'image. » Plotin s'est fort exercé sur le phé-

---

(1) En. III, liv. I, ch. 10; liv. II, ch. I.—En. IV, liv. V, ch. 6.

nomène de la raison ; mais, il en a mal observé les lois : il combat l'opinion qui fait résulter de la grandeur de l'angle formé par le rayon visuel, la dimension que nous paraît offrir un objet éloigné (1). « Comment donc peut s'opérer cet acte de l'esprit, si l'âme n'est point elle-même modifiée, et comment cet acte peut-il donner la connaissance des objets externes ? Une sorte de milieu placé entre l'objet et les sens reçoit, d'un côté, la modification que l'objet lui imprime, pendant qu'il est, d'un autre côté, aperçu par l'esprit qui y lit, comme dans un signe figuratif, comme dans un caractère tracé. C'est ce milieu interposé qui reçoit la forme des objets. Ce terme moyen est l'organe des sens, l'instrument mis en rapport à la fois avec l'âme et avec les objets (2). »

« Et qu'on ne s'étonne pas, ajoute Plotin,
» si nous attribuons une telle puissance à
» l'âme, que, ne recevant point les modifica-
» tions en elle-même, elle puisse cependant
» apercevoir les objets, ou, si l'on s'en étonne;

---

(1) En. IV, liv. VI, ch. 1, 2. — En. VIII, liv. II. — En. IV, liv. V, ch. 1, 2.
(2) En. IV, liv. IV, ch. 23 et 24.

» qu'on n'y trouve du moins rien d'incroyable.
» Car, l'âme est la nature universelle; elle est
» la raison des intelligibles, leur dernière rai-
» son, et la raison première de ce qui compose
» l'univers sensible. C'est pourquoi elle se di-
» rige à ces deux régions; elle est revivifiée par
» celle-là, elle s'abaisse et tombe vers celle-ci,
» elle y est trompée par les ressemblances. Elle
» ne connaît donc point les objets en les pla-
» çant en elle-même, comme dans un siége,
» mais en les possédant et les considérant. Elle
» les tire de l'obscurité qui les enveloppait,
» elle les fait briller, ressortir, en vertu de la
» force qui lui est propre et qui était d'avance
» préparée en elle (1). »

« La mémoire ne consiste donc point dans la conservation ou la trace des impressions reçues; elle n'est au contraire qu'un développement de l'énergie de l'âme; elle a d'autant plus de puissance que cette énergie a plus d'intensité. Il n'est donc point nécessaire de confier à la mémoire, ou de rassembler par l'imagination le tableau de ce qui est perçu; l'esprit possède en lui-même une connaissance plus

---

(1) En. IV, liv. VI, ch. 3.

pure et plus certaine, et alors même que ces objets s'offrent aux sens, il est inutile de les considérer dans ce qu'ils ont de particulier et de sensible; il suffit de les considérer dans la notion intellectuelle. C'est une mémoire qui a une cause et une origine plus relevées que les impressions reçues par les sens; elle se rattache au monde supérieur duquel l'âme est issue, duquel elle emprunte toutes ses vraies connaissances; elle provient du ciel, dans le sein duquel l'âme humaine a été en commerce avec les autres âmes qui lui sont représentées sous la figure et l'emblème des corps. « L'esprit hu-
» main puise la mémoire dans les âmes de
» tous les astres, et spécialement du soleil et
» de la lune (1). » Il y a cependant aussi une mémoire d'un ordre inférieur, celle qui fait retomber notre esprit sur lui-même. »

Il est essentiel de remarquer qu'aux yeux de Plotin l'âme et l'entendement diffèrent en nous comme dans l'ordre des premiers principes : l'âme n'occupe qu'un rang subordonné; elle emprunte tout de la lumière de l'intelligence. C'est pourquoi Plotin n'attribue point à l'âme

---

(1) En. IV, liv. IV, ch. 3 à 8.

le privilége de se connaître elle-même ; il le réserve à l'entendement. « La faculté sensitive s'exerce sur les objets externes; l'âme sent les impressions passives que reçoivent les organes du corps ; elle juge les perceptions transmises par les sens, à l'aide de la faculté raisonnable qui lui appartient; elle les combine, les sépare ; elle aperçoit aussi certaines figures des choses qui descendent de l'entendement, les juge en vertu de la même faculté; elle compare les images nouvelles aux anciennes : ce qui constitue la réminiscence. Jusque là s'étend la puissance intellectuelle de l'âme; mais, l'entendement communique directement avec les intelligibles, ou plutôt ne fait qu'un avec eux, comme il a la conscience de soi-même. L'âme est donc un intermédiaire entre l'entendement et les sens ; ceux-ci remplissent pour nous le rôle de messagers ; celui-là est notre roi ; nous régnons aussi quand nous agissons d'après ses directions (1).

» Les perceptions que nous obtenons des objets externes sont toujours obscures ; celles

---

(1) En. V, liv. III, ch. 1, 2, 3, 4 ; liv. V, ch. 1, 2.

que nous puisons dans la réflexion sont seules claires et lumineuses (1). »

Gardons-nous de croire que la théorie de la sensation, telle que Plotin l'a conçue, quoiqu'elle paraisse supposer la présence d'objets externes, accorde aux perceptions sensibles le titre de la réalité, ni même celui d'une connaissance positive et véritable. « Par cela même que, dans ces perceptions, l'objet perçu est différent, séparé du sujet qui perçoit, elles n'offrent qu'une apparence, une simple opinion (2). Ne nous en affligeons point, au reste, ajoute Plotin ; car, il est inutile de s'attacher aux différences qui déterminent les objets particuliers dont les sens s'occupent ; ces distinctions n'ont d'usage que pour la pratique ; ce qui importe, c'est de saisir les caractères communs des espèces et des genres (3). Ainsi que nous l'avons dit, si l'objet de la raison était placé hors de la raison même, elle ne posséderait point le véritable original ; cet original serait l'objet même ; la raison n'en aurait donc qu'une image et ne pourrait s'assu-

---

(1) En. VI, liv. VII, ch. 7.
(2) En. V, liv. V, ch. 1, 2.
(3) En. III, liv. II, ch. 4.

rer de la fidélité de la copie. Il ne faut donc chercher la vérité, la réalité, que dans le sein de l'intelligence elle-même, qui seule est la substance pure, digne de ce nom. L'intelligence n'a besoin pour y atteindre que de se replier sur elle-même. » Ainsi tombent, ou plutôt, ainsi sont prévenues, aux yeux de Plotin, toutes les questions élevées par les Sceptiques. Car, « la vérité, la réalité, ainsi conçues, n'appellent à leur secours aucune démonstration, aucun fondement de conviction ; l'intelligence se rend témoignage à elle-même en se contemplant ; rien ne peut mériter davantage sa confiance qu'elle-même ; la vérité proprement dite, n'est donc point l'accord avec une autre chose, mais un accord de la pensée avec elle-même ; elle n'exprime que ce qu'elle est (1). »

Il a paru impossible à Plotin qu'un sujet puisse connaître un objet différent de lui-même, et s'élancer ainsi hors de soi ; il a employé de nombreuses argumentations pour établir cette impossibilité. Dès lors, il n'a pu désigner la

---

(1) En. VI, liv. V, ch. 2. — En. VI, liv. III, ch. 7, 8.

connaissance que par l'acte de la *conscience intime* (E).

C'est ainsi que, dans le système des connaissances, comme dans le système de l'univers, Plotin rappelle tout à l'unité absolue; le principe de la connaissance, à ses yeux, n'est autre que l'identité, le résultat de cette propriété essentielle de la substance pure qui consiste à se percevoir elle-même; et le rapport de cette connaissance fondamentale avec le système universel dérive de la consanguinité de l'intelligence humaine avec la famille entière des intelligences, de la communication intime que celle-là peut obtenir avec celle-ci dans le sanctuaire de la contemplation, de l'identité continue qui subsiste entre l'échelle des idées et la hiérarchie des êtres.

Dès lors, les préceptes qui doivent diriger les opérations de l'esprit humain, seront d'une tout autre nature que ceux qui servent de guide à la sagesse vulgaire. « La première condition pour la recherche de la vérité consistera à écarter de la pensée tout ce qui est mobile, multiple, particulier, déterminé (1). L'intro-

---

(1) En. III, liv. V, ch. 8.

duction à la philosophie ne sera pas l'observation, mais le recueillement (1). On n'aura garde même d'employer les instrumens de la dialectique ordinaire. Car, la vraie philosophie ne concerne point les *simples propositions, ni les rapports; mais, les choses elles-mêmes; les êtres seuls sont sa matière.* Elle possède les choses avec les notions. Les propositions ne sont que des signes, un langage écrit; mais, en connaissant les choses, on connaît d'avance leur expression (2).

« La fin de la nature intellectuelle n'est autre que la fin de la nature morale; car, le beau, le bon, le vrai sont identiques, comme ils sont tels par leur propre essence. La pratique de la vertu se confond avec la recherche de la vérité. L'une et l'autre ne tendent qu'à l'union intime avec l'essence divine. Les erreurs, comme les vices, proviennent de ce que l'âme humaine, descendue sur cette terre, a oublié sa céleste origine; elle rectifiera les unes, corrigera les autres, en se dirigeant de nouveau vers sa source première; l'âme, en se livrant à la con-

---

(1) En. V, liv. VIII, ch. 12.
(2) En. I, liv. II, ch. 15.

templation, rentre dans sa véritable patrie (1).

» Il y a trois voies, suivant Plotin, pour s'élever au premier principe: l'harmonie, l'amour, la sagesse; ce qu'il exprime en distinguant trois états, qu'il appelle le *musicien*, *l'homme aimant* (ερωτικος), et le philosophe. Le premier est encore placé au milieu des objets inférieurs; mais, l'admiration que lui fait éprouver l'image du beau qui se réfléchit sur eux, prépare son âme à la vérité. Le second réside dans une sphère déjà plus élevée; il s'exerce à l'amour des choses immatérielles; il ne s'attache, dans les objets, qu'aux traits d'une beauté une et générale. Le troisième enfin s'élance, comme porté sur des ailes, à la sphère sublime, à la contemplation des intelligibles, dans leur source elle-même (2). « Préparons-nous donc par les
» purifications, par les prières, par les exer-
» cices qui ornent l'esprit; élevons-nous en-
» suite au monde intellectuel : nourrissons-
» nous avec persévérance des célestes alimens

---

(1) En. I, liv. III, ch. 1; liv. IV, ch. 1, 6, 9.—En. III, liv. VIII, ch. 1. — En. IV, liv. IV, ch. 45. — En. VI, liv. I, ch. 1, 2; liv. VII, ch. 30.

(2) En. I, liv. III, ch. 1, 2, 3. — En. VIII, liv. VIII, ch. 2, 9.

» qu'il renferme ; arrivons à ce point de vue du
» haut duquel le spectacle devient identique au
» spectateur, où l'esprit voit en soi, non-seu-
» lement lui-même, mais tout le reste, où
» l'essence est une avec l'intelligence, où, con-
» fondu en quelque sorte avec l'universalité des
» êtres, l'embrasse, non comme lui étant ex-
» térieur, mais comme lui appartenant (1). »

La morale de Plotin est une morale purement ascétique ; elle ne comprend que les
rapports avec la Divinité, elle ne commande
que l'abnégation de soi-même, le triomphe sur
les sens; nulle part Plotin n'étend ses regards
sur les institutions civiles, sur les relations de la
vie, sur les intérêts de la société.

En cherchant à résumer ce vaste système, on
pourrait, ce nous semble, le caractériser comme
il suit : Plotin a considéré la génération métaphysique des idées, comme le type de la génération
des êtres, ou plutôt ces deux générations sont
identiques pour lui ; car, il n'admet d'*être*
que les *esprits* ; l'esprit à son tour est identique
à ses propres idées, n'a point d'objet hors de
lui-même ; l'intuition immédiate et réfléchie

---

(1) En. VI, liv. VII, ch. 36.

est aussi la source de toute connaissance, et comme toutes les notions particulières sont, suivant l'ordre métaphysique, renfermées dans la notion la plus générale, le premier principe contient toutes les réalités ; la première intelligence est en même temps *l'intelligence universelle ;* elle contient nécessairement toutes les autres intelligences (F).

Quoique Plotin ait consacré un livre entier à la réfutation des Gnostiques, dans le but de justifier la Providence, et pour réfuter l'hypothèse du mauvais principe, quoiqu'il ait souvent censuré l'extension prodigieuse donnée par les Gnostiques à la Théurgie, on voit qu'il conserve avec eux d'étroites affinités dans les spéculations de l'Idéalisme mystique : aussi ne combat-il en aucune manière toute cette portion essentielle de leur doctrine. On peut voir aussi qu'il accorde à la Daimonologie, à l'influence des astres, une part considérable dans la destinée de l'homme et les phénomènes de la nature (1). Il s'applique du reste à inter-

---

(1) En. III, l. IV, ch. 8 ; l. V, ch. 5, 6. — En. IV, liv. IV, ch. 24 à 27, 30, 42, 43. — En. V, liv. VIII, ch. 10.

prêter la mythologie grecque par la théologie métaphysique qu'il a développée, à lui fournir l'appui d'une démonstration rationnelle.

La théologie du Paganisme vient en quelque sorte se placer d'elle-même dans le cadre de ses théories ; elle lui est étroitement unie. Le dogme se confond si fréquemment avec le raisonnement, qu'on ne sait jamais si on entend la voix du théologien ou celle du philosophe. Si cette confusion de deux ordres d'idées si distinctes dans leur origine n'a pas été le but de ses travaux, elle en est du moins le résultat le plus éclatant.

On ne rencontre d'ailleurs encore dans Plotin aucune allusion directe à la théologie des Egyptiens, des Perses, des Chaldéens. Il ne cite pas une seule fois soit Zoroastre, soit les livres hermétiques, et ce qui est particulièrement digne de remarque, il ne cite pas même une seule fois cet Orphée auquel Proclus plus tard rapporta l'origine de leur commune doctrine.

On voit que Plotin a fait beaucoup plus que commenter Platon ; il l'a continué ; il s'en est même éloigné plus d'une fois. Platon avait considéré la matière comme co-éternelle à la Divinité ; il n'avait attribué à la Divinité que ces *idées* dont elle impose les formes à la matière. Suivant Plotin, toute réalité est dans la Divinité, en émane; la matière n'est qu'une vaine apparence, une négation. Le but de l'homme, suivant Platon, consistait à se rapprocher de Dieu, à s'efforcer de lui ressembler; Plotin prétend conduire l'homme à s'unir, à s'identifier en quelque sorte avec Dieu même. Platon prend l'homme et la nature tels qu'ils s'offrent à l'observateur, et s'il leur assigne des principes et des lois d'un ordre plus relevé, c'est parce qu'il y est conduit par les déductions qu'il tire des données que cette observation lui a fournies. Plotin se place, dès l'entrée, dans une région surnaturelle; il conçoit l'homme et la nature tels qu'ils doivent être dans l'hypothèse qu'il a adoptée comme un principe (1). Mais, la différence essentielle qui sépare la théorie de Plotin de celle du fondateur de l'Académie, c'est que Plotin a réalisé, converti en substances, identifié avec l'intelligence suprême, les *idées*, que Platon avait considérées seulement comme étant présentes à cette intelligence, et qu'il n'avait eu garde de personnifier.

---

(1) Tennemann, *Hist. de la phil.*, tome VI, pages. 44 et suiv.

On ne peut refuser d'ailleurs à Plotin ni une grande élévation dans les vues, ni la moralité la plus pure dans les intentions, ni une rare perspicacité ; et, quels que soient les écarts où l'a entraîné un dogmatisme arbitraire et une singulière exaltation, on est forcé de reconnaître que la philosophie a eu peu de génies plus fortement trempés pour les spéculations transcendantales. Tennemann a justement remarqué qu'il a prêté plus d'un point de vue à Spinosa, à Leibnitz. aux philosophes récens de l'Allemagne.

Nous avons dû accorder une attention particulière à cette théorie, parce qu'elle détermine l'esprit et le but du nouveau Platonisme. Les successeurs de Plotin mirent en quelque sorte son autorité à côté de celle de Platon lui-même ; ils s'exercèrent dans la direction qu'il avait assignée ; plusieurs se bornèrent à l'expliquer, et nous voyons que Proclus lui-même, le plus distingué d'entre eux, avait écrit des commentaires sur les Ennéades (1).

---

(1) *Voy.* l'annotation de l'anonyme grec au manuscrit du Traité *des mystères des Egyptiens*, attribué à Jamblique.

Plotin, comme nous l'avons dit, enseigna à Rome dans le troisième siècle de notre ère. Ce fut donc dans la capitale même de l'empire, et non à Alexandrie, qu'eut lieu le premier développement systématique du nouveau Platonisme. Porphyre nous présente un tableau brillant de l'école qui se réunissait autour de son maître, et dans le sein de laquelle on comptait aussi des femmes distinguées (1). Lui-même et Amélius occupaient le premier rang parmi ses disciples. Aucun des cent volumes (2) écrits par le dernier sur la doctrine de Plotin, ne sont parvenus jusqu'à nous ; mais nous en possédons quelques-uns de Porphyre ; si l'on n'y retrouve point la profondeur de Plotin, la hardiesse et l'élévation de ses vues, il y règne en général plus de clarté. Porphyre possédait des connaissances variées, il semblait fait pour être le traducteur et l'interprète d'un philosophe qui avait grand besoin d'un tel auxiliaire. Deux choses appartiennent à Porphyre dans les Ennéades : quelques explications, la méthode. On ne

---

(1) *Vita Plotini*, §§ 3, 7, 9.
(2) *Id.*, *ibid.*, § 3.

peut déterminer avec précision ce qu'il faut lui attribuer sous le premier rapport, et l'on est forcé d'avouer que son mérite est bien faible sous le second.

En associant Aristote à Platon, les nouveaux Platoniciens adoptèrent pour règle de considérer Aristote, et particulièrement sa métaphysique et ses ouvrages instrumentaux, comme une préparation et une introduction à la doctrine du fondateur de l'Académie. Aussi la plupart d'entre eux entreprirent-ils de commenter ces deux branches des écrits du Stagyrite. Porphyre en donna l'exemple, ou plutôt il compléta en quelque sorte Aristote par ce traité sur les *prédicables*, qu'on a coutume de mettre en tête de la collection entière des œuvres de ce philosophe. Ce traité est fort remarquable. Porphyre y a imité avec un rare talent la manière et la méthode d'Aristote. Il a réellement déduit, avec une exactitude rigoureuse, de la théorie d'Aristote, le complément qu'il lui a donné. Il a défini d'après lui des termes qui jouent un rôle essentiel dans l'architecture entière de sa doctrine, et qui manquaient de définition. Mais, ce qui n'est pas moins curieux à observer, Porphyre, en comblant cette lacune, a précisément rétabli l'intermédiaire qui manquait pour former entre Aristote et Platon une juxta-position continue; il a construit le degré nécessaire pour passer de l'un à l'autre. En effet, les *catégories* d'Aristote, ou les *prédicamens*, considéraient les choses comme existantes, sous le rapport de la réalité, sous la forme concrète. Il restait à déterminer les notions qui ne sont exclusivement que l'ouvrage de l'esprit, ne résident que dans l'esprit, et résultent de la forme purement abstraite, c'est-à-dire, qui naissent de la comparaison des choses entre elles, et qui servent de base aux nomenclatures : le *genre*, *l'espèce*, *la différence*, *le propre*, *l'accident*. C'est par-là qu'on entrait dans la théorie de Platon, et c'est aussi ce que Porphyre a exécuté. Ces cinq notions des *prédicables* ne sont envisagées dans ce traité que sous le rapport logique et grammatical. Porphyre observe que la dénomination de *genre*, employée d'abord à désigner une race, une famille, a passé de là dans la logique, « Parce » que le genre, dit-il, est le principe des es- » pèces et des individus placés au-dessous de » lui, et paraît en contenir la multitude (1). »

---

(1) *Porphyrii Isagoge*, cap. 2.

Il est si fidèle à ne point sortir du cercle des idées d'Aristote, qu'il a évité à dessein, et il le déclare lui-même, d'y examiner « si les genres et les espèces subsistent par eux-mêmes, ou s'ils ne résident que dans les simples notions de l'âme; si, dans le cas où ils auraient une existence propre, ils seraient corporels, ou incorporels, s'ils sont séparés des choses sensibles, ou unis avec elles (1) ».

Porphyre avait écrit contre Plotin un ouvrage, « à l'effet de prouver que l'objet conçu est hors de l'entendement. » C'était en effet attaquer le pivot du système. Plotin chargea Amélius de soutenir la controverse. A la troisième réplique Porphyre se rendit et se rétracta dans une assemblée. Il ne paraît pas que Porphyre fût très-difficile à convertir; car, il avoue lui-même qu'il avait élevé cette dispute pour engager Plotin à s'expliquer davantage (2). Porphyre interrogea une autre fois son maître pendant trois jours pour apprendre de lui l'union de l'âme et du corps (3). Ce trait peint

---

(1) *Porphyrii Isagoge*, cap. 1.
(2) Porphyr., *Vita Plotini*, § 18.
(3) *Id.*, *ibid.*, § 13.

naïvement le caractère de la philosophie propre au maître et au disciple.

Porphyre a comparé le phénomène de la sensation, à l'harmonie produite par les cordes d'un instrument. « Les sens sont les cordes
» ébranlées; l'âme est le musicien qui les
» ébranle. L'âme a en elle les raisons de
» toutes choses; c'est par leur moyen qu'elle
» opère, soit qu'elle y soit provoquée par une
» cause étrangère, soit qu'elle s'y reporte par
» elle-même. Dans le premier cas, elle confie
» aux sens la fonction d'introduire aux objets
» externes; dans le second, elle s'élève aux
» intelligences. La sensation n'a point lieu sans
» une modification imprimée aux organes;
» l'entendement à son tour emprunte aussi le
» secours de l'imagination pour les objets qui
» ne participent point à sa nature (1). L'enten-
» dement est essentiellement uniforme, sem-
» blable à lui-même, dans tout ce qui le
» constitue. Tous les êtres sont renfermés et
» dans l'entendement particulier, et dans l'in-

---

(1) Porphyre, *De occasionibus*, etc. (*Excerpta Ficini*, à la suite du traité de Jamblique sur les Mystères, Lyon, 1578), §§ 7, 9.

» telligence universelle; mais, dans celui-là,
» les choses universelles elles-mêmes sont sous
» une forme particulière; dans celle-ci, les
» choses particulières elles-mêmes sont sous
» une forme universelle (1). On dit beaucoup
» de choses sur ce qui est supérieur à la sphère
» de l'âme. Mais, on peut comparer ces discours
» aux récits, que dans l'état de veille nous
» faisons de ce qui se passe en songe, quoique
» dans le songe seul nous en ayons la vraie
» connaissance; car, le semblable ne peut être
» connu que par le semblable; toute connais-
» sance n'est qu'une assimilation de l'esprit à ce
» qu'il connaît (2). »

Dans le singulier traité que nous a laissé Porphyre *sur l'abstinence de la chair des animaux*, nous voyons la nature des rapports que jusqu'alors le nouveau Platonisme introduisait entre la philosophie et la théologie païenne. « Le Philosophe, dit-il, est le
» prêtre du Dieu suprême; il étudie la nature,
» s'applique aux signes et aux diverses opéra-
» tions dont la nature est le théâtre. Les prêtres

---

(1) *Id., ibid.*, § 13.
(2) *Id., ibid.*, § 16.

» du culte établi sont ceux des Divinités infé-
» rieures. » Mais, ces Divinités inférieures, non-seulement Porphyre en reconnaît l'existence, le pouvoir ; il s'attache à démontrer l'une et l'autre ; il cherche à établir le rapport des Dieux inférieurs qui composent la longue hiérarchie des génies, avec le Dieu suprême, incorporel, immobile, indivisible. Ainsi se forme la consanguinité du culte établi avec les hautes doctrines philosophiques ; ainsi se justifient toutes les cérémonies, les expiations, les sacrifices (1). Il n'est presque aucune des superstitions du Paganisme dont Porphyre ne se fasse de très-bonne foi l'apologiste ; il insiste particulièrement sur le commerce des génies avec l'homme (2).

Les moralistes de tous les temps ont remarqué que les impressions extérieures des sens sont l'occasion de toutes les passions qui égarent et dégradent l'âme lorsqu'elle se laisse asservir par elles. Les nouveaux Platoniciens, qui ne distinguaient point la perfection intellectuelle de la perfection morale, s'appuyaient

---

(1) Porphyr., *De abstinent.*, liv. II, ch. 37, 50.
(2) *Id.*, *ibid.*, ch. 53. *Voy.* aussi *Vita Plotini*, passim.

essentiellement sur cette considération pour faire consister la recherche de la vérité comme la pratique de la vertu, non-seulement dans un empire absolu sur les impressions sensibles, mais aussi dans le détachement le plus complet, dans l'isolement le plus entier de tout ce qui appartient aux sens (1).

Porphyre, comme Plotin, asseoit la Théologie sur la philosophie, dans l'union qui s'établit entre elles; comme Plotin, il repousse les Gnostiques et se montre peu favorable aux traditions orientales; comme Plotin, il ne cite jamais Orphée; s'il cite les Oracles de Zoroastre, c'est pour déclarer qu'ils ont été fabriqués récemment par les Gnostiques; on voit par sa lettre à Anebon qu'il ne connaissait point les livres attribués à Hermès Trismégiste.

Cette lettre à Anebon est un monument fort curieux; elle nous montre le terme auquel le nouveau Platonisme s'était jusqu'alors arrêté dans la route du Syncrétisme; elle établit trois points principaux : 1° que, jusqu'à Jamblique, les nouveaux Platoniciens ne rapportaient point encore l'origine première de leur doctrine aux

---

(1) Porphyr., *De abstinent.*, liv. II, chap. 31.

traditions mythologiques de l'Egypte ; 2° que, jusqu'à Jamblique, les nouveaux Platoniciens n'avaient point abdiqué les droits de la raison, même dans les matières théologiques, et prétendaient y conserver la liberté de l'examen et l'emploi du raisonnement ; 3° que Porphyre conservait encore alors des doutes graves et sérieux sur la Théurgie alors si accréditée. « Je doute, dit-il, si toutes les opérations de » la Théurgie ne sont autre chose que les ima- » ginations arbitraires d'une âme religieuse qui » de rien se forme de grandes choses (1). »

Le pas que Plotin n'avait pas tenté, que Porphyre hésitait à franchir, fut franchi dans cette réponse à la lettre de Porphyre, qui compose le traité *sur les mystères des Egyptiens* (2). Elle fut adressée à Porphyre au nom d'Abammon ; mais, Proclus annonce qu'elle avait été l'ouvrage de Jamblique (3), dont elle porte maintenant le nom. Rien n'offre un

---

(1) *Voy*. la fin de cette lettre en tête du traité de Jamblique *sur les Mystères*, édit. d'Oxford.

(2) Publié en entier, avec la traduction latine de Thomas Gale, Oxford, 1978, in-fol.

(3) *Voyez* l'annotation déjà citée de l'anonyme grec.

exemple plus frappant du dessein conçu par les nouveaux Platoniciens, de rappeler à l'unité historique, à l'identité d'origine, la doctrine des sages de la Grèce et les antiques traditions de l'Orient. « Mercure, ce Dieu qui préside à l'éloquence, est justement considéré comme l'instituteur commun de tous les prêtres. Pythagore, Platon, Eudoxe, et la plupart des anciens sages de la Grèce ont puisé auprès des gardiens des mystères sacrés, la vraie et légitime doctrine... Les opinions de ces philosophes concordent avec les traditions des Chaldéens et l'enseignement des prophètes de l'Egypte... La réponse à vos doutes philosophiques nous est tracée sur ces antiques colonnes de Mercure, dont la lecture enseigna la philosophie à Pythagore et à Platon (1). »

Dans le système théologique exposé par Jamblique sous le nom d'Abammon, nous retrouverons en effet les points fondamentaux du système philosophique des nouveaux Platoniciens. Il rejette, comme ceux-ci, l'hypothèse du mauvais principe, et comme eux met tous

---

(1) Jamblique, *De mysteriis*, etc., sect. I, ch. 1 et 2.

ses soins à justifier la Providence, à fonder sur la liberté des déterminations, la liberté morale de l'homme (1). L'amour, ce principe universel, joue ici le même rôle que dans le système des nouveaux Platoniciens. C'est une tendance réciproque, une affinité entre tous les êtres, qui les porte les uns vers les autres, les met en harmonie, et fonde l'ordre permanent de l'univers (2). Ainsi qu'eux, il admet le monde intellectuel et le monde sensible, considère le premier, non-seulement comme réel, mais comme le seul réel. « Les Dieux qui composent cette
» région supérieure, contemplent leurs propres
» *idées* divines ; les astres, ou Dieux visibles, ne
» sont que des simulacres apparens, engendrés
» des exemplaires divins et intelligibles. Un
» lien d'unité associe ces deux ordres de choses
» d'une manière indissoluble ; les Dieux visi-
» bles sont contenus dans les Dieux intellec-
» tuels. Plus nous nous élevons dans l'échelle
» des êtres, remontant à l'identité des causes
» premières, par les genres et les essences,

---

(1) *Id., ibid.*, sect. I, cap. 9, 18 ; sect. VIII, cap. 6.

(2) *Ibid.*, sect. IV, cap. 12.

» plus nous nous dirigeons des parties au tout,
» et mieux aussi nous découvrons cette unité
» parfaite et sublime qui renferme en elle et la
» variété et la multitude. Tel est le caractère de
» la cause et de l'action divine, que l'unité se
» répand du sommet aux régions inférieures
» suivant un ordre divin. La hiérarchie des
» Dieux se termine elle-même à l'unité absolue;
» là réside ce Dieu suprême, permanent dans
» la solitude de sa propre unité, qui n'est mêlé
» à rien d'étranger, qui n'est rien autre que
» cette unité même (1).

» Cette connaissance des Dieux est intime-
» ment unie à notre propre essence; elle est
» antérieure à toute faculté d'examen et de ju-
» gement, à tout raisonnement; elle a co-exis-
» té, dès le commencement, avec la tendance
» essentielle de notre âme vers le bien. Il en
» est de même de ces natures supérieures dont
» la hiérarchie remplit l'intervalle qui sépare
» les Dieux de l'âme humaine, qui forment
» entre ceux-ci et celle-là un lien intermé-
» diaire, chaîne immense qui unit ce qu'il y a

---

(1) *Id.*, *ibid.*, sect. I, cap. 19; sect. VIII, cap. 2, 4.

» de plus élevé avec ce qu'il y a de plus infime,
» qui constitue la communauté, la connexion,
» l'ordre et l'harmonie de toutes choses; échelle
» universelle par laquelle les essences suprêmes
» descendent aux derniers degrés, par laquelle
» les êtres inférieurs montent au sommet de
» la perfection ; tels sont ces génies, ces héros,
» ces âmes pures qui parviennent à la même
» condition. Compagnons immortels des Dieux,
» ces esprits nous sont connus ainsi qu'eux
» par une notion innée (1). »

Mais, les prérogatives que Porphyre réclamait encore pour la raison, ce droit qu'il revendiquait pour elle d'examiner, de confirmer les doctrines mystiques, l'auteur *du Traité des Mystères* en exige le sacrifice, et voici la transformation essentielle que subit ici le système. La doctrine mystique perd le caractère d'une spéculation philosophique et prend celui d'un dogme. « Cet ordre de connaissances qui com-
» prend les choses divines et la hiérarchie des
» esprits, et les rapports généraux des êtres,
» ne peut être obtenu par les conjectures, par
» l'opinion, par le raisonnement, par l'art

---

(1) *Id, ibid.*, sect. I ; cap. 4 et 5.

» humain ; c'est à tort que tu l'assimilais aux
» connaissances qui sont du domaine de la
» dialectique. Car, comme ces êtres supérieurs
» ont une essence immuable, la notion qu'en
» acquiert l'âme humaine est d'une sembla-
» ble nature ; elle existait éternellement dans
» notre âme contemporaine de ces êtres eux-
» mêmes (1). »

Elle disparaît donc la limite qui séparait des Gnostiques, le nouveau Platonisme et il était facile de prévoir, par la tendance naturelle des spéculations mystiques, qu'elle devait disparaître en effet.

Il faut lire dans le *Traité des mystères* la définition de cette inspiration céleste, de cette révélation immédiate, de cet enthousiasme par lequel l'âme communique avec la Divinité(2)(G). Du reste, ce Traité représente l'intuition immédiate des nouveaux Platoniciens, les pratiques de la Théurgie, les opérations secrètes, les paroles mystérieuses, les sacrifices et les expiations, comme un moyen de procurer l'appari-

---

(1) *Id.*, *ibid.*, sect. I, cap. 3 et 8.
(2) *Id.*, *ibid.*, sect. III, chap. 7 ; sect. X, chap. 6.

tion des Génies, et comme formant ainsi le complément de la puissance de l'illumination intellectuelle.

Quelques savans ont douté que le Traité *sur les mystères des Egyptiens* eût en effet Jamblique pour auteur. Quel que soit l'intérêt de cette question pour l'histoire littéraire, elle a peu d'importance pour l'histoire philosophique. Car, d'une part, cet ouvrage, quel qu'en soit l'auteur, marque avec précision quand et comment la limite a été franchie, et c'est là ce qui importe pour déterminer la marche des idées; et, de l'autre, il est facile de reconnaître par les écrits authentiques qui nous sont parvenus sous le nom de Jamblique, que le fond de ses opinions s'éloignait peu de l'esprit qui règne dans cet écrit.

Le *Traité des mystères* se réfère aux livres hermétiques comme à la source de la doctrine qu'il expose. Nous serions donc portés à supposer que ces livres ont été composés dans l'intervalle qui sépare Plotin de Jamblique; et, en effet, si l'on examine avec soin les deux recueils de Dialogues attribués à Mercure Trismégiste, sous le titre de *Pimander* et d'*Asclépias*, nous y retrouvons toute la substance de la doctrine de Platon, des vues de Plotin, associée avec les mystères des Egyptiens, avec la mythologie des Grecs, comme aussi avec des traditions qui paraissent empruntées aux dogmes des Juifs, et même au Christianisme. L'unité absolue y reparaît comme le premier principe ; « c'est le bon parfait et suprême ; elle ne peut être connue que par la voie purement rationnelle ; la nature est comme un livre plein de la Divinité, un miroir des choses divines. C'est par la contemplation immédiate et directe que l'âme de l'homme, abdiquant les sens, parvient à la source de la vérité, qui est en même temps le type de la perfection et de la beauté. La sagesse est comme *la coupe de l'intelligence divine*, dans laquelle l'âme se plonge tout entière pour participer à la connaissance. Dieu, le père suprême, le bon par essence, principe universel, ou plutôt seul être véritable, comprend à la fois tout ce qui existe ; il est tout, et tout est lui-même ; la vie, répandue dans l'univers, émane de Dieu, est Dieu même. Tout ce qui s'offre aux sens est produit, non de soi-même, mais par une autre cause ; la cause et l'effet embrassent tous les objets de nos connaissances. Remontons donc à la cause, attachons-nous à ces deux termes universels ; il n'y aura rien d'obscur pour nous (1). Du genre découlent les espèces ; le genre suprême est donc l'universalité. Les genres sont immortels, les espèces seules meurent et changent (2). Il y a un *sens divin*, un sens qui perçoit la Divinité même, sens essentiellement différent du *sens mondain*, du *sens humain*, lequel ne perçoit que les espèces : le premier pénètre en nous comme un rayon de la lumière éternelle ; seul il constitue la vraie philosophie, qui n'est autre chose que la religion même ; le sens humain ne forme que l'art des sophistes (3). Le monde intelligible, c'est-à-dire Dieu même, qui n'est connu que par l'intuition de l'intelligence, est incorporel, exempt de qualité, de quantité ; le monde sensible, réceptacle des espèces sensibles, des qualités et des corps, tire son existence de ce monde supérieur ; il en est comme le vêtement et l'image ; c'est un miroir qui en réfléchit l'éclat. La raison dispensatrice, ou le destin (εἱμαρμένη), la nécessité, l'ordre, composent la triade des principes

---

(1) *Mercurii Trismegisti Pimander*. Voyez la traduction de Marsile Ficin, Lyon, 1577.
(2) *Mercurii Trismegisti Asclepius*, cap. 12.
(3) *Id.*, *ibid.*, cap. 6 et 11.

éternels : le destin, qui occupe le premier rang, s'unit à la nécessité; de leur hyménée naît l'ordre (1). La pureté des mœurs, le détachement des choses sensibles, la prière, les pratiques religieuses, sont la seule vraie et légitime préparation à la sagesse. » Telle est la substance de ces livres singuliers; ils sont comme le code des sectes mystiques de cet âge.

Les écrits authentiques qui nous restent sous le nom de Jamblique, le *Protrepticus* ou *exhortation à la philosophie*, la vie de Pythagore, et deux des Traités qui l'accompagnaient, respirent généralement l'esprit de la doctrine contenue dans le traité des mystères (2). Jamblique, dans la vie de Pythagore, s'était proposé de rétablir un anneau de la chaîne qui, suivant les vues des nouveaux Platoniciens, devait rattacher leur doctrine à l'ancienne philosophie des Grecs, et, par celle-ci, aux anciennes traditions de l'Asie. Jamblique était Syrien, et florissait au commencement du quatrième siècle. Il reçut le titre de *divin*, titre

---

(1) *Mercurii Trismegisti Asclepius*, cap. 14.
(2) *Voy.* Hebenstreit : *De Jamblichi philosophi Syri doctrina*, etc. Leipsick, 1764.

que les nouveaux Platoniciens donnaient au reste très-volontiers à leurs maîtres; il ne l'obtint pas seulement à cause de son zèle exalté pour la cause dont il fut l'un des plus ardens apologistes, mais aussi à raison de tous les prodiges qu'on lui attribue et du rang qu'il occupa parmi les Thaumaturges de son temps (1), genre de renommée que cette secte a aussi généralement recherché, et qu'elle a prodigué en faveur de ses chefs. L'empereur Julien, admirateur de Jamblique et pénétré de ses idées, a offert au monde et à la postérité le spectacle singulier de la forme nouvelle qu'avait prise le Platonicisme entre les mains de ces enthousiastes, par le mélange d'une morale austère, d'une exaltation mystique, et des superstitions les plus grossières du Paganisme. Ces superstitions, qu'une philosophie plus éclairée essayait, dès le temps de Cicéron, de bannir du sein des idées religieuses, y rentraient à flots par les voies de la philosophie récente, cherchaient en elles une sanction. Par elles, en effet, le merveilleux s'expliquait comme le phénomène

---

(1) Eunapius, *Vita Jamblichi*, § 22, en tête du Traité *des Mystères*.

le plus simple ; l'ordre des choses surnaturelles n'était plus que la loi essentielle de la nature ; le monde visible n'était plus qu'un vaste emblème ; l'homme obtenait par ses rapports directs avec les hiérarchies du monde intelligible, non-seulement une révélation continuelle, mais aussi une sorte de puissance réelle et véritable qui avait ses instrumens et ses règles, qui ne devait connaître aucunes limites, puisqu'elle participait en quelque sorte à la puissance suprême. Il faut voir jusqu'où ces illusions furent portées, dans Eunapius, l'historien de cette secte, et l'un de ses adeptes les plus célèbres. Les successeurs de Jamblique semblaient plutôt exercer une sorte de sacerdoce qu'occuper une chaire de philosophie. Aussi furent-ils persécutés sous Constantin et Constance comme élevant leurs autels en opposition à ceux du Christianisme ; on leur imputa aussi le dessein d'avoir fondé leurs doctrines philosophiques elles-mêmes dans le but unique de disputer au Christianisme le suffrage du genre humain, de lui ravir l'admiration qu'excitait la sublimité de ses croyances et la pureté de sa morale, et cette opinion a trouvé des partisans jusqu'à nos jours. (H). La fin tragique de Sopâtre contraignit les ministres de ce culte platonicien à s'envelopper d'un voile, à se disperser, jusqu'à ce que Julien en montant sur le trône lui rendit sa liberté, et l'entoura quelque temps d'une protection éclatante. Ce fut en Egypte, en Syrie, dans l'Asie Mineure, dans la Cappadoce, qu'il obtint principalement des sectateurs. Là on faisait revivre la sagesse des Chaldéens, les oracles de Zoroastre; là, et particulièrement en Cappadoce, s'ouvraient de nouvelles écoles sous les Ædésius, les Eustathène; elles étaient continuées par Antonius, Eusèbe de Mynde, Maxime d'Ephèse, Priscus. Là se perpétuait, se transmettait cette inspiration, cette agitation divine (ἀκμὴ καὶ θεοεισες της ψυχης), ce pouvoir révélateur et prophétique, qu'on regardait comme le souffle intérieur de la Divinité dans l'intelligence humaine, qu'accompagnaient les évocations, les apparitions, et les conjonctions mystérieuses avec les génies célestes.

L'école d'Alexandrie, en particulier, compta Hiéroclès parmi ses adeptes les plus distingués. Photius nous a conservé un traité d'Hiéroclès sur la Providence, où se déploie dans son entier le système adopté par les nouveaux Platoniciens, pour rappeler à l'unité toutes les opinions des diverses écoles de la Grèce, quelle qu'en fût l'apparente divergence. Hiéroclès, que Damascus accuse d'avoir été peu versé dans les sciences divines et sublimes, en lui rendant d'ailleurs le témoignage qu'il ne lui manquait aucun genre d'instruction dans les sciences humaines, s'attacha spécialement à Pythagore comme formant l'anneau intermédiaire entre la philosophie des Grecs et les traditions des temps héroïques. « La philosophie est la purification et la perfection de la vie humaine; sa purification, en ce qu'elle délivre l'homme des appétits irrationnels qui tirent leur origine de la matière; sa perfection en ce qu'elle rend à l'homme sa félicité première, en le ramenant à la similitude divine. La vertu, la vérité sont les moyens qui y conduisent, celle-là parce qu'elle soumet les passions, celle-ci parce qu'elle investit d'une forme divine ceux qui sont convenablement disposés. » Tel est l'objet des vers dorés de Pythagore; ils embrassent la philosophie universelle, se dirigent à son double but : l'action et la contemplation (1). Les vers 45, 46, 47, 48, 50, 51, 52, 83, 97,

---

(1) Hiéroclès, *In Carmina Pythagorica Comment. Bertrodi*, § 1.

69, du célèbre poëme attribué à Pythagore, sous le titre de *Vers dorés*, renferment le germe des principales doctrines des nouveaux Platoniciens. Hiéroclès les développe dans l'esprit de cette école : « L'union et la distinction forment la constitution entière et l'édifice de l'ouvrage divin; celle-ci montre les différences qui séparent les individus; celle-là est le lien qui les rassemble. Les choses inférieures sont liées aux premiers principes par un ordre d'intermédiaires. Le monde entier est l'image de la Divinité, qui se réfléchit jusque dans les régions inférieures des corps. La connaissance de ces lois éternelles se révèle à ceux qui s'en sont rendus dignes par la vertu active et la contemplation de la vérité. Le sommet de la philosophie consiste dans la contemplation ; les sciences civiles en occupent le milieu ; les doctrines mystiques objet des initiations, en forment le terme (1). »

L'étude de l'art oratoire et de la philosophie n'avait jamais été entièrement interrompue dans la patrie de Socrate et de Démosthènes; elle avait même repris un certain éclat sous Adrien

---

(1) *Id.*, *ibid.*, §§ 161, 175, 179, 225. — Edit. de Needham. Bambridge, 1709.

et Marc-Aurèle. Ces princes y avaient formé une bibliothèque, érigé des chaires; ils avaient attaché des émolumens considérables aux fonctions de professeurs. Cet établissement ressemblait assez à nos modernes institutions académiques; les professeurs, nommés par l'empereur, exerçaient une sorte de fonction publique (1). Comme cet enseignement était entièrement profane, il obtint moins de faveurs des Césars, depuis Constantin; cependant, il subsistait encore, mais dirigé par des érudits ou des sophistes de profession, plutôt que par des philosophes, lorsque Chrysanthius d'abord, et ensuite Plutarque, fils de Nestorius, dans le commencement du cinquième siècle, entreprirent de lui rendre une nouvelle illustration, en adoptant le système qui réunissait en un seul corps toutes les anciennes doctrines philosophiques et la théologie païenne, ce système, qui faisait remonter la *chaîne d'or*, la philosophie unique, aux chants d'Orphée, à la mythologie d'Homère. C'était rendre à la Grèce, sous une forme rajeunie, avec un caractère nouveau, toute la gloire de ses anciens souve-

---

(1) *Voy.* Lucien, *In Eumahis;* Eunapius, *In Procresio;* Philostrate, *Vita Sophist.*, lib. II, cap. 3.

nirs, tout le charme de ses traditions antiques ; c'était incorporer à la philosophie et les dogmes mystérieux de la religion et les immortelles productions du génie des poètes, et la pompe des plus brillantes perspectives de l'histoire ; c'était identifier avec elle les destinées de la civilisation elle-même pendant une longue suite de siècles. Ceci nous explique les succès qu'obtint l'école qui vint s'ouvrir sur le même sol, dans les mêmes murs où avaient brillé l'Académie, le Lycée, et qui s'annonçait comme conservant leur héritage, ou plutôt comme révélant la vraie pensée de leurs fondateurs. Le nouveau Platonisme parut offrir sur ce théâtre, d'une manière moins marquée, cette physionomie orientale et égyptienne qu'il avait affectée chez Jamblique et ses disciples ; elle prit un caractère plus essentiellement grec et attique.

Orphée acquiert dans la nouvelle école d'Athènes la même importance dont Hermès avait joui dans celle d'Alexandrie, Zoroastre, chez les Gnostiques. Jamblique, dans la vie de Pythagore, avait déjà attribué à Orphée des notions sur la Divinité, analogues au système de Plotin (1).

---

(1) *Vita Pythagoræ*, cap. 28, § 151.

Le concours des circonstances, la direction des idées, portent à croire qu'il commença vers cette même époque, et dans un but semblable à celui qui avait suggéré la composition des livres hermétiques, à produire sous le nom d'Orphée quelques uns des dogmes de la Théologie mystique qui servaient de fondemens au nouveau Platonisme. Une tradition, appuyée des présomptions historiques, rapportait à Orphée l'origine des notions théologiques des Grecs, des dogmes religieux renfermés sous le voile des mystères, et rattachait à l'influence exercée par ces idées d'un culte épuré les premiers bienfaits de la civilisation, influence qu'Horace a célébrée dans son Art poétique(1). Elle lui rapportait aussi les premiers rudimens de l'astronomie, de la médecine, des sciences naturelles, ce qui, dans l'esprit de cet âge, s'exprimait par la supposition d'une puissance magique (2). Platon lui-même, dans le Philèbe, dans le Cratyle, avait fait allusion à la doctrine d'Or-

---

(1) *Sylvestres homines, sacer interpresque Deorum Coedibus et victu foedo deterruit Orpheus*, etc.

(2) Pausanias, *In Beot.*; Pline, liv. XXV, cap. 2; Lucien, *De Astrologia*.

phée, et l'avait rapprochée de celle d'Héraclite. L'existence de divers poëmes d'Orphée dès les temps de Platon, ne saurait être révoquée en doute; ils offrirent un pivot auquel l'on pouvait rallier tout le faisceau de la doctrine nouvelle. Orphée fut donc invoqué comme le créateur du système de l'unité absolue. « Dans le sein de Jupiter, le Dieu su-
» prême, était renfermé le monde entier, ou
» l'éternité; tout participe à son essence; cette
» essence, force unique, universelle, est pré-
» sente en toutes choses, anime, gouverne
» toutes choses; tous les êtres ne sont que les
» portions et les membres de la Divinité; le
» principe suprême est invisible, inaccessible
» à l'intelligence humaine; l'univers en est
» l'image. » On attribua même à Orphée la triade des principes éternels, sous les noms de Phanès, Uranus et Cronus (1). Aussi, est-ce principalement aux nouveaux Platoniciens, à Porphyre, Eustathius, Hermias, Proclus, Olympiodore, que nous devons les citations de textes prêtés à Orphée et jusqu'alors inconnus, qui s'accordent avec l'ensemble de leur système.

---

(1) *Voyez* Proclus, Commentaire du Timée de Platon.

Dans un fragment conservé par Proclus, ou du moins que nous trouvons pour la première fois dans Proclus, le Panthéisme de la substance unique, primitive et absolue, se trouve manifestement retracé. « C'est pourquoi, dans l'universalité de Dieu (συντωπαντιδεος), se trouvent compris les sommets éclatans du vaste être et du ciel, l'étendue de la mer immense et de la terre glorieuse !... Tous les dieux immortels et heureux, et toutes les déesses, enfin tout ce qui a été et tout ce qui sera dans l'univers. Tout existe ensemble dans le sein de Dieu... Il n'y a qu'une force, il n'y a qu'une substance souveraine, dans laquelle tout est renfermé... elle voit le tout ; mais, elle peut aussi faire jaillir de son sein la lumière bienfaisante qui éclairera tous les objets réunis (1). » Voici maintenant le second principe des Gnostiques et de Plotin : « L'âme, » est-il dit encore dans un autre fragment donné par Proclus, « l'âme est appelée le plus doux enfant de Dieu. » Proclus ajoute : « et Orphée, après avoir excité l'âme à s'élever aux pensées religieuses, *inspirées par Dieu*,

---

(1) Proclus, *ibid.*, liv. II, §§ 91, 34.

continue ainsi : « que l'âme parle donc de
» Dieu, du Dieu auteur de l'univers...!
» Moi, âme, j'habite avec l'intelligence de
» mon père, je suis la chaleur qui anime tout. »
Voici enfin l'émanation des âmes : « Du père
» des Dieux est issue la raison (νους) dans
» l'âme et l'âme qui anime le corps char-
» nel (1). »

Plutarque, fils de Nestorius, avait probablement reçu de Chrysanthius la direction qu'il suivit; il se livra à une étude approfondie de Platon et d'Aristote; on présume aussi avec fondement qu'il se livra aux pratiques de la Théurgie, dans lesquelles sa fille Asclépigénie obtint une grande renommée (2). Il se vit entouré d'un nombre considérable de disciples. Il désigna pour son successeur ce célèbre Syrianus, dont nous ne possédons plus aucun ouvrage, si ce n'est un commentaire sur les livres métaphysiques d'Aristote, destiné à servir d'introduction à la nouvelle philosophie platonicienne ; mais qui, au rapport de Suidas (3), avait écrit un com-

---

(1) *Id.*, *ibid.*, pag. 124, 33.
(2) Marinus, *Vita Procli*, cap. 19.
(3) Fabricius, *Bibl. græc.*, tom. VIII, § 450.

mentaire sur la théologie d'Orphée ; et un livre dans lequel il se proposait de démontrer l'accord d'*Orphée*, de *Pythagore* et de *Platon*, ces trois anneaux de la grande chaîne dont les nouveaux Platoniciens composaient la philosophie unique, primitive et perpétuelle (I).

C'est dans les écrits de Proclus, successeur et disciple de Syrianus, que nous découvrons la doctrine de la nouvelle école athénienne, développée dans son ensemble ; elle y apparaît aussi sous une forme méthodique, avec un caractère remarquable d'élévation. Ce sont réellement un nouveau Platon, un nouvel Aristote, qui sortent, pour ainsi dire, et ressuscitent de la tombe, qui se montrent non plus avec leur vie première, mais comme des apparitions surnaturelles, comme des ombres subtiles, éthérées, et tels qu'on se représente les mystérieux produits des évocations magiques ; ils ressuscitent dans un monde tout idéal ; ils ressuscitent réconciliés entre eux, à l'aide de la théorie transcendantale qui sert de commentaire à tous les deux. C'est encore Plotin, mais Plotin fécondé, étendu, quelquefois modifié. C'est encore Porphyre, Jamblique, mais Porphyre plus prononcé en faveur du Dogmatisme de la Théologie mystique, Jamblique plus rapproché des sources grecques, plus fidèle à la marche philosophique.

Il est des philosophes dont la vie est importante à connaître, à raison des indications qu'elle fournit sur la direction que leurs idées ont suivies ; tels sont, en général, les Mystiques et ceux qu'a entraînés un enthousiasme exalté; car, la vie de ces hommes nous les explique presque autant que leurs ouvrages, et explique souvent leurs ouvrages eux-mêmes. Tel fut en particulier Proclus. Marinus, son disciple, nous a heureusement conservé son histoire, ou plutôt son panégyrique, mélangé de beaucoup de fables, calqué sur l'ordre des vertus appelées platoniques, adoptées par cette secte et distribuées en vertus physiques, morales, purificatoires, théorétiques et théurgiques. Proclus, né à Constantinople en 412, fut élevé à Xanthe, ville de Lycie, consacrée à Apollon et à Minerve, patrie de ses parens, et dès lors suça en quelque sorte avec le lait la croyance aux puissances surnaturelles ; Apollon lui-même lui apparut dans une maladie, le guérit; Minerve lui prescrivit de se rendre à Athènes pour y cultiver la philosophie. Il commença cependant par étudier à Alexandrie cette science et l'art oratoire; il vint ensuite à Athènes, où Plutarque et Syrianus l'initièrent aux mystères du nouveau Platonisme. Il reçut aussi une sorte de consécration de la fille de Plutarque, de la célèbre Asclépigénie, qui l'introduisit dans les traditions des Chaldéens et dans la pratique des opérations théurgiques auxquelles elle avait été exercée par son père. Il fut admis aux mystères d'Eleusis. Il s'acquit une grande renommée par son savoir, son éloquence, son talent, son infatigable activité; mais, surtout, par sa rare habileté dans tous les arts surnaturels qu'accréditait la superstition du temps; arts dans lesquels il surpassa, dit Marinus, tous ceux qui l'avaient précédé. On croit reconnaître en lui un hiérophante plus encore qu'un philosophe. Une portion de sa vie s'écoulait dans les évocations, les apparitions, les purifications, les jeûnes, les prières, les hymnes, le commerce avec les dieux, la célébration des fêtes du Paganisme, particulièrement celles qui avaient pour objet la mère des dieux; il embrassait tous les cultes à la fois, dans le culte qu'il s'était composé. « Le philo- » sophe, disait-il, n'est pas le prêtre d'une » religion unique, mais celui de toutes les » religions de l'univers. » Aussi, composa-t-il des hymnes en l'honneur de toutes les divinités de la Grèce, de Rome, de l'Egypte, de l'Arabie, de toutes les divinités connues. Le Christianisme seul fut exclus de cette adoption, et Proclus se déclara l'un de ses plus véhémens adversaires. A ce syncrétisme religieux il unit l'Eclectisme philosophique; il étudia avec ardeur les livres hermétiques, les poëmes d'Orphée, les Pythagoriciens; cependant, quoiqu'il admît Hermès comme l'un des anneaux primitifs de la grande chaîne des traditions, il accorda à ses prétendues doctrines moins d'importance que les Platoniciens d'Egypte et de Syrie; ce fut surtout à Orphée qu'il s'attacha; ce fut surtout Orphée qu'il se complut à considérer comme la source de la vraie et unique illumination. Dans l'étude de la philosophie scientifique et raisonnée, il cultiva d'abord Aristote, qu'il considérait avec son école comme le *philosophe de l'entendement*, comme l'introducteur à la sagesse; il se livra ensuite tout entier à Platon, ce *philosophe de la raison*, suivant les maximes de son école, ce philosophe qui seul peut guider dans la région supérieure de la vérité. Les écrits de Platon sont pour lui des oracles, des livres prophétiques; il y voit partout des sens cachés et mystérieux; les récits les plus simples deviennent de sublimes allégories (J). C'est toujours au nom de Platon qu'il parle ; il lit dans Platon toutes ses propres pensées ; il expose son système sous la forme d'une fidèle paraphrase ; ce n'est plus le Platon de l'Académie ; c'est un Platon tout céleste, si l'on veut ; c'est un Platon divinisé qui se révèle à la terre.

Marinus nous peint la vie austère de son maître, sa piété exaltée, ses rares et héroïques vertus ; il nous le montre affranchi de toutes les passions humaines, et presque dépouillé de toutes les faiblesses de l'humanité ; toutefois il nous avoue qu'il était ardent, irascible, avide de gloire. Mélange singulier de génie et d'exaltation, de science et de superstition, de perspicacité et de crédulité, espèce de Pandémonion, il semble réunir en lui les dons de l'éloquence, de la philosophie, de l'érudition, et tous les écarts d'un enthousiasme sans limites comme sans règles ; il semble associer toutes les lumières et toutes les illusions, comme il a confondu dans son système toutes les traditions, comme il a identifié dans un principe unique l'universalité des êtres. Il nous représente en quelque sorte toute son école ; on croit voir un vaste bassin ou un gouffre dans lequel viennent se rendre, se mêler et se perdre les fleuves divers qui ont arrosé et parcouru les domaines de l'esprit humain, chargés des germes ou des débris de toutes les substances qui en couvraient le sol. Tel était cet homme extraordinaire. Du reste, il est digne de remarque que ses spéculations le rendirent moins étranger qu'on ne pourrait croire aux intérêts de la société humaine, et qu'il prit une part active aux conférences politiques dont Athènes était encore le théâtre (1). Nous avons de lui des commentaires sur le premier Alcibiade, sur le Parménide, sur le Timée, des traités sur la *Providence*, le *Destin*, la *Liberté*, la *Nature du mal*, un fragment sur la *Magie*, des *Institutions théologiques*, la *Théologie de Platon*. Photius nous a conservé le résumé de sa *Chrestomatie*; il avait aussi commenté Ptolémée et Euclide, et nous possédons encore ces Commentaires (K).

On doit se défendre sans doute du prestige que peuvent exercer sur l'imagination ces systèmes produits par un enthousiasme exalté, revêtus des formes du merveilleux, qui affectent une origine surnaturelle, embrassent toutes

---

(1) Marinus, *Vita Procli*, publiée par Holstenius et Fabricius. Hambourg, 1700.

choses dans une universalité qui a l'aspect de la grandeur, et qui s'efforcent de rappeler un immense cahos aux lois de l'unité; mais, on doit se défendre aussi de se laisser trop aveuglément prévenir contre tout l'ensemble d'une doctrine qui s'annonce sous des auspices peu favorables aux yeux de la raison, et qui a subi l'influence des écarts les plus étranges; et ce second danger est peut-être celui contre lequel un philosophe doit plus particulièrement se précautionner. Lisons donc Proclus avec une disposition d'esprit libre et impartiale; nous n'aurons point à le regretter: nous découvrirons, au travers des nuages, des rayons de lumière qui méritent d'être recueillis.

Proclus met en évidence l'interprétation que les nouveaux Platoniciens avaient donnée à la célèbre inscription du temple de Delphes, interprétation que nous avons déjà indiquée et qui servait d'introduction à leur système. Lorsque Socrate voyait dans le *Nosce te ipsum* le fondement de toute philosophie, il entendait que la connaissance de soi-même, en enseignant à l'homme la nature et les lois de ses facultés, l'étendue du pouvoir et des droits de la raison, lui apprend à en faire un légitime exercice, et l'avertit de renfermer ses recherches et l'ambition de son esprit dans les limites qui lui sont assignées; il entendait que la connaissance de soi-même, enseignant à l'homme à descendre dans son propre cœur, lui apprend à découvrir ses devoirs, à se rendre compte des motifs de ses actions, à étudier ses penchans, ses passions ; en un mot, la connaissance de soi-même était pour lui le principe de la défiance de soi-même ; c'était une maxime psychologique. Platon avait adopté ce point de vue en le développant, et on en voit la preuve dans le soin qu'il a mis à décrire les phénomènes psychologiques tels qu'ils sont donnés par l'observation. Mais, le point de vue dans lequel se sont placés les nouveaux Platoniciens est tout autre. C'est le point de vue transcendantal; c'est en même temps un point de vue mystique. Qu'on lise le commencement du commentaire de Proclus sur le premier Alcibiade. « C'est l'essence elle-même que le *Nosce te ipsum* doit faire découvrir et contempler, cette essence *source première du bon*, mesure de la perfection intellectuelle; cette essence qui dérive en nous de l'essence supérieure, comme de sa cause, qui y participe, qui, degré subordonné de l'échelle, nous aide à remonter cette échelle elle-même ; cette essence, qu'il faut contempler avant toutes choses, parce qu'elle nous reconduit à ce qui est éternel et simple, qui nous élève ainsi au-dessus de toute composition, qui nous porte au sommet du haut duquel nous pouvons considérer toutes choses dans leur principe. L'inscription du temple de Delphes et les préparations nécessaires pour être admis aux mystères de Cérès Eleusine, nous enseignent donc que le commencement de toute étude est dans la connaissance *pure* de nous-mêmes, *connaissance exempte de toute altération, circonscrite dans les termes de la science, et fortement liée par les connexions de la cause* (1).

» La parfaite connaissance de nous-mêmes consiste à juger des facultés par l'essence, des actes par les facultés; mais, nous suivons ordinairement la voie inverse (2). »

Proclus met également en lumière cette autre base fondamentale du système de son école, la réalité positive donnée aux *idées archétypes* de Platon. Ces idées, simples exemplaires dans la doctrine du fondateur de l'Académie, prennent dans la nouvelle école le caractère d'êtres,

---

(1) Procl. Opera, *id*. Cousin, tome II, pag. 1 à 12.
(2) *Ibid.*, tome III, frag. sur Parménide, pag. 145.

de substances et de causes. « Les *idées* sont *des essences subsistantes*, simples, pures, immortelles et sans mélange; *elles sont en soi* et non en autre chose. Voilà en quoi les *idées* de Platon diffèrent des notions universelles d'Aristote, qui ne sont que des conceptions de l'âme, corrélatives, exprimant les caractères communs à une variété d'objets, des formes subsistantes dans la matière, des résumés servant de centre à une collection de choses sensibles. Les idées sont des *causes* qui agissent comme la nature, des causes intellectuelles (1). Les *idées* sans doute sont des genres; mais aussi *les genres sont des causes*, des causes universelles, comme les espèces sont des causes particulières (2). Elles ne sont point les images des choses apparentes; mais, au contraire, celles-ci ne sont que les images de celles-là (3). L'essence est la vie elle-même; elle est l'être, elle est la vraie réalité; la vie intellectuelle est dans l'essence (4); la substance universelle, genre de toutes les substances, point culminant de

---

(1) *Id.*, tome IV, pag. 252 à 254.
(2) *Id.*, *ibid.*, pag. 267.
(3) *Id.*, *ibid.*, pag. 259.
(4) *Id.*, tome III, pag. 267.

tous les êtres réels, est *ce qui est en soi*, l'être absolu (1). »

Ces deux bases fondamentales du système une fois admises, on peut prévoir d'avance comment le système entier doit en dériver par une déduction logique ; en effet, cette génération métaphysique des notions de l'esprit qui descend des notions les plus génériques aux notions particulières, par une composition graduée, représentera la hiérarchie des êtres ; les rapports de ces notions entre elles, les liens qui les unissent, les assemblent, les lois qui les subordonnent les unes aux autres, en un mot, les formes de la nomenclature des conceptions de l'entendement, exprimeront les causes réelles, leur action, les lois qu'elles suivent, les combinaisons qu'elles produisent, et le système entier de l'univers. L'univers sera donc la contre-épreuve, l'image réfléchie de ce vaste dessin intellectuel. De là cette théorie de la *mixtion des idées*, si importante chez les nouveaux Platoniciens, qui sert de régulatrice aux mélanges de substances qui ont lieu dans les libations, les sacrifices, les opérations théur-

---

(1) Procl., *Theol.*, *Plat.*, liv. III, § 155.

giques, théorie reproduite par Proclus (1). Cette *mixtion des idées* exprime le grand hyménée des êtres, et la fécondation des essences.

Le rapport général qui unit les notions dans l'esprit humain, et qui en forme le lien systématique, est le rapport de *l'un* au *multiple*. C'est ce que Platon avait exprimé, lorsqu'il avait dit : « L'unité et la multiplicité » sont le caractère essentiel de la pensée » humaine (2) ». On conçoit donc le rôle considérable que ce rapport joue dans la doctrine des nouveaux Platoniciens. C'est en imposant le sceau de l'unité à la variété, c'est en rattachant les objets variés à un centre, c'est en les rassemblant dans le foyer de sa propre et indivisible identité, que l'esprit humain les conçoit. « *Le multiple*, privé de l'unité, est comme un corps démembré et sans vie. *L'un*, séparé du multiple, est stérile. » Proclus le premier a donné à ce point de vue le développement le plus étendu, et, comme on le prévoit d'avance, il l'a transporté, du système des notions, dans le

---

(1) Procl., Opera, *id.* Cousin, tom. IV, p. 271, etc.
(2) *Philebe*, pag. 217, édition de Deux-Ponts.

système des êtres; du domaine de la logique, dans celui de la réalité. « Tout être est, ou un sans multiple, ou multiple sans un, ou un et multiple tout ensemble; or, les deux premières hypothèses sont inadmissibles; la troisième seule peut donc expliquer la réalité (1). Il y a l'unité absolue et l'unité relative; il y a l'unité simple par elle-même et l'unité collective : la première est le nœud de la seconde; la seconde emprunte son caractère de la première (2) ». La réalité est encore ici soumise à la loi de l'entendement. « Tout multiple participe d'une manière quelconque à l'unité; de la sorte il est tout ensemble *un* et *non un*: *un*, en tant qu'il participe à l'unité; *non un*, en tant qu'il n'est pas l'unité elle-même; tout ce qui devient *un*, devient tel par sa relation avec l'unité, précède et domine le multiple (3). La multitude a besoin de *l'un*; *l'un* n'a pas besoin de la multitude (4). Tout est donc à la fois *un* et *multiple* : *un* par l'essence, *multiple* par les

---

(1) Procl., *Theol., Plat.*, II, cap. 1.
(2) *Id.*, *ibid.*, pag. 125, *instit.*, *Theol.*, cap. 5.
(3) *Inst. Theol.*, cap. 2, 3.
(4) *Procli opera, in Parmenid.*, édition Cousin, tome IV, pag. 250.

forces; *un*, par le sujet; *multiple* par les parties; *un* par le genre, *multiple* par la *matière*. Or, l'unité est supérieure à la pluralité, comme l'essence aux forces, le sujet aux accidens, le genre à la matière. Ainsi l'harmonie de l'univers s'entretient par la diffusion de cette vie unique, de l'âme universelle qui en forme le lien intellectuel, par le concours de toutes choses vers un centre, par la subordination de toutes choses au gouvernement de l'âme suprême. L'Architecte éternel a créé le monde par sa propre essence; sa pensée est une en se multipliant dans l'ensemble. Ainsi la multitude est uniforme, et l'un se trouve multiplié. Car chaque *idée* est elle-même une et multiple à la fois (1).

Le nombre *six*, consacré à Vénus, exprime le multiple, parce qu'il est pair; le nombre *sept* exprime l'unité, ramène la multitude à l'unité parce qu'il est impair. C'est pourquoi il est consacré à Minerve (L). »

Les notions de l'esprit, comparées entre elles, se présentent sous trois formes : l'essence propre à chaque chose, l'identité, la

---

(1) *Procli opera*, *in Parmenid.*, édition Cousin, tom. IV, pag. 264. à 265.

diversité. Ces trois formes servent encore pour établir trois principes générateurs. « Car le monde est constitué par l'harmonie; or, l'harmonie est l'unité dans la variété. L'unité et la variété existent donc primitivement dans les idées du Grand Architecte; ou plutôt le Grand Architecte n'est que la haute unité qui comprend dans son sein toutes les unités divines. La similitude est la limite qui détermine la diversité, l'infini ou l'indéterminé. La similitude rassemble, la diversité disperse. Cette triade, l'essence, l'identité, la variété, produit par son action les formes ou les unités qui résident dans les choses singulières (1). Cette triade s'exprime encore sous cette autre forme : la limite, l'illimitation, le mélange. L'*un* est la limite, la force est l'illimitation; car, elle se développe indéfiniment; le mélange est le commencement de la réalité. Chaque être comprend en lui l'être, la vie, l'intelligence; telle est la triade réalisée. Deux autres triades sont subordonnées à la première, et dérivent du second et du troisième de ses élémens constitutifs; la seconde compose les êtres du second rang,

---

(1) *Id.*, *ibid.*, pag. 255 et 256.

la troisième engendre l'intelligence intelligible par elle-même (τον νοητον νουν), et la remplit d'une réduction divine à l'unité. Le premier des principes primitifs est la cause qui produit ; le second est la lumière qui éclaire, le troisième ramène tout sous l'empire de la lumière ; le dernier est donc la fin de tous les intelligibles, qui les conduit par la similitude dans la voie parfaite de l'unité (1). »

Les trois triades représentaient d'une manière mystique la causalité inconnue du premier Dieu inaccessible : la première, son unité inexprimable; la seconde, l'immensité de sa puissance ; la troisième, la production complète de tous les êtres.

Au-dessus de l'unité qui se lie au multiple, au-dessus de l'essence, est cette unité suprême, primitive, pure, qui correspond au sommet des abstractions de l'esprit, conçue et définie par Proclus, comme par Plotin. « C'est le bon, le beau, la perfection elle-même ; c'est le principe universel et absolu, placé au-dessus de tout ce qui ne peut être conçu, ni nommé;

---

(1) *Procl. Theol. Plat.* liv. III, pag. 132 à 143.

la source de tout ce qui peut être conçu, la complète et parfaite identité. C'est le Dieu des Dieux, l'unité des unités, le saint des saints; il domine sur toutes les possibilités, sur toutes les essences intelligibles, cause primordiale et non exemplaire des intelligibles (1). De cette unité procède toute la hiérarchie des êtres; car, tout ce qui est parfait tend à produire et à répandre sa plénitude; tout ce qui est produit réside dans la source productive. Cette procession des êtres n'admet aucun intervalle, aucun vide (2). L'amour, le second principe, cet amour universel qui porte tous les êtres les uns vers les autres, sans confusion, sans désordre, par une force sympathique, anime et vivifie toute la nature intellectuelle. Les êtres du même ordre se pénètrent les uns les autres; les plus parfaits pénètrent dans ceux qui le sont moins, et les perfectionnent.

---

(1) Procl., *Theol. Plat.*, liv. II, cap. 1, 95, 96, 102, 110. — *Procl. opera*, éd. Cousin, tome Ier, *de Provid. et Fato*, pag. 188; tome III, *Inprim., Alcil.*, pag. 20 à 23, 205 à 207, 210 à 214, 228 à 230; tome IV, fragment sur le Parménide, pag. 243 à 260.

(2) Procl., *Instit., Theol*, cap. 28 et 30. — *Theol. Plat.*, liv. III, pag. 121 à 122. — *Procl. opera*, édition Cousin, tome Ier, *de Provid. et Fato.*, pag. 31.

De là, cet hyménée, cette mixtion sublime dans l'ordre intellectuel. La communion des causes divines, l'union immatérielle des idées est ce que les Théologiens appellent des *noces sacrées* dans le langage mystique. L'union des êtres égaux est désignée par les noces de Jupiter et de Junon, du ciel et de la terre; ceux des êtres de degrés divers de perfection, par les noces de Jupiter et de Cérès, de Jupiter et de la Vierge. Les êtres, dans cette union mystérieuse, se transmettent leurs propriétés, sans s'en dépouiller, de sorte que l'identité participe à la variété, sans perdre son caractère. En tant que toutes les idées exemplaires participent à quelque propriété, elles revêtent une même forme et non une même nature. Ainsi, la perfection suprême descend jusqu'au dernier degré du système des êtres, éclairant, conservant, ornant toutes choses, et les rappelant à elle-même. Elle descend d'abord aux êtres véritablement existans, ensuite aux génies divins, ensuite aux divinités qui président au genre humain, puis à nos âmes, enfin aux animaux, aux plantes, à tous les corps (1). »

---

(1) *Procl. opera*, édition Cousin, tome IV,

« Toutes les choses qui sont dans le monde et au-dessus du monde, ont donc leur unité propre, et toutes les unités dépendent d'une unité primordiale, isolée et solitaire; des unités dérivent les pluralités, par une progression qui va en s'écartant de *l'un*, comme les rayons qui divergent et partent du centre. L'unité est donc double; cette dualité première se compose de *l'un absolu* et de *l'amour* qui le seconde. L'unité est double, suivant qu'elle est isolée ou conjointe. L'idée est double; l'universel est double, suivant qu'il est au-dessus du multiple, ou dans le multiple; telle est la dualité du soleil et de la lune, celle de toute espèce et de toute forme physique; autre est l'homme *par soi*, ou dans son essence, autre l'homme dans les individus; autre est l'homme séparé, autre l'homme plongé dans l'individualité; autre est l'homme éternel, autre l'homme en partie mortel et en partie immortel (1). »

En s'offrant de rappeler à la parfaite unité le système des êtres, Proclus n'a pu adopter l'opinion de Platon qui considérait la matière comme un principe existant par lui-même; il

---

fragmens sur le Parménide, pag. 250 et 261. — Tome III, *in Prim. Alcibiad.*, pag. 232, 270, 271.

(1) *Id., ibid.*, pag. 244 et 245.

la considère comme une création de Dieu quoique coéternelle, parce qu'elle en émane de toute éternité.

La Providence, le destin, la liberté, considérées comme la base de la théorie de la causalité, étaient l'un des objets essentiels des méditations des nouveaux Platoniciens. Proclus suit ici les traces de Plotin. « La Providence et le destin régissent les deux empires : celui des choses intellectuelles, celui des choses sensibles ; la Providence gouverne l'un et l'autre à la fois. Le destin, ou la nécessité, préside au dernier seulement. La liberté est le caractère essentiel de la substance, de l'intelligence. Le mal n'est qu'une négation ; ainsi se justifie la Providence, ainsi se concilie son action universelle avec l'existence du mal sur la terre (1). »

« La cause finale est la clef de la théorie de la causalité. L'ignorance de la cause finale entraîne l'ignorance de toutes les autres, parce que de la première dérivent les causes efficientes, parce que c'est d'elle que celles-ci tiennent leur efficacité (2). »

---

(1) *Procl. opera*, édition Cousin, tome I, *passim*.

(2) *Id.*, tome III, fragmens sur le Parménide, pag. 53.

Telles sont en substance les vues de Proclus sur le système de l'univers; indiquons maintenant celles qu'il adopte sur la théorie de la connaissance humaine. Chez la plupart des philosophes, depuis Socrate, la théorie de la connaissance humaine introduisait aux spéculations sur l'univers, parce que Socrate avait enseigné qu'avant de prononcer sur les choses il faut examiner quel est le droit que nous avons à en décider, quels sont les moyens que nous avons pour les connaître; mais, les nouveaux Platoniciens ont procédé d'une manière inverse; la théorie de la connaissance dérive chez eux du système de l'univers, parce qu'ils considèrent les facultés intellectuelles de l'homme du point de vue transcendantal.

« Mercure, messager de Jupiter, nous révèle sa volonté paternelle, nous enseigne ainsi la science, et, comme auteur de toute investigation, transmet le génie de l'invention à ses disciples. La science qui descend dans l'âme d'une région supérieure, est plus parfaite que l'invention; celle qui est excitée en nous par les autres hommes, est moins parfaite; l'invention elle-même, terme moyen entre ces deux sciences, est l'énergie propre et véritable de l'âme, dans son opération. La science qui dérive d'enhaut remplit l'âme par l'influence des causes supérieures; les Dieux nous l'annoncent souvent par leur présence et leurs illuminations, nous découvrant l'ordre de l'univers, nous précédant comme des guides dans la voie divine, et faisant briller devant nous les fanaux qui nous en montrent la direction. Nous possédons de toute éternité, en vertu de l'essence qui nous constitue, la connaissance des genres; mais, cette connaissance est encore inactive, elle devient productive par l'opération qui s'exécute dans le temps; les *idées* sont en nous; mais elles y sont comme dans un état d'infirmité. La notion des choses supérieures enferme, d'une manière plus parfaite, celle des choses inférieures; l'esprit perçoit d'une manière immatérielle ce que le sens perçoit sous une condition matérielle; la science comprend, par la cause, ce que l'opinion admet sans la lumière de la cause. L'âme n'est point semblable à ces tablettes encore vides, sur lesquelles des caractères viennent s'inscrire du dehors; ce sont des tablettes toujours remplies; l'écrivain qui trace les caractères est au-dedans : il suffit donc de lever les obstacles qui en voilent l'empreinte. L'âme a en elle-même les portes de la vérité, mais obstruées et closes par les objets terrestres et matériels. La science est indivisible, constituée par elle-même ; tout en elle concorde, et tous ceux qui la possèdent concordent aussi entre eux ; les discordances d'opinion naissent de ce qu'on accueille les témoignages des sens. Les prophètes possèdent la vraie science supérieure à la science humaine. Nos démons familiers, présens en nous-mêmes, témoins intimes de nos pensées, les éclairent par leur présence, les purifient par leur influence. »

« L'âme, en descendant dans le corps, se trouva séparée des esprits divins qui la remplissaient d'intelligence, de puissance et de pureté; elle se trouva unie à l'ordre des choses produites, à la nature matérielle, qui l'environnèrent d'oubli, d'erreur et d'ignorance; elle se trouva comme enveloppée de vêtemens divers et mélangés qui l'empêchaient de se livrer à la contemplation des choses supérieures. Mais, elle peut remonter à ces régions sublimes, aux essences divines, déposer ces vêtemens importuns, se dépouiller de la composition, s'élever à la vie intellectuelle, aux simples et pures intuitions, contempler les genres des êtres, l'essence intelligible. Elle ressuscite ainsi son existence primitive et suprême, par laquelle elle redevient une, et subordonne à son unité tout ce qui en elle est complexe. Notre entendement se trouve ainsi en contact avec l'entendement divin; il atteint ainsi cette unité première qui est le lien de toutes choses, qui est comme la fleur de son essence, et, par cette communication, il exerce en quelque sorte lui-même une fonction divine; nous devenons pour ainsi dire divins quand, fuyant ce qui est multiple en nous, nous nous réfugions dans notre propre unité (1). »

Proclus distingue cinq ordres de fonctions dans l'âme : le premier s'exerce à l'aide des sens, qui est soumis à l'usage des organes matériels, et qui accuse ainsi la débilité et la servitude de l'âme; le second est celui par lequel l'âme se déploye tout ensemble comme unie au corps et comme distincte de lui, comme sentant ses chaînes, et usant cependant de sa liberté ; le troisième est celui par lequel, dominant en quelque sorte sur sa vie inférieure, elle corrige et réforme ses notions imparfaites à l'aide de lumières supérieures; par le quatrième, se détachant de toutes

---

(1) *Procl. opera*, édition Cousin, tome III, fragmens sur le Parménide, pag. 29, 31, 33, 34, 39, 40, 62, 75, 76, 80, 92, 93, 97, 98, 102, 110, 118, 176, 177, 186, 187, 195.

les impressions inférieures ou leur imposant silence, affranchie de tout tumulte, elle se renferme en elle-même, se replie sur elle-même, considère son essence, ses puissances, les principes harmoniques qui la constituent, découvre en elle-même l'image de ce monde rationnel dont elle est issue ; par le dernier enfin, elle se met en rapport avec les âmes ses sœurs, qui habitent le ciel et sont répandues dans le monde, avec les âmes intellectuelles, les substances ; elle contemple au-dessus d'elle ces unités, ces *monades*, desquelles les collections intellectuelles reçoivent le lien qui les unit.

» Il y a aussi cinq ordres de connaissances. Celles qui occupent le degré inférieur de l'échelle méritent à peine ce nom ; elles embrassent les choses matérielles et soumises aux lois du destin. Le second ordre a pour objet les caractères communs aux objets sensibles ou les notions générales d'Aristote ; il remonte de la variété à l'unité. Le troisième ordre part de l'unité, de l'absolu, divisant et résolvant les notions générales, connaissant les causes, déduisant les conséquences des hypothèses, et concluant par des conséquences nécessaires ; il embrasse les sciences mathématiques, et leur fournit les principes qui les dirigent ; la géométrie part du point, l'arithmétique de l'unité, et, de ce qu'il y a de plus simple, tire la démonstration des choses composées. Le quatrième ordre s'élève à des connaissances plus simples encore, qui n'emploient plus les méthodes, les résolutions et les compositions, les définitions et les démonstrations; mais, il consiste dans la spéculation contemplative, *autoptique*, des êtres et des essences; il pénètre dans les intelligibles. Le cinquième et dernier ordre, qu'Aristote n'a point su atteindre, que Platon et les Théologues qui l'ont précédé ont seuls défini, est une connaissance supérieure à l'entendement, une exaltation ($μανια$) divine, qui assimile l'âme à Dieu même; car, le semblable ne peut être connu que par le semblable : les objets sensibles par les organes des sens, les rapports scientifiques par la science, les intelligibles par l'entendement, l'unité par le principe d'union (1).

» Pour parcourir cette échelle et nous élever à son sommet, commençons donc par nous affranchir des sens, de ces sens qui ne sont que les ministres inférieurs de notre âme. Pla-

---

(1) *Procl. opera*, édition Cousin, tome I, *de Provid. et Fato*, § 9 à 24.

ton et Pythagore nous enseignent à fuir tout ce qui est multiple, complexe, la diversité des affections, la variété des impressions, des imaginations, des opinions qui en dépendent, pour nous élever à la vérité la plus simple, pour rallier les élémens de la science en un corps et leur imprimer le sceau de l'unité ; car, tous ces élémens gravitent les uns vers les autres par des rapports naturels ; les connaissances inférieures servent aux notions supérieures, y sont comprises, en tirent leur origine. Les connaissances diverses en supposent une principale, primordiale, à laquelle elles se réfèrent, laquelle à son tour n'en suppose aucune autre, et à laquelle il faut les ramener par des moyens réguliers. La science n'est point le dernier sommet des connaissances ; au-dessus d'elle est une région sublime qui n'appartient qu'à l'intelligence même ; abandonnons donc et la science et ces opérations analytiques et synthétiques qui la constituent, pour nous attacher à la contemplation de l'essence intelligible, aux perceptions indivisibles qui forment la spéculation des genres (1). » Or, il y a deux voies

---

(1) *Ibid.*, tome III, fragmens sur le Parménide, pag. 102 à 105.

pour atteindre à l'unité absolue, à ce *bon* parfait qui est l'*un* parfait, incompréhensible de sa nature; l'une *analogique* et positive, l'autre négative : la première consiste à contempler comment les êtres sortent du sein de l'unité; l'autre à contempler comment ils s'y renferment (1). Si ce n'est plus la science qui nous conduit au dernier sommet de l'échelle des êtres, à l'unité parfaite, absolue, quel nom donnerons-nous donc à cette puissance intérieure? Proclus l'appelle la foi (Πιστησις), puissance dont le nom jusqu'alors était inconnu à la philosophie. Cette *foi* n'est point simplement la *croyance;* elle n'est point un exercice de la faculté de penser; elle laisse au-dessous d'elle tout ce qui appartient à la pensée; elle aspire à parvenir jusque dans le sein de l'essence de l'unité suprême et parfaite; là, délivrée de tout doute, elle goûte le repos comme dans un port assuré; car, l'être fini ne peut se reposer que dans l'absolu, dans l'être des êtres; sa propre existence n'est qu'une tendance à ce repos sublime. Cette *foi* est une vertu théologique (2).

» La bonté, la sagesse, la beauté sont les

---

(1) *Theol., Platon.*, liv. II, cap. 1, § 96.
(2) *Id., ibid.*, liv. I, cap. 30-25.

trois caractères des genres divins et suprêmes, qui en découlent et remplissent tous les ordres des êtres subordonnés; la *foi*, la *vérité*, l'*amour*, rattachent ceux-ci à leur source par le lien de l'unité; les uns y sont rappelés par l'amour inspirateur, les autres par la philosophie divine, d'autres enfin par l'énergie théurgique, dont la vertu est bien supérieure à la raison humaine, qui renferme les bienfaits de la magie, les forces purifiantes de la consécration, et, en un mot, tous les effets des influences divines (1). »

On voit comment cette théorie introduit naturellement à la magie, à la théurgie, les appelle comme son complément. « Comme l'homme conduit par l'amour s'élève graduellement de la beauté sensible à la beauté divine, les prêtres de l'antiquité, considérant l'affinité qui règne dans la nature, la sympathie réciproque des êtres, leur rapport à des forces occultes, et retrouvant tout en chaque chose, créèrent leur science sacrée : ils ramenèrent ainsi les puissances divines dans les régions inférieures par cette similitude qui est la cause de l'union des objets particuliers. Car, tout est plein de la

---

(1) *Id. ibid.*, *ibid.*, cap. 225.

substance divine, et il y a une procession constante dans tous les ordres gradués de l'univers, procession qui s'opère par une sorte de dilatation progressive et descendante. C'est ainsi que ces prêtres opéraient les mélanges et les purifications; par les mélanges, ils attiraient sur nous les influences célestes; ils composaient l'unité avec le multiple, l'assimilaient à cet *un* suprême qui domine sur la multitude des êtres; ils composaient des symboles divins, signes de l'essence parfaite et de ses puissances diverses. Ils s'élevaient des génies jusqu'aux opérations des Dieux mêmes, en partie dirigés par ces génies, en partie conduits par l'art de l'interprétation symbolique, parvenant à l'intelligence propre des Dieux, et alors abandonnant toutes les opérations de la nature, et même la région des génies, pour se renfermer dans le commerce de la Divinité (1). » C'est ainsi que Proclus explique les pratiques de l'art mystérieux et en justifie l'exemple.

Proclus reproduit souvent les idées de Plotin et de Porphyre, employant leurs propres expressions, mais sans jamais les citer. La première

---

(1) *Procl. opera*, tome III, *de sacrificiis et Magia*, pag. 276 et suiv.

partie de son commentaire sur le premier Alcibiade de Platon, n'est qu'un développement très-étendu de la doctrine de Plotin sur l'amour et sur la vertu de l'amour, considérés comme une des voies philosophiques qui conduisent aux ordres supérieurs des connaissances.

Marinus, disciple chéri de Proclus et son biographe, lui succéda dans cette chaire à laquelle il venait de donner une nouvelle illustration. Il porta, dit-on, plus de clarté et en même temps plus de réserve dans son enseignement. Proclus avait cru voir dans le Timée de Platon une allégorie qui exprimait une doctrine mystique sur les dieux; Marinus y vit une exposition symbolique de la théorie des *idées*; l'interprétation de Proclus fut défendue par Isidore (1). Isidore, de Gaza, succéda à Marinus vers l'an 491; il avait peu d'instruction; mais il pouvait s'en passer : car « les connaissances humaines et le raisonnement sont d'un faible secours pour cette sagesse sublime qui seule agrée à la Divinité, et qui est le privilége d'une raison illuminée par Dieu

---

(1) Photius, sur Marinus et sur Damascius, pag. 242 à 1070.

même; prérogative que l'homme ne peut se donner, mais qu'il doit recevoir comme un don (1) ». Damascius occupa à son tour cette chaire, mais avec un éclat nouveau. On a vu que Plotin et Proclus, en portant à son dernier terme l'abstraction sur laquelle ils avaient fondé le premier principe, l'avaient en quelque sorte détaché et isolé de l'univers. C'était l'être *inaccessible* des Gnostiques. Damascius demanda si en effet le premier principe est hors du système de l'univers, ou s'il lui appartient de manière à en former le sommet le plus élevé, si les autres êtres sont avec lui, selon lui, ou proviennent de lui. Comment d'ailleurs concilier ce système avec la triade des triades, dogme des théologies chaldéennes et égyptiennes ? L'autorité seule des traditions pouvait donner la solution de ces problèmes d'après la nouvelle voie adoptée, qui reconnaissait des dogmes, plus qu'elle n'admettait des recherches, et qui invoquait la foi, plus qu'elle ne permettait le raisonnement. Damascius s'efforça de rappeler à l'unité fondamentale du système cette Ennéade de principes. « L'ab-

---

(1) Damascius, dans Photius, § 1054.

solu, dit-il, ne peut être conçu et connu tel qu'il est en lui-même, mais seulement d'une manière symbolique et par le secours de l'analogie ; les idiomes humains manquent de terme pour l'exprimer. La *Triade* et l'*Ennéade* sont *l'abîme* où tout se réunit et se confond, l'*immense totalité de l'Être*, dans laquelle aucune existence n'est encore distincte ; là réside l'être purement absolu, simple en lui-même, qui comprend tout, qui est le fondement de tout multiple. L'*un absolu* (υπαρξις), tend à se dilater ; cette tendance, ou cette énergie (δυναμις) est le second principe ; en se satisfaisant, elle donne l'être réel, (ουσια) qui n'en diffère point encore ; c'est là ce qui constitue l'être absolu (1) (M). »

On compte encore au nombre des plus illustres adeptes de la nouvelle école, cette Hypathie d'Alexandrie, fille du géomètre Théon, dont la vie fut si belle et si pure, dont les talens furent si remarquables, dont la fin fut si tragique. Nous remarquons moins cette circonstance à raison de sa singularité, que parce que nous retrouvons dans Hypathie,

---

(1) Damascius, περι αρχοι dans les *Anecdota* de Wolf., tome III, pag. 195 et suiv.

avec une rare habileté dans les études philosophiques, une réunion plus rare encore de connaissances approfondies dans les sciences positives, et particulièrement en géométrie et en astronomie. Cet enseignement, dont elle remplissait les fonctions avec tant de modestie et tant de gloire, attira sur elle les fureurs d'un fanatisme aveugle.

Le même motif nous fera remarquer encore un Severianus, disciple de Proclus, qui abandonna les spéculations mystiques, pour se livrer à l'étude de la politique et de la jurisprudence, un Asclépiodore, qui déserta de même les voies contemplatives, pour cultiver les mathématiques et l'histoire naturelle, et qui enrichit cette dernière science d'un grand nombre d'observations. Aussi, l'école du sein de laquelle il était sorti lui reprocha-t-elle amèrement qu'il ne pouvait s'élever au-dessus de la philosophie vulgaire (1). » Du reste, loin que cette école ait contribué au progrès des sciences positives, l'histoire lui reproche justement d'avoir contribué à les faire tomber dans le discrédit

---

(1) Suidas, Art., Severianus et Asclépiodorus.— Photius, sur Damascius, cap. 242.

et de les avoir trop souvent altérées et égarées par son contact.

Quel que fût le succès avec lequel Proclus et ses successeurs enseignèrent à Athènes la nouvelle doctrine, ils y rencontrèrent cependant de nombreux contradicteurs fidèles au véritable esprit de l'ancienne philosophie grecque ; on contesta la légitimité de cette *chaîne dorée* par laquelle les nouveaux Platoniciens prétendaient unir toutes les traditions antiques à tous les systèmes philosophiques. L'un de ces adversaires sortit même du rang des disciples de Proclus ; ce fut cet Higias que Proclus avait particulièrement affectionné, et qu'il avait initié avant tous les autres aux interprétations des oracles Chaldéens. Il tenta de rétablir la séparation naturelle entre la philosophie considérée comme science, et la religion considérée dans les dogmes théologiques et les cérémonies du culte (1).

On doit aux nouveaux Platoniciens d'avoir éclairé le texte d'Aristote par de nombreux et précieux commentaires ; dans leur nombre on distingue surtout Thémistius, Olympiodore et Simplicius, le dernier surtout, dont les travaux

---

(1) Photius, sur Damascius, cap. 242, *voy.* aussi Suidas.

sont encore aujourd'hui si utiles pour l'étude difficile des écrits du Stagyrite, et qui a livré à l'histoire de la philosophie un grand nombre de documens instructifs (N). Le point de vue sous lequel les nouveaux Platoniciens considéraient Aristote, le rôle secondaire qu'ils lui assignaient comme introducteur aux sciences transcendantales, leur permettaient de conserver sa dialectique telle à peu près qu'il l'avait instituée, d'admettre en presque totalité sa psychologie et sa métaphysique. L'obscurité du texte ne se prêtait d'ailleurs que trop à tous les genres d'interprétations.

S'il ne fut pas possible de dénaturer entièrement les écrits authentiques d'Aristote par des interprétations arbitraires, on s'en dédommagea du moins en lui attribuant des écrits apocryphes, dans lesquels on le fit comparaître comme payant le tribut à la nouvelle philosophie mystique. Ainsi, virent le jour, probablement vers cette époque, la *philosophie mystique*, les petits traités de métaphysique, et, entre autres, le célèbre livre *de Causis*, ouvrages qui n'ont été connus aux modernes que par le canal des Arabes, et dont le dernier surtout a joué dans le moyen âge un rôle important que nous aurons bientôt occasion de signaler (O).

Les nouveaux Platoniciens, en commentant

les écrits de Platon, ont pu s'ouvrir une carrière plus libre encore que dans leurs travaux sur Aristote. Ici, leur fidélité n'était pas dirigée et retenue par les mêmes causes; ici s'ouvrait malheureusement pour eux un espace vague et indéfini pour l'arbitraire des interprétations; ici, ils étaient sollicités par tous les intérêts de leurs systèmes. Nous pouvons comparer nous-mêmes Platon et Proclus, et juger le commentateur par le texte. Nous reconnaîtrons les services que cette école peut avoir rendus à la critique littéraire; nous la consulterons pour la simple correction et l'intelligence littéraire du texte. Mais la pensée de Platon doit être interrogée dans Platon même. Le Platon de la nouvelle école ne représente que cette école.

La morale de Platon porta dans cette nouvelle école toute la pureté de ses principes, toute l'élévation des sentimens qui la caractérisent, et ce désintéressement parfait qui est le caractère essentiel de toute vraie morale. Mais, le rapport sublime que la législation morale établit entre l'homme et son auteur, entre la créature libre et le Législateur suprême, ouvrait aux nouveaux Platoniciens une carrière sans bornes; ils s'y précipitèrent sans mesure. Le Mysticisme s'empara donc de la morale pratique, comme de la philosophie spéculative. La morale fut absorbée dans la piété ascétique, comme la philosophie dans le dogme théologique. Les vertus actives et sociales furent presque dédaignées. Exceptons cependant l'auteur quel qu'il soit des vers dorés de Pythagore et leur commentateur Hiéroclès ; l'antiquité nous a transmis peu de codes qui renferment d'aussi admirables préceptes.

Le nouveau Platonisme tendait à opérer une grande révolution dans le sein du Paganisme, à le dégager de toutes les formes d'idolâtrie qu'il avait pu contracter dans le culte vulgaire, à le pénétrer d'une théologie entièrement mystique, à lui attribuer même ce caractère comme son essence propre et primitive ; mais, s'il rappelait en effet le Paganisme aux dogmes de l'unité de Dieu et de la parfaite immatérialité de la suprême intelligence, ou plutôt s'il donnait un nouveau développement à ces dogmes fondamentaux, qui, bien que voilés dans les traditions mythologiques, avaient réellement présidé au véritable esprit de ces traditions elles-mêmes, il fit cependant aux pratiques superstitieuses d'étranges concessions. Disons mieux, il adopta ces pratiques, il les incorpora à ses doctrines ; il perdit lui-même, par ce mélange bizarre, par cette alliance avec la magie, la théurgie, le caractère d'une vraie et légitime philosophie ; et, lorsque enfin il substitua ouvertement la *foi* au raisonnement, comme il avait d'abord substitué l'extase à la science méthodique, il ne fit en quelque sorte qu'avouer ouvertement le nouveau ferment qui le travaillait en silence et qui altérait dans leurs principes toutes les doctrines dont il avait recueilli l'héritage.

S'il fallait essayer de définir par des caractères généraux le système entier de la philosophie des nouveaux Platoniciens, nous dirions qu'elle constitue :

Un système de *Panthéisme*, en ce qu'elle identifie la substance et la cause, et rappelle ainsi tout ce qui existe à une substance unique ;

Un système de *Spiritualisme*, en ce qu'elle réduit la matière à n'être qu'une simple privation, et n'accorde de réalité qu'à l'intelligence ;

Un système d'*Idéalisme*, en ce qu'elle identifie l'objet et le sujet, ne reconnaît aucune existence positive aux objets externes, et ne déduit la connaissance que de l'identité absolue ;

Un système de *Mysticisme*, en ce qu'elle fait dériver toutes les lumières de l'esprit de l'union intime, directe et immédiate avec Dieu, par l'état de l'extase ;

Enfin, un système de *Théurgie*, en ce

qu'elle suppose le pouvoir de diriger par l'évocation des Génies les opérations de la nature.

Ainsi s'achève le singulier phénomène que nous avions annoncé, en exposant la philosophie de Platon (1). Arcésilas et Carnéade d'une part, Plotin et Proclus de l'autre, s'annoncent également comme ses successeurs, ses héritiers. Les uns et les autres invoquent l'autorité de son nom, prétendent enseigner sa doctrine. Et cependant, quel contraste en apparence plus absolu que celui de la nouvelle Académie et celui du nouveau Platonisme? Ils semblent placés aux deux extrêmes de la divergence des opinions philosophiques. L'un touche au Scepticisme, se confond presque avec lui; l'autre se perd dans les régions du Dogmatisme mystique. Celui-là désespère de rien savoir, celui-ci prétend connaître les premiers principes des causes, les secrets du ciel et de l'éternité. Celui-là invoque en tremblant une sorte de vraisemblance comme le seul guide qui reste à la raison humaine au milieu des nuages dont elle est environnée; celui-ci a l'orgueil de se croire en communication directe avec

---

(1) Tome II, ch. 11, pag. 267.

l'Etre des êtres, avec le foyer de sa lumière intellectuelle. Celui-là se précipite dans les abîmes du doute; celui-ci s'évapore dans l'atmosphère de l'Idéalisme. Ils ne s'accordent qu'en un seul point : tous deux refusent leur confiance au témoignage de l'expérience. Comment ont-ils pu avoir le même berceau? comment ont-ils pu reconnaître le même auteur? Nous l'avions déjà indiqué, nous avions fait pressentir cette étonnante déviation, en deux sens contraires. Nous l'expliquerons avec plus de détail dans la seconde partie de cet ouvrage.

Le nouveau Platonisme avait conquis de nombreux disciples. Il régnait à la fois en Italie, en Egypte, à Athènes. Il s'était emparé de la théologie païenne, il avait même fait quelques prosélytes parmi les Chrétiens. Le décret de Justinien qui ordonna la clôture de toutes les écoles profanes, fut l'arrêt de mort de celle d'Athènes. Les derniers Platoniciens se réfugièrent d'abord chez les Perses. La guerre vint bientôt, les força encore d'abandonner cet asile. Il est probable qu'ils y laissèrent le germe que nous verrons bientôt se reproduire chez les Arabes (P).

NOTES

DU VINGT-UNIÈME CHAPITRE.

(A) Nous ne donnons point à cette nouvelle école la dénomination d'école d'Alexandrie : cette dénomination, quoique généralement adoptée, ne nous paraît pas exacte ; non sans doute que le foyer dans lequel vint s'opérer la fusion des dogmes religieux et des doctrines philosophiques ne fût essentiellement placé à Alexandrie ; mais nous avons vu au chapitre XVII, que cette capitale posséda aussi un grand nombre d'autres écoles philosophiques, fidèles à la pureté des doctrines grecques, ou du moins exemptes du mélange des traditions orientales ; de plus, Plotin, le vrai créateur de cette école, enseigna à Rome ; Proclus, qui achève de lui donner tout son lustre, enseigna à Athènes, où elle se perpétua et se concentra après lui.

Nous avons vainement cherché à comprendre pourquoi l'estimable professeur Mather, dans son essai historique sur l'école d'Alexandrie, tome II, pages 254 et suiv., proscrit la dénomination de *nouveaux Platoniciens*, ou la valeur qu'il voudrait y attacher. Nous donnons ce titre au système philosophique créé par Plotin, continué par Porphyre, Jamblique, Proclus, etc. ; parce que, dans l'association qui le forma, Platon occupe le premier rang, ou plutôt le centre, qu'il y attire, y appelle à lui, y fond, pour ainsi dire, dans sa doctrine, toutes les autres doctrines ; c'est Platon, altéré, si l'on veut, mais étendu, commenté. Plotin veut être essentiellement Platonicien.

(B) S'il fallait opter entre le témoignage de Porphyre et celui d'Eusèbe, nous ferions remarquer que Porphyre, bien plus voisin d'Ammonius, qui n'en était séparé que par Plotin, qui avait été le confident de ce dernier, comme Plotin lui-même avait été le confident d'Ammonius, qui recevait d'aussi près les traditions orales du fondateur de l'école, mérite bien plus de confiance. Mais, Eusèbe a-t-il réellement parlé d'Ammonius Saccas ? N'a-t-il pas entendu plutôt appliquer ce récit à un autre Ammonius, péripatéticien, cité par Longin ? Saint Jérôme nous apprend qu'il y avait en effet, à la même époque, à Alexandrie, un Ammonius, savant, éloquent, philosophe, qui, entre autres monumens célèbres de son génie, avait écrit un résumé élégant de la concordance entre Moïse et Jésus-Christ, et des ouvrages sur le christianisme, dont Eusèbe, ajoute-t-il, suivit ensuite les traces. Cet Ammonius n'est point celui qui nous occupe, qui n'a rien écrit. Il paraît être celui d'Eusèbe.

Mais, Porphyre lui-même ne confond-il pas les Chrétiens avec les Gnostiques (*Vita Plotini*, §.16)? Ne se pourrait-il donc pas qu'Ammonius eût été simplement un Gnostique? Alors tout s'expliquerait, tous serait en accord. Nous comprendrions pourquoi Plotin conçut à l'école de son maître une si haute idée des mystères de l'Orient.

De plus, nous voyons par Porphyre, que la doctrine d'Ammonius était ésotérique, puisque ses trois disciples s'étaient engagés au secret. Or, rien n'était plus contraire à l'essence du christianisme qui avait pour but essentiel de répandre et de propager la vérité.

Ce secret d'ailleurs fut violé, et nous avons sous les yeux ce qu'il couvrait d'un voile. Plotin nous l'a révélé; que renfermait-il? l'illumination directe au moyen de l'extase, telle que la concevaient les Gnostiques.

(C) M. de Burigny, dans sa traduction de la vie de Plotin, par Porphyre, suivant Valois et Tillemont, a traduit : *le Prince est le seul poète*. Mais il s'est mépris sur la vraie acception du mot ποιητης employé ici pour désigner l'auteur suprême, le législateur, l'ordonnateur de l'univers; par le *Roi*, Origène entendait la Divinité, suivant le langage platonicien. Cette méprise a suggéré à Valois l'opinion ridicule qu'Origène avait voulu flatter la vanité de l'empereur Gallien, qui aspirait au titre de poète. Ficin avait mieux compris Origène, en traduisant ποιητης par *Affector*.

(D) Les *Ennéades* sont le code le plus complet

du nouveau Platonisme, type sur lequel s'est calquée toute cette doctrine. L'ordre que Porphyre a prétendu y porter n'est qu'apparent : les matières y rentrent sans cesse les unes dans les autres.

Chaque *Ennéade* est composée de neuf livres ; la première embrasse essentiellement les objets moraux ; elle roule sur les objets suivans : « Ce que c'est que l'animal, ce que c'est que l'homme ; des vertus ; de la dialectique ; du bonheur ; si le bonheur s'accroît par le temps ; de la beauté ; du premier bien et des autres biens ; de l'origine des maux ; sur la délivrance de l'âme des liens du corps. »

La seconde *Ennéade* embrasse essentiellement la physique ; elle traite : « Du monde ; du mouvement circulaire ; de l'action des astres ; des deux matières ; de la puissance et de l'acte ; de la qualité et de l'espèce ; du mélange universel ; de l'origine du mal. »

La troisième *Ennéade* renferme des considérations générales sur les lois de l'univers ; elle traite : « Du destin ; de la providence ; du démon particulier à chacun de nous ; de l'amour ; des êtres incorporés qui ne sont point passifs ; de l'éternité et du temps ; de la nature ; de la contemplation de *l'âme*. Elle se termine par diverses considérations.

La quatrième *Ennéade* concerne essentiellement l'âme humaine ; elle traite : « De l'essence de l'âme ; des doutes qui peuvent s'élever sur la nature de l'âme ; des sens et de la mémoire ; de l'immortalité de l'âme ; de la descente de l'âme dans le corps ; de la diversité des âmes. »

La cinquième *Ennéade* a pour objet l'intelligence ;

elle se divise ainsi : « Des trois substances principales ; de la génération et de l'ordre des choses inférieures ; des substances intelligentes ; de *l'un* et de la production ; des intelligibles comme étant dans l'intelligence ; de ce qui est supérieur à l'être ; de la première et de la *seconde* intelligence ; s'il y a des *idées* des choses particulières ; du beau idéal ; de l'intelligence, des idées et de l'être. »

La sixième et dernière *Ennéade* est comme un résumé de la doctrine entière ; elle traite : « Des genres, de l'être ; de *l'un*, de l'absolu ; des nombres ; de la variété des idées ; de la liberté ; du *bon* ou de *l'un*

Ces six *Ennéades* forment trois corps ; le premier comprend les trois premières Ennéades ; le second, la quatrième et la cinquième ; le troisième, la sixième. On voit que Porphyre a affecté d'adopter les quatre nombre mystérieux de cette école, qui acquirent une si haute importance dans son école, la progression de l'unité, de la dyade, de la triade, de l'Ennéade.

(E) Nous croyons devoir citer ici textuellement l'un des passages dans lesquels Plotin cherche à établir cette proposition. Il nous paraît extrêmement curieux ; Plotin y expose du moins avec une singulière perspicacité le problème fondamental de la connaissance humaine, et y présente d'une manière assez frappante quelques-uns des argumens développés par les idéalistes modernes.

« Y a-t-il quelqu'un qui puisse penser qu'une âme
» véritable et réelle puisse se tromper, et croire à l'exis-
» tence de choses qui n'existeraient pas réellement ?

» Personne, sans doute, ne l'admettrait; car, comment
» existerait une âme qui se tromperait ? il faut donc
» que toujours elle connaisse ; que cette notion ne lui
» soit point voilée par l'oubli ; que la connaissance ne
» soit point en elle une simple imagination, une re-
» cherche, un emprunt étranger. Ce n'est donc point
» par la démonstration qu'elle doit saisir les choses.
» Toute chose lui est révélée par sa propre nature,
» et ceux mêmes qui admettent qu'elle peut atteindre
» à la vérité par la démonstration, sont obligés
» d'avouer qu'elle connaît certains objets par eux-
» mêmes. Mais, comment distinguer ce qui est natu-
» rellement connu, ce qui est obtenu par l'investiga-
» tion ? Sur quoi fondera-t-on la certitude du premier
» des deux ordres de connaissances ? Comment pour-
» ra-t-on s'assurer qu'elle le possède ? à l'égard des objets
» qui s'offrent aux sens et qui paraissent mériter une
» confiance plus entière, on doute s'ils résident
» plutôt dans les choses extérieures que dans les sim-
» ples modifications de l'âme où ils reçoivent une
» existence apparente, ce qui exige certainement
» l'exercice du jugement ou du moins de la pensée.
» Si l'on accorde même que les propriétés qui s'offrent
» aux sens résident réellement dans les objets exté-
» rieurs que les sens perçoivent, on est contraint
» d'avouer que ce qui est perçu par les sens n'est
» qu'une image de l'objet, et que l'aperception ne
» saisit point l'objet lui-même ; car, cet objet réel
» reste placé au dehors. Mais l'entendement, en tant qu'il
» connaît, et qu'il connaît les choses intelligibles,
» comment les connaît-il, s'il les connaît comme

» existant hors de lui-même? Car, il peut arriver
» qu'il ne les rencontre point, ou s'il les rencontre
» par hazard, il ne les saisira point d'une manière
» constante. Si les notions intelligibles sont simple-
» ment unies à l'esprit, quel sera le lien qui les unit?
» Seront-ce des espèces d'images? Mais, alors, elles
» seront empruntées et fortuites ; quelles seront ces
» images? quels en seront le caractère et la forme ?
» l'entendement alors sera, comme la sensation, une
» perception des choses extérieures. Quelle sera la
» différence de l'objet perçu et du sujet qui perçoit ?
» Comment l'entendement s'assurerait-il qu'il a réel-
» lement perçu la vérité ? car l'objet de la perception
» sera différent de lui-même ; il n'aura point en lui-
» même les principes de son jugement sur lesquels il
» puisse fonder sa confiance : ces principes et la vérité
» seront au dehors... Si ces objets sont au dehors, si
» l'âme les contemple en se dirigeant vers eux, il s'en-
» suit nécessairement qu'elle ne possède point la vé-
» rité réelle ; elle les verra, ne les saisira point, ne
» se les appropriera point, ce ne seront que des ima-
» ges sujettes à être trompeuses ; elle n'aura point la
» vérité elle-même ; mais comme une apparence de
» la vérité.... Il ne faut donc point chercher hors de
» l'entendement les choses intelligibles ; il ne faut
» point admettre que les images des choses sont pré-
» sentes à l'esprit ; il ne faut point attribuer le titre
» de connaissance à cette opération qui percevrait au
» dehors, et qui ne donnerait qu'un simulacre des
» vestiges de la chose, si notre esprit ne s'empare
» point de cette chose, s'il ne cohabite point avec

» elle, s'il ne se confond point avec elle en un seul
» et même centre; il faut reconnaître que tout ce qui
» est vrai réside dans l'âme elle-même; alors sera en
» elle la vérité, le siége des choses; elle vivra et com-
» prendra; elle n'aura besoin ni de démonstration,
» ni de croyance. Or, telle est précisément la pré-
» rogative de l'entendement; il est manifesté en lui-
» même; il voit en lui-même ce qui est au-dessus
» de lui, comme sa source, ce qui est au-dessous de
» lui, comme étant encore lui-même. Or, rien ne
» mérite plus la confiance que lui-même, et il re-
» connaît suffisamment l'existence et la réalité, ce
» qui est en lui. » (*Ennéade* V, liv. V, ch. 1 et 2).

(F) Tiedemann a donné (dans son *Histoire de la Philosophie spéculative*, en allemand, tome III, section 10, page 263 à 433), un tableau résumé de la doctrine de Plotin, qui est un modèle d'exactitude et de méthode, que Buhle à son tour a suivi et résumé de nouveau dans *l'Histoire de la Philosophie* qui fait partie de *l'Histoire des Sciences et des Arts*, par une société de savans (Gœttingue, 1800, tome Ier, pages 672 et suivantes). Tennemann a présenté aussi de cette même doctrine un tableau non moins fidèle et fort développé dans le 6e vol. de son *Histoire de la Philosophie* (page 19 à 186). Nous n'avons cependant adopté ni l'un ni l'autre, parce que le but spécial que nous nous proposons dans cet ouvrage exigeait une méthode différente. Nous avons relu plusieurs fois les *Ennéades*, et nous nous sommes attachés, suivant notre usage, à employer constamment et scrupuleusement les expressions de l'auteur. Nous regrettons de n'avoir pu multiplier les citations de passages entiers; celle qui fait l'objet de la note précédente fera partager peut-être notre regret à nos lecteurs. Il serait à désirer qu'on essayât de présenter dans notre langue une exposition abrégée de la doctrine des *Ennéades*, qui put en donner une idée complète. Elle offrirait le type d'une philosophie extrêmement curieuse, qui a obtenu un succès général du troisième au septième siècle, qui s'est reproduite dans le moyen âge, qui a obtenu un éclat nouveau au quinzième et seizième siècle, et qui aujourd'hui encore semble obtenir un nouveau triomphe et de nouvelles destinées en Allemagne.

Le judicieux Tiedemann caractérise le système de Plotin comme un Panthéisme qui se détermine, à quelques égards, par les mêmes traits que celui de Spinosa. « C'est un spinosisme grossier, dit-il, en tant que Plotin considère tout ce qui existe comme autant de parties de la Divinité, et la Divinité elle-même comme la matière première qui, par des transformations diverses, se reproduit sous des formes infiniment variées; c'est un spinosisme subtil, en tant qu'il fait de la Divinité le sujet logique de toutes les apparences variées qui se montrent sur le théâtre de l'expérience, et veut déduire toutes les choses sensibles des seules notions de l'entendement. » (*Esprit de la philosophie spéculative*, t. 3, sect. 10, p. 429).

Voici comment Plotin définit ou plutôt décrit cet extase, ou cet essor de la contemplation qui, en dirigeant l'entendement à la Divinité, obtient une sorte d'intuition directe et *a priori* de l'essence des choses :

« dans cette contemplation l'âme perd toute autre perception que celle de l'objet contemplé ; cette perception unique la remplit d'une félicité inexprimable, la remplit d'une inaltérable paix, parce que l'objet contemplé est lui-même immuable ; elle ne voit plus rien que la lumière céleste, parce qu'en Dieu il n'y a rien que la lumière ; cet état s'appelle extase, enthousiasme; il s'appelle aussi *réduction à l'unité* (απλωσις), parce qu'il concentre en une seule toutes les puissances de l'âme, et parce qu'il tend à la faire participer, en quelque sorte, à l'unité et à la simplicité de Dieu même. » (Enn. 1, l. 2, c. 1 — Enn. vi, l. 7, c. 35 et 36. — l. 9, c. 11).

Toute la psychologie de Plotin, ou pour mieux dire, tout l'ensemble de sa doctrine, repose sur cette hypothèse fondamentale que de l'âme immatérielle du monde découlent toutes les âmes humaines, celles des animaux, en un mot tous les êtres, puisqu'il n'accorde de réalité qu'aux seules âmes immatérielles. La simplicité de l'âme était donc comme le pivot nécessaire de son système : aussi n'a-t-il rien négligé pour établir cette importante vérité. Plusieurs des raisonnemens qu'il emploie dans cette vue ont été reproduits et perfectionnés par les modernes. En voici la substance :

1°. L'expérience nous enseigne que le corps croît et décroît; l'expérience nous apprend également que l'âme est répandue dans tout le corps; puisqu'on aperçoit partout son action motrice et sa sensibilité. L'âme croît donc avec le corps, puisque son cercle d'action s'étend dans cette croissance. Quel est cet accroissement ? est-ce une âme? d'où vient-elle ? comment s'ajoute-t-elle à la première? une âme ne peut être ainsi composée d'autres âmes. Est-ce un corps? alors, s'il est en vie, comment serait-il animé? comment peut-il s'identifier au premier? La persévérance de l'identité du principe pensant prouve sa simplicité, au milieu même du développement qu'il obtient.

2°. Cela seul est capable de sentir, qui est *un*, dans le sens le plus rigoureux, c'est-à-dire, qui n'est pas composé de parties. Le sujet capable de sentir doit recevoir l'impression de l'objet tout entier; le sujet qui perçoit doit être partout et constamment le même, quoiqu'il reçoive par divers sens des impressions diverses. Il faut qu'il les réunisse en une seule. S'il avait plusieurs parties, ou chacune de ces parties recevrait séparément l'une des impressions élémentaires, et alors il n'y aurait plus d'unité, et le tout ne serait pas perçu; ou chaque partie percevrait à la fois toutes les impressions, et l'âme percevrait à la fois plusieurs objets.

3°. Si c'est le corps qui a la faculté de sentir, il reçoit ces impressions comme celle d'un sceau sur la cire; alors chacune de celles qui surviennent détruit celles qui l'ont précédée, toutes celles qui se succèdent se confondent ensemble.

4°. On sent une douleur physique dans le membre qui est blessé; on prétend que cela arrive parce que l'esprit vital placé dans ce membre est affecté douloureusement, et que cette affection se transmet jusqu'au siége de l'âme; mais, s'il en était ainsi, chaque portion du corps, que traverse l'ébranlement reçu, serait à son tour affectée, et l'âme recevrait une suite d'affections diverses.

5°. La pensée est essentiellement distincte de la sensation; sentir, c'est percevoir par le corps; la pensée est donc indépendante du corps.

6°. Enfin, la pensée conçoit des notions d'objets simples, indivisibles, et, par conséquent immatériels; en percevant des objets matériels eux-mêmes, elle se montre immatérielle; nos idées abstraites d'un homme, d'un triangle, d'une ligne, conçus d'une manière générale, ne renferment rien de corporel. Or, il serait contradictoire qu'un sujet composé et indivisible conçût un objet simple (En. IV, l. 7, c. 5, 6, 7, 8). »

Il ne faut jamais perdre de vue que dans Plotin, et chez les nouveaux Platoniciens en général, l'*intelligence* est essentiellement distincte du premier principe et n'occupe que le second rang de la hiérarchie.

« De Dieu ou le principe suprême émane l'intelligence, ou le monde intellectuel, second principe; de celui-ci émane l'âme suprême ou intelligible ; telle est la triade de Plotin ; de l'âme suprême émane ensuite celle du monde sensible. (Ennéade II, liv. 3, ch. 1.—Enn. IV, liv. 3, ch. 12.—Enn. VI, liv. 2, ch. 3, liv. 4, ch. 4, 5, etc.

(G) Ce curieux passage du Traité des mystères mérite d'être ici textuellement rapporté, et peint avec une singulière vérité ce principe d'illumination propre aux mystiques du temps, et qui a passé dans plusieurs sectes modernes.

« Celui qui évoque la Divinité voit quelquefois un
» souffle qui descend et qui s'insinue; il est par lui
» *mystiquement* instruit et dirigé. Celui qui reçoit
» cette communication divine aperçoit une sorte

» d'image d'un trait de lumière ; ce rayon lumineux
» se montre quelquefois aussi à ceux qui l'entourent,
» annonçant la présence d'un Dieu. C'est à ces signes
» que les hommes experts dans ce genre de prati-
» ques reconnoissent la vérité, la puissance et le rang
» de ce Dieu, quelles sont les choses dont il peut
» instruire, les puissances qu'il peut transmettre, en
» un mot, ce qu'il peut opérer... Lors donc que l'effu-
» sion de la lumière divine et ineffable s'abaisse sur
» celui qui l'aspire, le remplit tout entier, s'empare
» de lui et l'enveloppe de telle manière qu'il ne peut
» plus exercer d'action propre, quelle sensation, quelle
» perception pourrait encore lui appartenir ? Quelle
» opération humaine pourrait s'exercer en lui...? Mais
» ce n'est pas assez d'avoir appris à distinguer ces
» signes, pour parvenir à la perfection de la science
» divine. Il faut savoir aussi ce que c'est que cette
» inspiration ενθιασμος. Cette inspiration ne pro-
» vient point des Génies, mais des dieux eux-mêmes.
» Elle est même supérieure à *l'extase*, qui n'en est
» que l'accident et la suite. C'est une sorte d'obses-
» sion, d'obsession pleine et entière qui provient du
» souffle divin, qui extermine en quelque sorte nos
» facultés, nos opérations et nos sens ; elle ne dépend
» point de l'âme ou de ses facultés, ou de l'entende-
» ment, ou de l'état de la santé corporelle. Cet élan
» divin est une chose plus qu'humaine, comme si
» Dieu s'emparait de nous comme de ses organes ;
» c'est de là que naît la vertu prophétique, proférant
» des paroles que ne comprennent point ceux qui pa-
» raissent les répéter, et qu'ils prononcent avec une

» sorte de fureur ; mais si l'âme est troublée avant
» l'inspiration, si elle est émue pendant son cours,
» si elle se confond avec le corps, si elle n'appelle
» la divine harmonie, les révélations seront confuses
» et trompeuses. (Sec. III, ch. 6, 7 et 8). »

Voici maintenant comment le même Traité définit la Théurgie et ses effets :

« Lorsqu'elle a mis l'âme en rapport avec toutes
» les parties du monde et avec les puissances divines,
» qui y sont répandues ; alors elle transporte l'âme
» auprès du divin ouvrier, le dépose dans son sein
» et l'unit au seul *logos* éternel, dégagée qu'elle est
» de toute matière. Je m'expliquerai plus ouvertement,
» la Théurgie unit l'âme si étroitement au *logos* de
» Dieu, engendré par lui, qui se meut par lui-même,
» à ce *logos* intellectuel, qui soutient et orne tout,
» qui ramène à la vérité intelligible, l'unit si étroite-
» ment en même temps et par degré aux autres puis-
» sances, instrument de Dieu, que l'âme, après avoir
» rempli les pratiques sacrées, participe aux opéra-
» tions et aux intelligences suprêmes, et se trouve
» transporté dans la plénitude du *Demiourgos*. (Ibid.,
» sec. X, cap. 6). »

(H) Cette opinion a été produite par Mosheim, et soutenue après lui par divers savans. Mais elle a été victorieusement réfutée par Meiners dans son écrit intitulé : *Beitrag zur geschichte des ersten Jahrhundertsen nach Christi geburt*, etc. (pag. 9 et suiv.) ; ouvrage qui mériterait d'être traduit dans notre langue ; et l'opinion de Meiners a été adoptée par Buhle,

Tennemann, etc. Nous ajouterons aux raisonnemens employés par Meiners, quelques considérations qui peuvent leur donner une nouvelle force. On sait qu'Ammonius Saccas, réunissait parmi ses disciples des chrétiens en même temps que des païens. Loin que le nouveau Platonisme fût, de sa nature, hostile contre le Christianisme, il semblait au contraire en favoriser le succès : un grand nombre de pères de l'Eglise en approuvèrent, en louèrent, en adoptèrent même en partie la doctrine. Enfin, le nouveau Platonisme avait ses causes propres, naturelles, que les circonstances devaient naturellement développer, et qui suffisent pour en expliquer la naissance. Le nouveau Platonisme, en s'efforçant de purifier le paganisme, de le ramener à un monothéisme spirituel, continua l'ouvrage entrepris par Anaxagoras, Socrate, Platon, Aristote, les Stoïciens; en y portant un idéalisme mystique, en y associant les traditions orientales, il obéit à l'influence de l'esprit du siècle.

(I) Syrianus était d'Alexandrie ainsi qu'Hiéroclès. Il avait étudié avec soin les écrits des nouveaux Platoniciens, et en particulier ceux de Jamblique, qui avait principalement accrédité et développé cette doctrine à Alexandrie; mais, il s'exerça surtout, dit Marinus (vie de Plotin), dans les spéculations contemplatives, afin de pénétrer les mystères sacrés renfermés dans Platon. Il nous reste de lui un *Commentaire sur les livres métaphysiques d'Aristote*, mais qui n'appartient qu'aux préliminaires de la nouvelle doctrine. L'ouvrage original n'a jamais été publié en grec; mais il en existe une traduction latine, incomplète, par Bagolini. (Venise, 1658.)

Il enseigna avec un succès remarquable, et se vit entouré de nombreux disciples. Parmi eux, on comptait Domninus, qui de la Syrie se transporta aussi à Athènes, Hermias ou Hermicas, et son épouse Ædésie, parente de Syrianus, qui cultivait aussi la philosophie et dont les touchantes vertus ont fourni le sujet d'un tableau plein d'intérêt qui nous a été conservé par Suidas, d'après Damascius.

(J) Ce besoin de voir partout des emblèmes dans Platon est tel, que le fait historique si simple de l'affection de Socrate pour Alcibiade, fait que Platon rappelle dans la forme dramatique de son dialogue, fournit à Proclus le texte d'un volume presque entier, dans lequel cette affection devient le symbole de la fonction mystique que, suivant Plotin, remplit le guide de la sagesse vis à vis de son néophyte, pour l'introduire dans *la voie de l'amour*. Chacun des personnages que Platon introduit sur la scène dans son Parménide, son âge, sa patrie, etc., deviennent pour Proclus autant d'allégories, dans lesquelles il trouve les relations les plus étroites avec les interprétations qu'il prête à la théorie transcendantale du fondateur de l'Académie.

Les anciennes théogonies d'Orphée, d'Hésiode, d'Homère, offraient par elles-mêmes un texte inépuisable aux paraphrases des nouveaux Platoniciens. Ceux-ci appartenaient à un siècle dans lequel les notions philosophiques avaient obtenu un grand développement, dans lequel la théologie mystique s'était tout ensemble extrêmement épuisée, et avait acquis une vaste extension; ils n'hésitèrent point à transporter ces mêmes idées dans d'autres temps où la culture de l'esprit humain n'était point assez avancée pour supposer qu'elles pussent être déjà l'objet d'une spéculation familière aux auteurs de ces poëmes; ils prirent pour un voile jeté à dessein par des pensées profondes, des conceptions qui étaient simplement le produit naturel de l'imagination poétique, qui dans son premier essor devait combiner les notions morales avec les images sensibles. Nous avons expliqué comment cette alliance des deux ordres de conceptions dut s'opérer chez les premiers écrivains, et comment la philosophie revêtit d'abord chez les Grecs les formes de la poésie. Le vulgaire, dans ce mélange, s'attacha au côté pittoresque et prit les images dans leur sens littéral; les mystiques s'attachèrent plus tard à l'autre côté de cette combinaison, et commentèrent à l'infini le sens moral. De là cette inépuisable fécondité des interprétations symboliques.

(K) M. le professeur Cousin a rendu un véritable service à la littérature philosophique, en publiant les traductions qu'avait faites l'archevêque Morbeck de quelques écrits de Proclus, dont nous n'avons plus les originaux, et le texte grec des commentaires sur le premier Alcibiade et le Parménide. Nous espérons qu'il complétera cette publication, en y réunissant tout ce qui nous reste des ouvrages de Proclus, et spécialement ce commentaire sur le Timée que Proclus lui-même considérait comme le plus important. Nous espérons également qu'il joindra à ce recueil la vie de Proclus par Marinus; car, on aime à connaître l'auteur dont on lit les écrits. Nous regrettons d'ailleurs que M. Cousin ait cru devoir adopter le nouvel usage introduit par les Allemands, et contre lequel nous nous sommes déjà permis de protester dans l'intérêt de la propagation des lumières, en s'abstenant d'enrichir ce recueil, soit d'une bonne traduction latine, soit des notes auxquelles l'éditeur eût pu donner tant de prix; il est digne de M. Cousin de ne point souscrire aux prétentions qui tendraient à faire de la science une sorte de privilége, et d'en verser les trésors dans la circulation la plus générale. Nous espérons de lui qu'il nous dédommagera ainsi par ses travaux, de la suspension d'un enseignement si malheureusement interrompu.

Nous saisissons avec empressement cette occasion pour exprimer notre reconnaissance envers M. Cousin, dont l'obligeante amitié nous a assisté dans cette portion de notre travail, non-seulement en nous offrant les riches documens qui étaient en son pouvoir, mais aussi en nous éclairant de ses observations; cette reconnaissance doit être d'autant plus vive, que nous différons entièrement d'opinion sur le mérite intrinsèque de la philosophie des nouveaux Platoniciens, recherchant tous deux la vérité avec une égale bonne foi, et tendant tous deux au même but avec les mêmes intentions. Le tableau de leur doctrine eût été bien mieux exécuté, si M. Cousin eût pu, comme il l'avait annoncé, traiter lui-même cette portion de l'histoire philosophique, que nous avons ici trop imparfaitement esquissée. Le savant Creutzer a publié dernièrement aussi quelques écrits de Proclus ; mais nous ne connaissons point cette édition.

(L) Le rapport de *l'un* au *multiple*, cette pierre angulaire de l'édifice systématique élevé par les nouveaux Platoniciens, a fourni à Proclus un point de vue précieux pour classer et distinguer quelques-uns des systèmes de l'antiquité : « les philosophes de l'école
» d'Italie, dit-il, s'occupèrent beaucoup des *idées*,
» et peu des choses qui sont du domaine de l'opinion.
» Les philosophes de l'école d'Ionie se livrèrent moins
» à la recherche des choses intellectuelles ; ils s'at-
» tachèrent à l'étude de la nature. Socrate observa
» d'abord la nature, s'éleva de là aux idées et à la
» cause divine. Zénon voyait *l'être* dans la *multitude*,
» Héraclite, hors de la *multitude* ; dans l'être séparé
» de toutes choses, ce dernier voyait en quelque sorte
» l'arsenal des êtres, au sein duquel réside l'être pri-
» mordial, sans méconnaître cependant l'union ineffable
» qui lui rattache la chaîne des intelligibles des
» divers ordres ; car toute multitude procède d'un être
» unique. Là est la source de l'être, et sa résidence
» cachée. L'être abstrait se présente sous trois aspects ;
» l'un logique, l'autre physique, le troisième théolo-
» gique. Parménide sépara l'unité de tout multiple
» d'êtres, et cette monade fut l'être absolument un ;
» le *multiple* dans *l'un* est le véritable sens de la doc-
» trine de Parménide généralement mal comprise.
» Parménide concevait *l'un hors du multiple*, Zénon,

» *l'un dans le multiple ;* celui-là concevait l'*un*
» abstrait, isolé ; celui-ci le concevait concret, ou
» plongé dans la variété. » (Fragmens sur le Parmé-
» nide, liv. 21).

(M) On pourrait dire que la grande école des nouveaux Platoniciens se partage en trois branches : l'école de Rome, celle d'Alexandrie, celle d'Athènes.

La première a pour chef Plotin et Porphyre; la seconde, Jamblique et Hiéroclès; la troisième, Plutarque, Syrianus; elle nous est représentée par Proclus, le seul qui nous soit bien connu. Ammonius Saccas en est la source commune.

L'école de Rome a ce caractère distinctif qu'elle est essentiellement un Eclectisme philosophique, qu'elle se montre encore peu empreinte des traditions orientales, qu'elle n'invoque point encore les sources de l'ancienne mythologie.

L'école d'Alexandrie au contraire se plonge tout entière dans la théologie mystique ; c'est un vrai syncrétisme, en ce sens qu'elle associe deux choses incompatibles, les doctrines philosophiques qui se fondent sur la raison et les dogmes religieux dont une révélation directe est la seule sanction.

L'école d'Athènes retient un milieu entre les deux précédentes ; elle adopte la *foi*, comme une sorte de moyen terme entre la révélation directe et la raison ; elle remonte de préférence aux sources de la sagesse des Grecs. Orphée est son héros.

(N) Ce petit traité *de Causis* a été attribué par quelques modernes à Proclus, et saint Thomas est le premier, si nous ne nous trompons, qui a exprimé cette opinion ; aussi, dans l'édition des œuvres d'Averrhoës où il a été inscrit (tome VII, fol. 110, édition de Venise, 1560) porte-t-il le nom de Proclus avec celui d'Aristote, d'Avempace et d'Alfarebi, comme pouvant être l'ouvrage des uns ou des autres. Mais il il ne paraît être que la production d'un auteur postérieur à Proclus, qui aura travaillé d'après lui.

(O) S'il était entré dans notre plan de traiter avec quelque détail des commentateurs, Simplicius eût mérité de fixer particulièrement notre attention, comme l'un de ceux qui ont répandu le plus de lumières sur le texte du Stagyrite. Mais, les travaux des commentateurs appartiennent plutôt à l'histoire littéraire qu'au tableau de la marche et des progrès de la science. Nous nous bornerons donc à renvoyer à la bibliothèque grecque de Fabricius, nouvelle édition, par Harles, tome IX, chap. 24, page 529 et suivantes, où l'on trouvera les indications relatives aux travaux de cet infatigable érudit ; nous avons du reste souvent recouru aux fragmens, que Simplicius a conservés, des philosophes de l'antiquité.

(P) L'histoire de la philosophie des nouveaux Platoniciens reste encore à faire, si nous ne nous trompons, malgré les travaux de Brucker, Tiedemann, Buhle, Tennemann, etc. Ces quatre historiens n'ont consulté et cité en particulier qu'une faible portion des écrits de Proclus, si importans pour cette histoire.

Voy. du reste : l'histoire de l'Eclectisme par Beausobre, (Avignon, 1766) ;— Oléarius, *Dissert. de Eclecticis,* en tête de la traduction allemande de Stanley. Cudworh, traduction latine de Mosheim, *Comm. de turbata per recentiores platonicos Ecclesia.*—OElrichs, (*comment. de doctrina Platonis,* etc., Marbourg, 1786) ; Roth, (*dissert. trinitas Platonica,* Leipsick, 1693) ; Leder Müller, (*dissert. de theurgia,* etc., Altdorff, 1763) ; Dicell. Majer (*series veterum in schola Alexandriæ doctorum,* Altdorff, 1746) ; Rosler (*de commentitiis phil. Ammonianæ fraudibus et noxis.* Tubingen, 1786) ; Feussling (*de tribus hypostasibus Plotini.* Wittemberg, 1690) ; Hebenftreet (*dissert. de Jamblichi philos. syri doctrina,* etc., Leips., 1764) ; Meiners, *Beitrage zur geschichte der denkarst der ersten jahrrhunderten,* etc., Leipsick, 1782) ; Hilscher (*de Schola Alexandrina,* Leipsick, 1776) ; Fülleborn, dans ses mélanges, tome III, huitième cahier, a donné un fragment sommaire et fort judicieux sur cette école. Voyez aussi, dans le recueil de l'Académie des Inscriptions et Belles-Lettres, tome XXXI, page 139, le mémoire de M. de Burigny, sur la vie de Proclus et ses manuscrits.

Stobée nous a conservé plusieurs fragmens des écrits attribués à Mercure Trismégiste, liv. I, cap. 5, 6, 8, 11, 21, 35, 40 ; quelques passages de Jamblique (Ecl. physic. l. I, cap. 3, 6, 39, 40) ; un plus grand nombre de morceaux de Porphyre (ibid. cap. 4, 11, 24, 40), et notamment de trois traités qui portent pour titre : *De gradibus,* (ibid. cap. 35, 39, 40) ; — *De animæ viribus,* (ibid. cap. 40) ; — *De co quod est in nostra potestate* (ibid. cap. 1).

Il importe aussi de consulter la bibliothèque grecque de Fabricius, seconde édition par Harles (tome I, liv. 1 cap. 7, 8); sur Orphée (ibid. cap. 18); sur Syrianus, Proclus, Marinus (tome IX, cap. 21, fol. 357 et suiv.).

Voyez enfin : la lettre de Creuzer à Wittenbach, en tête de son édition du fragment de Plotin *sur la Beauté*, Heydelberg, 1814; la lettre de M. de Sainte-Croix, sur une édition nouvelle des Eclectiques, Paris, 1797; une dissertation, *de philosophiæ novæ Platonicæ origine*, Berolini, 1818, par le fils du célèbre Fichte; *Disputatio de differentia qua inter Plotini et Schellingii doctrinam de Numine summa intervenit*, par Gerlach, Wittemberg, 1811; *uber den Kaiser Julian and sein Zeitalter*, par Neander (le même qui a publié l'histoire des Gnostiques), Leipsick, 1812.

FIN DU TROISIÈME VOLUME.

www.ingramcontent.com/pod-product-compliance
Lightning Source LLC
Chambersburg PA
CBHW050237230426
43664CB00012B/1736